引领 竞逐 共进
——「大川小思」大学有效学习攻略（第三版）

熊 伟　黄菲娅 ○ 主编

四川大学出版社
SICHUAN UNIVERSITY PRESS

图书在版编目（CIP）数据

引领　竞逐　共进："大川小思"大学有效学习攻略 / 熊伟，黄菲娅主编. -- 3版. -- 成都：四川大学出版社，2024.9. -- ISBN 978-7-5690-7281-5

Ⅰ. G642.46

中国国家版本馆CIP数据核字第2024ZL5895号

书　　名：	引领　竞逐　共进——"大川小思"大学有效学习攻略（第三版） Yinling Jingzhu Gongjin——"Dachuan-Xiaosi" Daxue Youxiao Xuexi Gonglüe(Di-san Ban)
主　　编：	熊　伟　黄菲娅

选题策划：宋彦博
责任编辑：宋彦博
责任校对：吴连英
装帧设计：墨创文化
责任印制：李金兰

出版发行：四川大学出版社有限责任公司
　　地　址：成都市一环路南一段24号（610065）
　　电　话：（028）85408311（发行部）、85400276（总编室）
　　电子邮箱：scupress@vip.163.com
　　网　址：https://press.scu.edu.cn
印前制作：成都完美科技有限责任公司
印刷装订：四川五洲彩印有限责任公司

成品尺寸：170 mm×240 mm
印　　张：19
字　　数：269千字
版　　次：2021年10月 第1版
　　　　　2024年10月 第3版
印　　次：2024年10月 第1次印刷
定　　价：68.00元

扫码获取数字资源

四川大学出版社
微信公众号

本社图书如有印装质量问题，请联系发行部调换

版权所有 ◆ 侵权必究

编委会

主　编

熊　伟　黄菲娅

副主编

朱晓萍　冉桂琼　何　蕾　杨　琴　郭睿忻

委　员

（按姓氏拼音排序）

学习效能组

安　淇	陈明远	冯湘婷	刘莫辰	李吉利	廖　欣	任佳鸣
王昊霖	万睿琳	徐　嘉	熊晨燚	屈　展	杨巧如	袁雪纯
张　彤	赵婧彤	张世新	张祺珲	周宜可		

数学组

陈奕铭	董明辉	杜忠璟	刘泓昕	罗岩泓	邱涵茜	童　瑶
魏晨希	武晓楠	夏宏鲲	解　唯	邢　阳	于源鸿	张博闻
赵梓合	邹文荣					

英语组

程泽生	高　放	高华益	高天航	李为琳	彭蕾锡	石心怡
魏翼飞	许泓一	赵一凡				

升学组

考研方向：董映显　李伟宇　梁　锐　沈海波　袁　炸

推免方向：李殷韬　唐　为　杨晓冬　张奕凡　张凯凡　庄晓怡

留学方向：陈隽可　郭遇尔　韩　啸　李子璐　刘东亮　沈昳岑
　　　　　孙宇强　王婧坤　张文钊　张之栋　周逸鸣

本版修订人员

（按姓氏拼音排序）

数 学 组：范礼玮　胡　瑞　李浩然　李鸣翔　李　娜　李雨恒
　　　　　沈震宇　邢　阳

英 语 组：蒋　悦　童　毅　韦雅琳　吴雨薇　张皓越　张欣怡

升 学 组：雷　燚　李　川　欧桐彤　任　倩　沈志琦　王晓琪
　　　　　夏　凡　尹玉洁　左良姝

科研竞赛组：房业齐　刘家威　刘　锐　刘唯智　王子睿　周妍含

学习效能组：白津城　甘佳源　黄秋豪　火嘉辰　贾赟祺　陆涵逸
　　　　　孟远凌　任佳鸣　谭　玲　王佳琪　王韵涵　解　唯
　　　　　谢静萱　谢雨桓　严晨星　张祺珲

前　言

很欣慰看到这样一本朋辈学业分享小书的结集出版。

这是有担当、有情怀的学长学姐送给川大新同学的一份学习厚礼。它凝聚着川大优秀学子们的成长智慧，"如切如磋，如琢如磨"，意在以活泼亲切的方式，引领和帮助学弟学妹走好大学之路，展现了我校学生互帮互助、团结奋进的良好学习风貌。

学习是大学生最核心的任务，学业发展是大学生全面发展的基础。刚迈入大学的学生普遍对未来的学习感到迷茫，一些学生对"为什么学，学什么，怎么学"等问题认知模糊，学习内生动力不足，还有一些学生则存在学业规划不明、学习方法欠缺、学习习惯不佳等学习问题。如何帮助他们尽快适应大学节奏，引导他们顺利进入大学学习状态，是大学应该认真思考的问题，也是我们出版此书的初衷。

当前，我国高等教育正从大众化阶段迈入普及化阶段，承担着世界上规模最大的高等教育任务。一方面，由于招生类型、地域背景和家庭环境的不同，越来越多的学生在课程学习中表现出各种各样的不适应；另一方面，大学教育对学生的研究能力、分析能力和快速学习新事物的能力要求较高，而在基础教育阶段这些能力未得到充分、全面的训练，其中的群体性、个性化的差距亟须弥补。面对多样化的学生学习问题，高校需要持续提供多样化的

引领 竞逐 共进 —— "大川小思"大学有效学习攻略

学习指导和帮助。

当前，世界新科技革命和产业变革的时代潮流对全球高等教育提出了新的要求。站在世界百年未有之大变局和中华民族伟大复兴战略全局的历史交汇期，我国高等教育积极应变，努力与时代同频共振，提出了"提高人才培养质量"是新时代高等教育所有工作的主题和目标，扎实践行"教育服务中华民族伟大复兴"的使命。教育部于2019年印发《关于深化本科教育教学改革 全面提高人才培养质量的意见》，明确提出要提升学业挑战度，要建立健全本科生学业导师制度，要让"学生忙起来、教师强起来、管理严起来、效果实起来"。同年9月，时任教育部部长陈宝生也在全国高校辅导员优秀骨干培训班开班仪式上指出，辅导员要做教师教学和学生学习的助手，加强学习辅导工作。"混大学"将成为历史，大学进入"严"字当头的时代。高校如何帮助大学生正确学习，成为这个"严"字当头时代的关键问题。

为贯彻落实国家和教育部门关于提升高校人才培养质量的决策部署，在高等教育深化改革和国内高校学生学业指导工作蓬勃发展的新形势下，围绕我校一流拔尖人才培养这一核心目标，我校党委学生工作部在调查研究全国高校学业指导工作的基础上，于2019年6月组建了"思学工作室"，专注于探索开展本科生学业指导工作，以满足新时期学生学习发展指导需求，为本科生学业发展提供专业化和个性化的指导与服务。工作室组建了导师团队，由校党委副书记，教务、学工部门工作人员，学院负责人和辅导员共40人组成。同年11月，选聘了约30名优秀学生组成朋辈导师团队（简称"大川小思"）。经过数年努力，"大川小思"已成长为学校朋辈学业指导的品牌团队，以一对一咨询、QQ群即时答疑、周末"学长微课"、学院团体辅导、学业分享推文等线上线下多种方式，为有需求的同学提供针对性学业辅导，得到了师生们的广泛好评。

"大川小思"朋辈导师们对日常现身说法的学业指导工作成果进行梳

理，从零散的工作案例中总结出系统的、可资借鉴的大学学习成长经验，汇编为此书，并每年修订更新。全书分为五个篇章，"初识大学·课程与专业认知篇"为初入大学的新生勾勒了大学不同学科的学习图景，从课程、专业层面帮助同学们更好地认知大学学习；"进入大学·学习效能篇"从自我管理、时间管理、笔记方法、日常学习方法、综合能力提升等方面，讲解了提高大学学习效能的"法宝"；"课程突破·基础课学习篇"是英语、数学、物理学习优秀学生总结的三门重要公共基础课的学习方法与技巧；"横向拓展·科研竞赛篇"围绕科研训练基础、国创计划、学科竞赛，介绍了科研竞赛高手们的独门心得；"未来深造·升学篇"则是推免名校准毕业生、考研达人和成功申请海外名校的学长学姐的学习智慧结晶，可为学弟学妹们不同方向的升学之路保驾护航。相信在学长学姐的指引下，同学们只要保持积极的学习心态，找到适合自己的大学学习方法，就能不断提高学习效能，为走向更为广阔的人生舞台积蓄能量。"学贵得师，亦贵得友"，衷心感谢"大川小思"这些亦师亦友的朋辈导师们！

这本小书，是我校学生思想政治工作队伍将满足新时期学生多元化、个性化的学习成长需求融入精细化的思想政治工作中，探索开展学业指导工作的抛砖引玉之作。希望同学们向优秀的学长学姐学习，秉承"海纳百川，有容乃大"和"严谨、勤奋、求是、创新"的川大精神，以勤谨治学的态度和为国为民的情怀，阔步向前，放飞梦想。

衷心祝愿同学们学业有成，宏图大展，继往开来，书写新时代华章！

编者
2024 年 7 月

目 录

初识大学·课程与专业认知篇

第1章 学科学习图景 ································· 2
　一、文科学习图景 ································· 4
　二、经管科学习图景 ······························· 6
　三、理科学习图景 ································· 7
　四、工科学习图景 ································· 10
　五、医科学习图景 ································· 12

第2章 课程体系与专业选择 ······················· 16
　一、课程体系 ····································· 16
　二、专业选择 ····································· 17

进入大学·学习效能篇

第3章 自我管理 ·································· 22
　一、自控自律 ····································· 22
　二、目标规划 ····································· 24
　三、情绪管理 ····································· 26

第4章 时间管理 ·································· 28
　一、时间管理的方法 ······························· 28

二、时间管理 APP 推荐 ………………………………………… 35
　　三、时间管理小贴士 …………………………………………… 39

第 5 章　笔　记
　　一、记笔记的时机 ……………………………………………… 44
　　二、笔记的内容 ………………………………………………… 44
　　三、笔记的记录和使用方法 …………………………………… 45
　　四、优秀笔记展示 ……………………………………………… 53
　　五、记笔记小贴士 ……………………………………………… 57

第 6 章　日常学习方法
　　一、预习和复习 ………………………………………………… 61
　　二、背诵与记忆 ………………………………………………… 63
　　三、期末备考 …………………………………………………… 68
　　四、日常学习小贴士 …………………………………………… 70

第 7 章　综合能力提升
　　一、PPT 制作与表达 …………………………………………… 74
　　二、常用面试技巧 ……………………………………………… 77
　　三、如何进行高效合作？ ……………………………………… 81
　　四、常用等级证书和教师资格证的考取 ……………………… 83

课程突破・基础课学习篇

第 8 章　英语学习
　　一、大学阶段的英语学习方式 ………………………………… 90
　　二、日常英语学习 ……………………………………………… 94
　　三、全国大学英语四、六级考试 ……………………………… 102
　　四、雅思（IELTS）和托福（TOFEL）考试 ………………… 113
　　五、大学生英语类竞赛 ………………………………………… 129

第 9 章　数学学习 …………………………………………………… 136
　一、学习方法 ………………………………………………… 136
　二、学习资料推荐 …………………………………………… 141
　三、数学学习小贴士 ………………………………………… 145

第 10 章　物理学习 …………………………………………………… 152
　一、大学物理概览 …………………………………………… 152
　二、学习方法 ………………………………………………… 153
　三、学习资源推荐 …………………………………………… 155

横向拓展·科研竞赛篇

第 11 章　科研入门 …………………………………………………… 162
　一、何为科研 ………………………………………………… 162
　二、科研选题 ………………………………………………… 163
　三、文献检索 ………………………………………………… 165
　四、文献阅读 ………………………………………………… 177
　五、文献笔记 ………………………………………………… 180
　六、科研论文写作 …………………………………………… 183
　七、学术论文发表 …………………………………………… 188

第 12 章　大学生创新创业训练计划 ………………………………… 190
　一、基本知识 ………………………………………………… 190
　二、前期准备 ………………………………………………… 193
　三、立项申请 ………………………………………………… 194
　四、中期检查 ………………………………………………… 195
　五、结题评优 ………………………………………………… 196
　六、注意事项 ………………………………………………… 197

第 13 章　大学生竞赛 ………………………………………………… 199
　一、双创竞赛 ………………………………………………… 199
　二、科研竞赛 ………………………………………………… 202

三、数学类竞赛 ………………………………………… 209
　　四、商业类竞赛 ………………………………………… 224
　　五、竞赛小贴士 ………………………………………… 230

未来深造·升学篇

第14章　推　免 ………………………………………… 236
　　一、推免简介 …………………………………………… 236
　　二、推免攻略 …………………………………………… 241
　　三、推免小贴士 ………………………………………… 247

第15章　考　研 ………………………………………… 251
　　一、考研小知识 ………………………………………… 251
　　二、考研初试攻略 ……………………………………… 254
　　三、复试和调剂攻略 …………………………………… 259
　　四、考研小贴士 ………………………………………… 261

第16章　留　学 ………………………………………… 264
　　一、国（境）外研究生教育体系 ……………………… 264
　　二、留学中介的选择 …………………………………… 267
　　三、申请材料准备 ……………………………………… 270
　　四、留学申请规划 ……………………………………… 274
　　五、留学小贴士 ………………………………………… 275

参考文献 ………………………………………………… 278
关于"大川小思" ……………………………………… 279
2020 年版后记 ………………………………………… 282
2021 年修订再版补记 ………………………………… 285
2022 年修订再版补记 ………………………………… 287
2024 年修订再版补记 ………………………………… 289

引领　竞逐　共进

初识大学

课程与专业认知篇

  亲爱的学弟学妹们,在你们收到录取通知书的那一刻,你们就已经与大学、与所学专业签下"契约",开始修读一门叫作"成长"的课程。你们一定会开始畅想本专业的日常学习生活,但对课程、学分、专业这些概念还不甚了解。我的专业究竟学什么?课程学习有哪些要求?我能不能顺利修读完课程?相较于高中,大学阶段的学习时间安排更加自由,我们应当如何"一苇以航",在知识的海洋中找准航向、乘风破浪?

  在本篇,小思将带你们领略不同学科的日常学习图景并全面了解学校的课程体系与专业培养计划,帮助你们加深对所学专业的认知与认同,徐徐铺开我们求学求真求知的画卷。

第 1 章
学科学习图景

亲爱的新同学：

展信佳！

恭喜你穿过重重险阻，翻过"高考"这座大山，顺利走进"大学"这片广阔原野！如果说大学生活是一场旅行，那么你即将踏上的便是一场探寻知识、塑造自我的精彩旅程。学科不同，你将收获的风景与宝藏也不相同，但它们都有独一无二的魅力。

现在，请允许我做一名导游，带你领略一下不同学科所要游历的不同"山水"吧！

首先我们来到的是人文科学的领地。在这里，文学将带我们感受文字的力量与美感；历史将引领我们穿越时空，探索前人的智慧；哲学则将启发我们思考生命的意义与宇宙的奥秘……这些专业如同一个个藏着无尽故事的名胜，让我们在思考中领悟人生，在感悟中滋养心灵。

紧接着，我们将步入社会科学的领地。在这里，经济学将带我们探索资源分配与市场机制的奥秘，理解经济增长与社会发展的规律；法学将引导我们理解法律的本质与作用，赋予我们法律思维与法治精神；新闻传播学则将关注信息的传递与沟通，培养我们的媒体素养与沟通能力……在这块领地上，这些专业如同社会现象的透视仪，帮助我们全面且多角度地认识社会、理解社会。

再往前走，便是自然科学的王国。在这里，数学将为我们提供严密的逻辑思维和精确的计算工具；物理学将揭示能量与物质的奥秘；化学将带我们穿梭于宏观与微观之间，探索物质的构成与变化；生物学将带我们走进生命的殿堂，探索生命的起源、演化与多样性……在这里，我们将学习科学的思维与方法，培养严谨的治学态度与过硬的实践能力，为未来的科学研究和创新实践奠定基础。

工程技术的领地是这场旅行中的"实践基地"。在这里，计算机科学与技术将带我们领略数字世界的魅力；机械工程将带我们学习如何运用机械原理，设计出更高效、更安全的制造装备……这些专业可以化"虚"为"实"，使我们学到的知识"落地生根"，转化成一项项科技成果，推动人类文明向前发展。

下一站，是医学的领地，也是生命的港湾。在这里，基础医学将带我们探索人体正常状态和疾病状态下的运行规律；临床医学将身体力行地"除人类之病痛"；预防医学将会探索病因，建立预测模型，"防患于未然"；药学将揭示药物在体内转归与代谢的全过程……在这里，我们将学会关爱生命、尊重生命、敬畏生命。

除了各具特色的专业领地，在这场旅行中，你还将看到流淌在各大学科景观中的山间清流——通识教育。它连通了不同学科领域，帮助我们建立积极的价值观念和全面的知识体系；它滋养着学科创新的沃土，激发多元思维碰撞，推动着各学科不断向前发展。

这趟旅程，大抵如此，个中滋味，待你在大学里细细品尝！

愿你在这趟重要的青春旅行中，一路收获，一路成长！

大川小思

引领　竞逐　共进 —— "大川小思"大学有效学习攻略

一、文科学习图景

当我们踏入文科的世界，就像是走进了一座书盈四壁的图书馆，每一本书都等待着我们去翻阅、去理解。

文科的学习，不仅仅是在学习知识，更是在学习如何思考问题，如何理解和解释世界。我们阅读历史书籍，试图重构过去的场景，理解人类社会的发展脉络；我们学习哲学，探索生命的本质、道德的根源，以及人类存在的意义；我们研究文学作品，感受不同文化的韵味，体验不同人生的喜怒哀乐……

文科的学习，不仅仅关注书本上的文字，更关注活生生的世界。我们通过实习、调研等方式，将书本上的知识与现实生活相联系、相印证。我们由此学会用批判的眼光看待问题，学会从多个角度去思考问题，学会在复杂多变的社会现象中找到规律，发现问题的本质。在这个过程中，我们也会遇到很多挑战。有时候，我们需要花费大量的时间和精力去理解一个概念，去掌握一种思维方法；有时候，我们需要克服自己的偏见，去接受一种全新的观点。正是这些挑战，让我们在学习的过程中不断成长，不断进步。

文科的学习，不仅让我们拥有了丰富的知识，也让我们学会了如何在生活中发现美，如何在社会中寻找正义，如何在复杂的世界中保持独立的思考。简言之，文科的学习让我们拥有了更独立的灵魂。

文科的学习究竟是什么样的呢？下面，请跟随小思的脚步，看一看文科生多彩的学习图景吧！

图景一：上课。

不同于高中阶段，大学里的文科生不仅要在课堂上认真听讲，还要在充分吸收课堂知识的基础上进行拓展思考，培养独立思考能力和表达能力。例如，期中、期末以个人或小组的形式进行课程汇报，结合课堂所学撰写小论文等。

图景二：阅读。

与高中阶段阅读名著不同，大学期间阅读专业书籍和学术论文是学习的核心任务。对于大学阶段的文科生来说，取得优异的课程成绩并不是唯一的追求，重要的是通过广泛阅读，夯实自己的专业基础，探究自己的兴趣。

图景三：提升。

课余，文科生们要多关注学校和学院的讲座信息，多听学术讲座，以加深对专业知识及相关领域的认知与理解，完善自身知识体系，提升学术素养，为未来的学术研究和职业发展奠定坚实的基础。此外，文科生也可以参加一些综合类或学科类竞赛，培养创新思维，提升综合素养和专业能力。

在当今社会，文科生有时会面临质疑和挑战。有人认为文科生过于理想化，不切实际；有人认为文科生缺乏一"技"之长，就业困难。我们要如何改变社会对文科生的偏见呢？那就从进入大学起，树立明确的成长目标吧！

首先，我们要成为一名有思想的文科生。文科的学习，不仅仅是记忆和背诵，更重要的是思考和理解。我们要逐步培养独立思考的能力，学会批判性地思考问题，不盲目接受任何所谓的"真理"。

其次，我们要成为一名有情怀的文科生。文科所涉及的诸多领域，如文学、历史、哲学等，都是与人的内心世界和人类文明息息相关的。我们要充分感受文字背后的情感，尝试理解历史人物的复杂动机，体会不同文化之间的共情。

再次，我们要成为一名有能力的文科生。虽然文科不像理工医科有特定的技能训练，但文科培养的是我们终身受用的人文素养和综合能力，如写作能力、沟通能力、分析问题的能力等。我们要努力提升这些能力，让自己在未来的职场中有更强的竞争力。

最后，我们要成为一名有责任感的文科生。作为文科生，我们有责任传承和发展人类的文化遗产，有责任关注社会公正，有责任为弱势群体发声。我们应该用自己的知识和能力去服务社会，去创造一个更加美好的世界。

希望每一名文科生都能充实地度过大学生活，自信面对未来，成为有思想、有情怀、有能力、有责任感的人！

二、经管科学习图景

说起经济学与管理学，我们常常会想起"商业""货币""宏观""投资""财富""运筹""民生福祉"等话题。都说经济学是经世济民之学，管理学是运筹帷幄之学，下面就让我们一起探索经济学与管理学的世界吧。

经济学是一门研究人类如何合理地使用有限资源的学科。在现实中，我们可用的资源总是有限的，如时间、能量和金钱等，而经济学就是要帮助我们更好地利用这些资源。经济学还是一门关于选择的学科。它研究人们在面对各种选择时该如何权衡利弊，以满足具体的需求和愿望。经济学也是关于生产、分配和消费的学科。它探讨了如何生产商品和服务，并如何将它们分配给社会中的不同群体。总的来说，经济学的目标是让我们深入探索人类活动的本质，理解我们所生活的世界。

管理学是一门研究如何有效地组织和管理人力、物力与财力的学科。面对任何一项具体任务，我们都需要合理组织各类资源，管理学就是要帮助我们有效地组织这些资源，实现共同的目标。管理学也是关于领导力和决策的学科。它研究一个人如何成为一名出色的领导者，以及如何在复杂的情况下做出正确的决策。管理学还是一门涉及组织文化和沟通效率的学科。它探讨了如何建立积极的组织文化，以及如何有效地进行沟通和协调。总的来说，管理学的目标是让我们深入探索组织管理的精髓，理解如何在复杂的环境中实现卓越的业绩。

在了解了经济学和管理学的基本情况后,下面谈谈如何才能学好经管类学科。

首先,有人说,学好经管类学科的关键是学好数学,这让不少在高中阶段学习文科的同学感到紧张。这话其实也不全对。高阶的经管类学科确实具备与数学类似的公理体系,但在本科阶段,经管类学科对数学能力有所要求更多的是出于量化研究方法的需要,因此大家无须紧张。经管类学科最常用的方法是以概率统计为核心的数据分析方法、数据可视化方法等,大家在学习过程中需要注意比较不同方法的使用场景,掌握不同方法所对应的工具软件,如 SPSS、SAS、R、Python 等。

其次,学习经管类学科需要掌握商业研究方法。所谓商业研究方法,即研究经管类问题所采用的具有逻辑性、系统性的方法。它既包括处理问题的一般程序,如明确研究目标—设计研究方案—数据搜集与分析—结果解释与呈现,也包括归纳法、演绎法、问卷法、访谈法、假设检验分析法、模糊集定性比较分析法等具体的研究方法。商业研究方法将贯穿经管类学科学习的始终。

最后,经管类学科是实践性很强的学科,充满活力的就业市场为我们提供了大量的实践机会。同学们可以在完成课程学习的基础上,以实习的方式强化所学技能。通过实习,我们会对就业市场形成更直观、更深入的感受,也会更了解自己的兴趣和特长,这对于今后的职业发展是大有裨益的。

以上就是经管类学科的学习图景,愿大家都拥有一段充实、愉快的大学学习生活。

三、理科学习图景

亲爱的"萌新"探险者们,欢迎你们来到大学并迈入理科的殿堂!

大学阶段的理科学习,就好像一场不断探索未知、"打怪升级"的探险游戏。你们会在这场游戏中遇见"理论课学习""实验课学习""实验室生活"和"学科竞赛"四大"关卡"。这些"关卡"风格各异，难度也有所不同，但均有一定的"通关"之法。

理论课学习是各位探险者会面临的第一道"关卡"。其实在高中阶段，我们就已经熟悉理论课学习。与其相比，大学里的理论课学习最直观的差别在于每节课的知识量增大。在大学课堂上，老师往往只用两小节课的时间便能讲完一整章的知识点。此外，大学所学知识更为细化。例如，理科的同学在数学方面大多会学习微积分、概率论与数理统计、线性代数等。这些课程有助于同学们对大学数学形成一个整体而宽泛的认识。而数学学院的同学则还需要学习数学分析、高等代数等，相比前述课程，这些课程更为细致与深入。要学好这些更为细化的课程，就需要我们持之以恒、潜心钻研。此外，理论课的学习离不开必要的练习。例如，在学习数学或物理学的某一理论知识后，应及时消化，并结合书上的经典例题进行巩固和应用。

实验课学习是大学阶段相较于高中阶段新增的一道"关卡"，它穿插于理论课学习中，如化学学科的有机化学实验、生物学科的动物生物学实验等。所有实验课都是与理论课相辅相成的，理论课提供了实验课的理论基础，实验课则是对理论课所学知识的直接应用。在这场探险中，我们不能割裂地看待这两类课程，而应该将二者融会贯通，如此方能轻松"通关"。在实验课上，实验指导老师往往会利用小半节课的时间讲解本次实验的基础原理以及实验内容。但由于时间限制，实验课上的原理讲解往往不如理论课上细致。这就需要同学们及时复习在理论课上所学知识，以便在实验课中应用。此外，上好实验课的一大"法宝"是认真撰写实验报告。同学们千万不要忽视实验报告的重要性，及时、认真地撰写一份简洁清晰的实验报告，有利于培养我们良好的实验习惯，也能为我们之后进入实验室开展科研工作打下坚实的基础。

实验室生活是大学中的第一道进阶"关卡",可将其理解成实验课的加强版。在适应大学生活后,同学们可以通过发送电子邮件等方式联系心仪的导师,申请加入其实验室,开展科研训练。一种较常见的加入实验室参与科研训练的方式为参加"大学生创新创业训练计划"(简称"大创")。在导师的实验室中,同学们往往能够学到实验课上未涉及的实验技能。同时,因为课题研究的需要,同学们的文献检索与阅读能力也会得到训练。值得一提的是,由于许多理科期刊都以英文刊发(如 *Nature*、*Science* 等),所以提高英文阅读能力能帮助你更快适应实验室生活。

最后一道主要的进阶"关卡"是学科竞赛。在顺利通过上述三道"关卡"的基础上,同学们如果学有余力,希望在未来继续深造,那么便有必要在本科阶段适度参加学科竞赛。除了"互联网+"大学生创新创业大赛、"挑战杯"全国大学生课外学术科技作品竞赛、"挑战杯"中国大学生创业计划竞赛、全国大学生数学建模竞赛等涵盖面较广的竞赛外,每个学科也有相应的竞赛,且侧重点各不相同。以生物专业为例,对计算生物学或编程感兴趣的同学,可以和同学组队参加"美国大学生数学建模竞赛(MCM/ICM)"等建模比赛;对合成生物学感兴趣的同学,可以参加由我校生命科学学院主办的微生物应用设计大赛(SCU-ACMA)或者国际级的国际基因工程机器大赛(iGEM)等。

除了"闯关升级",大学阶段的理科学习还会让我们收获些什么呢?

关于数学,有高年级的探险者说:"曾经以为数学是记不完的概念与公式,是算不完的题与作不完的图,现在才发现它原来是世间万物皆遵循的规律。""攻克难题时的醍醐灌顶是令人愉悦的享受。""也许我仍然不清楚学数学有什么用,仍然不确定我是否适合学数学,但我知道我不后悔选择数学,也不会放弃。"

关于物理,有高年级的探险者说:"物理学诞生于对未知世界的探索。承认自己的无知,这是物理学发展的基础,也是人类文明高速发展的起点。"

"能从全新的、更为宏观的角度去剖析我所生活的世界,不失为一件美事。"

"学习物理固然需要精通数理逻辑,但更需要对生活的敏锐洞察力,一切物理结论的得出都源自对生活的观察和体悟。"

关于化学,有高年级的探险者说:"我与化学的每一次互动,都会让我收获这世间最自然、最朴实的成果。我与自然的联系在这一次次互动中不断加深,我对自然的敬畏也在一次次收获中不断加强,我与化学都在最简单、直接的交往中被彼此点亮。"

关于生物学,有高年级的探险者说:"我热爱生物学,我想认识更多的生命,并静下心来认识我自己。""期待每一次与生命的不期而遇。"

理科,人类文明进步的阶梯。让我们一起开启这场未知的探险,一点一点探索,越过一片片知识的海洋,攀上一座座科学的高峰!

四、工科学习图景

谈及工科,我们常常会想起"理工""工程师""科技""严谨""创新""交叉"等字眼,会想起"C919国产大飞机""中国天眼""量子通信卫星""三峡水利枢纽""港珠澳大桥"等大国重器。下面就让我们一起来揭开工科学习的神秘面纱。

我们先来了解一下工科究竟是什么?

工科,更像是一门认识自然、改造自然,使自然造福人类的艺术。举个简单的例子,假如我们要在一块长满杂草的荒地上修建一座宜居的"梦想小屋",一般来说需要以下几个步骤:第一,判断此处的地质构造能否稳定地承载我们的家园;第二,将我们对房屋外观、结构及功能的设想描绘在图纸上;第三,根据规划采购建筑材料;第四,按图施工。然而,事情远非如此简单,我们需要考虑诸多细节。例如,在哪个位置、朝什么方向修建才能让我们的小屋冬暖夏凉？小屋在强风、暴雨、地震、火灾等恶劣状况下能否安然无恙？为了应对极端状况，我们该如何选择建筑材料，该采购多少？屋里的水、电、气、暖等基本设施又该如何布置与安装？要想解决这些问题，可不是一件容易的事。一方面，我们要对自然界的物质属性有充分了解，比如土壤、钢筋、混凝土等的变形、强度、渗透及稳定性能，杆系、梁、板、壳体等结构的受力性质及适用范围，以及水流、电荷的基本性质及控制原理等；另一方面，我们需要结合实际情况，参考前人的经验和现有的理论知识去完成小屋的修建。工科就是在这种具体的、实际的问题中发展起来的，需要不断总结现有的技术经验，并不断加以完善。

现在我们知道，工科是在生产和实践中发展起来的，技术经验就是工科的核心。那我们该如何学习工科呢？

工科的学习就像是"站在巨人的肩膀上远眺"。在学习之初，我们需要掌握各类现代计算方法与分析理论，因为它们是各种技术及工艺的基础。例如，我们要学会分析质点、杆件及刚体的不同力学性质，这可以帮助我们将现实中的建筑物等抽象为物理模型，以便分析和设计；要学会微积分、线性代数等高等数学方法，它们可以提供求解各类模型的基本计算方法与技巧；要学会用工程师的语言，从点、线、面等几何角度去理解并描述实际工程案例，这对于控制设计及施工质量具有重要的意义。然而，这些并非工科的主要研究对象，仅仅是工科研究及应用的必备基础知识。很多初学者常会感到所学知识十分割裂，不知道基础理论与所学专业有何联系。在此，小思有个建议：我们在学习过程中要多将理论知识与现实生活联系起来，多总结不同方法的运用条件和适用场景，这对将来灵活运用理论知识解决实际问题大有裨益。

掌握了上述基础知识，才算正式踏上工科学习之路。相较其他学科而言，工科涉及的知识领域非常宽广。以修建"梦想小屋"为例，我们要掌握各类建筑材料及建筑结构的基本力学性质,以保障"梦想小屋"的安全性和可靠性;还要学习电子技术、信息技术、计算机技术,让"梦想小屋"更加智能化及信息化,从而让人们的生活更加便捷;此外,还会涉及绿色、低碳,让"梦想小屋"在设计之初就更加环保,为可持续发展注入活力。值得一提的是,由于专业分工日益细化,不同工科专业的研究对象和学习内容差异较大。但无论是基础设施建设、能源资源开发,还是人工智能、大数据、物联网等新兴技术研发,有一点是相通的,它们都是为了满足人们的现实需求和对美好生活的向往,这也是工科人文性的体现。

工科源于实践,最终也归于实践。因此,工科的学习绝不能局限于课本,更需要投身于广泛的实验、实习和实践中。我们常说"实践是检验真理的唯一标准",这在工科的学习中尤其重要。通过复现经典实验,我们可以跟随老一辈科学家的脚步探索真理的奥妙。通过课程设计、毕业设计等实践环节,我们可以将书本知识运用到实际项目中,这不仅可以使我们更加熟悉课本上的规范和技术要领,还可以帮助我们走出象牙塔,真正将理论知识与生产实践结合起来。此外,行业实习也是工科学习中不可或缺的一环,走访企业,亲眼看看生产线,再同相关从业人员进行技术交流,也许很多以前上课时想不明白的问题一下就豁然开朗了。

至此,相信你已经对工科有了一个初步的印象。在接下来的大学时光,你还可以尽情探究工科的美妙。在这个过程中,你会被工程师巧夺天工、因地制宜的设计所折服,会被一丝不苟、精益求精的工匠精神所感染,也会被人与自然和谐共生、可持续发展的理念所感动。时代的车轮滚滚向前,人们对于美好生活的向往永远不会停止,只要人们有需要,工科就会一直存在。

五、医科学习图景

欢迎大家选择成为一名医学生,踏上探索医学的漫漫旅途!这趟旅途将用时四年或五年，抑或更久。由于选择的角色不同，每个人的体验与经历也各不相同，但大致都会经历这三段旅程：课程学习、技能实践、科研初探。这三段旅程虽然风光各异，但也山水交错、彼此融合。此外，其中也不乏曲径通幽，例如学生工作、国际交流、课余爱好等。在这里，你会经历山重水复，也会寻得柳暗花明。

现在，请拿好这份旅行地图，让我们先睹为快吧！

旅程一：课程学习。

这趟旅途启程有些困难，第一站就让人"望而却步"。你必须掌握全新的术语和知识体系来开启探索医学的旅程。首先，你需要学习细胞生物学、解剖学、组织学与胚胎学等医学基础课程，以打下扎实的医学基础。这并不容易，你需要练就"闪电记忆""超级脑容量""速识图谱"等技能，具体包括记忆细胞功能、人体主要解剖和组织结构，理解复杂的胚胎发育过程等。之后，你还需要学习生理学、生物化学与分子生物学、机能学实验、药理学、病理学等，从而掌握人体在正常状态和疾病状态下的运行规律。

在本段旅程中，首先迎接你的将是一位无言的"导游"——大体老师。初次见面时，福尔马林的味道可能会让你不太愉快，但这位"导游"会为你提供非常大的帮助，帮你跨过解剖学的"坎坷"。相信在课程结束时，你会对大体老师充满感激与敬佩，千言万语在一躬。其次，等待你的或许是机能学实验的"探险"，你需要使用特定的"道具"来通关——对生理药理知识技能的熟练应用、对实验动物的伦理关怀和鼓起勇气拿起手术刀。最后，你将迎来本段旅程的特色活动——医学生期末月。这是一个不小的挑战，若想成功，就得反复操练本阶段学得的技能。悄悄告诉你：图书馆是这一阶段最有用的"营地"。在翻山越岭之后，你便会看到不一样的风景。

旅程二：技能实践。

结束上一段旅程后，新的旅程会先将我们带入临床实习。在此期间，你

引领　竞逐　共进 ——"大川小思"大学有效学习攻略

不仅需要关注病人的病情，还需要关心病人的心理和生活：耐心倾听病人的诉求，用温暖的话语给予他们安慰和支持；关注病人的生活环境，努力为他们创造一个舒适、安全的治疗空间。在这个过程中，你不仅能提升专业技能，更会培养出一颗医者仁心。在这里，一个个病例将不再只是一连串症状、检查数据和病史，每种疾病所代表的伤痛将赤裸裸地站在你的面前，每个病例背后的情感与生活将牵动你的判断与选择。在这里，你能学到的东西远比上一段旅程多，你将切身体会到生命的脆弱，更能体会到生命的顽强。

当然，这一段旅程中可能还有更多奇遇。你可以参加各种社会实践活动，用自己的专业知识为社会贡献一份力量。你可以走进社区，为居民提供健康咨询和义诊服务；你可以参与公益项目，为偏远地区的孩子们普及医学知识；你还可以关注社会热点问题，从医学视角为公众解读健康与疾病。这些奇遇不仅能锻炼你的专业实践能力，更能让你深刻体会到医学的人文价值。

旅程三：科研初探。

在本段旅程中，同样有众多独特的"风景"等待你去发现：你可以选择进入实验室，做那些耳闻已久的分子、细胞或动物实验，与众多瓶瓶罐罐、仪器设备打交道，研究某一药物或毒物在人体内代谢转归的全过程；你也可以选择进入医院研究团队，在临床一线收集数据，电话随访，研究某一疾病的诊疗方法、预后转归等；你还可以选择深入社区、乡镇进行问卷调查，收集人群社会学数据，采集生物样本，创建人群队列，进而通过分析大样本数据来寻找某一疾病的病因，或是建立相应的预测模型来更好地预防疾病；你更可以选择进行交叉学科研究，数学、物理学、化学、生物学、材料科学、信息科学、哲学、管理学、文学、教育学、经济学、法学……只要是你感兴趣的方向，都可以与医学进行交叉融合。

在这趟风雨与阳光交替而至的医学探索之旅中，我们所追求的不仅是精湛的医学技术，更注重提升自身的人文素养。我们坚信，只有将医术与仁心完美结合，才能成为一名真正优秀的医学工作者。在未来的医学道路上，我们将用自己的智慧和技能，不负"健康所系，性命相托"使命，为人类的健康事业贡献自己的力量，用自己的人文情怀，为这个世界带来更多的温暖和希望。

第 2 章
课程体系与专业选择

一、课程体系

不同于高中阶段统一的课程安排,在大学阶段,除部分公共课程要求全体同学修读外,不同专业、不同年级的课程大相径庭。对于大学生而言,学校的人才培养方案是选课的重要依据,按照培养方案修满相应的课程学分是毕业和取得学士学位的基本条件。不同高校的人才培养方案会因人才培养理念、学科特点、发展定位不同而有所差异。即使在同一所高校,各学院也会按照学校的人才培养方案制定不同专业的培养方案,设置相应的课程。

初入大学,了解学校的人才培养方案,明确所在专业需要修读的课程,是开启大学学习之旅的第一步。同学们可在学校教务系统中查看所学专业的培养方案,学院的教务老师也会发布相关专业培养方案。

下面,小思以四川大学最新修订的人才培养方案为例,简要介绍大学课程设置的基本框架。

四川大学的课程体系主要包括通识教育、专业教育、跨学科专业教育、实践教育四大类别,每个类别设置相应的课程群。

①通识课:分为公共基础课和通识核心课。公共基础课包括思想政治教育、军事教育、心理健康教育、外语、体育、美育、劳动教育及新生研讨等课程;通识核心课包括"中华文化"等五大模块通识必修课和核心选修课,是培养学生综合素养的课程。

②专业课：包括学科基础课（如数学、物理等），专业核心课和专业选修课，涵盖专业领域的知识、素养和技能，是专业能力培养最核心的课程。

③跨学科专业课：这类课程是依托四川大学作为综合性大学在课程设置上的多学科优势而设置的，学生可以根据自己的兴趣和个人发展需要选择性地修读其他专业的课程。这些课程不是必修课程。

④实践课程：包括实习实训、课外创新创造活动、毕业论文（设计）等。课外创新创造活动包括社会实践、学科竞赛、科研训练、学术社团活动等。

修读相应的课程，是我们在大学阶段获得专业知识和技能，培养科学思维和解决问题能力，实现个人成长与发展的主要途径。学好各门课程，是我们作为学生的第一要务。

特别提示：考核未通过（俗称"挂科"）的课程没有学分！同学们从进入大学起，就务必以学业为重，认真学习，千万不要"挂科"！

二、专业选择

近年来，越来越多的高校实施大类招生，且一般在第一学年完成基础课程学习后，进行大类的专业分流。非大类招生的学校，也有一次或数次转专业的机会。如何正确认知所学专业，理性选择适合自己的专业，是不少同学在大学里需要认真思考和解决的问题。

专业选择影响着以后的学业、职业发展方向，需要慎重考虑。在确认专业方向或考虑转专业前，一定要对自身真实的兴趣、特长以及意向专业有充分的了解，并判断自己是否真的适合该专业。

1. 自我认知

先问自己两个问题，并将答案写下来。

①你的兴趣是什么，什么样的事情能让你充满激情和乐趣？

每一位在某个专业里学习并感到快乐的同学，他所学习的知识一定是他的兴趣所在。

②你擅长什么？

虽然兴趣对于选择专业而言很重要，但是从事自己擅长的事更为重要。

在你回答完这两个问题之后，就可以去寻找两个答案的交集，出现在交集里的，大概率就是适合你的专业或领域。

当然，这只是非常简单的认知自我的方法。如果想做深入的自我剖析，大家可以寻求专业人士的帮助。

2. 专业认知

如何理性认知大学里的专业？建议同学们通过专业教育、课程学习、请教师长、上网查询等多种渠道进行了解。

(1) 重视专业教育

新生入学后，学校会以讲座、课程等多种形式进行专业教育，这是同学们了解所学专业的有效途径。以四川大学为例，每个学院都会为新生开设旨在进行专业教育的新生研讨课，授课老师几乎都是本学院本专业的"带头人"。老师们讲解的内容一般是本专业最新或最具代表性的课题。认真聆听这样的专业教育类课程，不仅能了解本专业最新的发展情况，也能更加清楚地认识到所在学院的专业优势及发展方向。也许，从某位老师的讲解中，你就能发现自己的兴趣所在，从而联系到自己心仪的导师，逐步涉猎科研领域。

(2) 学习专业核心课

专业核心课涉及本专业的基本概念、理论和技能，是专业认知的基石。学习专业核心课，感受其难易程度，判断自己的兴趣高低，有助于客观评估自己是否适合学习该专业。除学校开设的课程外，互联网课程资源也是不可忽视的一部分。很多视频网站（如哔哩哔哩、中国大学MOOC等）都提供了免费的课程资源，几乎囊括所有专业的绝大部分课程。如果希望更加全面地学习专业课程，也可以利用这些网站进行学习。

（3）请教师长

老师和学长学姐的经验，往往具有极大的参考价值。因此，课间时间，可以向老师请教；课余时间，可以向学长学姐，尤其是和自己同专业（或目标专业）的学长学姐请教。

（4）上网查询相关信息

对于某一专业，同学们最初的了解可能局限于直观感受，这种了解是较为片面的。为了获得更全面的认识，同学们还可以上网查阅认可度高的资料，多方了解该专业的特点、核心课程、就业方向、发展趋势等。

3. 转专业注意事项

在打算转专业之前，建议同学们先思考以下三个问题：

第一，你真的不喜欢目前的专业吗？你的"不喜欢"，是否建立在先入为主的判断上？你试着去理解过目前所学专业的理论体系或存在价值吗？通常，只有在认真学习过原专业的课程后，才能知道自己是否热爱它。换言之，只有付出过努力，才可能有更深入的了解甚至热爱。在此，小思郑重建议：大家在准备转专业之前不妨把原专业学好，这两者并不冲突，更何况大部分学院对于转专业都有绩点要求。

第二，你真的不擅长目前所学专业吗？和上一个问题一样，你的"不擅长"，是否建立在先入为主的判断上？你是否已经付出过相当长一段时间的努力？也许，你的"不擅长"只是害怕竞争，或者不自信。

第三，你真的了解目标专业吗？你对目标专业的"了解"来自哪些渠道？已经了解到什么程度？你真的热爱它吗？你是否只看到了它的优势，却没有看到它不足的一面？即使目标专业前景广阔，可它一定适合你吗？

转专业是一次重要的人生抉择，同学们一定要慎重考虑，千万不要盲目追求所谓的热门专业而迷失了自我。如果萌生了转专业的意愿，同学们一定要在充分了解自我的情况下，提前了解转专业的相关政策，确定目标专业，制订详尽的计划，并踏踏实实地去完成。

即使转专业失败，也要坦然接受，以良好的心态迎接未来的生活。在准备转专业的过程中，同学们也必然会收获许多有用的知识、技能以及丰富的人生体验，它们都将成为无形的财富，陪伴你走好今后的路。

4. 专业分流注意事项

因为不少专业实施大类招生，所以很多同学在大一下学期会面临专业分流问题。尽管这也是一次重新选择专业的机会，但是在大类招生下，各专业方向其实差异不大。在这里，小思提醒几点注意事项，以便同学们更好地做出选择。

①培养方案：同学们可以在教务系统或者学院官网查看不同专业的培养方案，比较不同培养方案在专业课程、实习、毕业设计、学分要求等方面的差别，选择自己更感兴趣或者更擅长的专业方向。

②师资力量：同学们可以在学院官网等网站查询不同专业方向老师的研究领域、学术论文、研究课题等，根据自身兴趣及专长选择更合适的专业方向。

③就业方向：同学们可以通过各大公司官网的招聘页面了解不同专业对应的就业方向和就业岗位，也可利用线下双选会和用人单位交流，了解不同专业方向的就业情况，作为专业分流的参考。

引领 竞逐 共进
进入大学

学习效能篇

初入大学的小伙伴们,当你们看着远没有高中那般密密麻麻的课程表的时候,当你们逃脱了班主任和任课老师的"紧箍咒",可以自由支配很多时间的时候,内心有没有暗自窃喜? 但是,很快你会发现,突如其来的琐事和被遗忘的作业总能使我们手忙脚乱,接踵而至的各种问题让我们日益苦闷。很多同学在刚进入大学的时候,都不太适应新的学习、生活模式。

怎么办?小思告诉你,你需要重点关注在大学里的学习效率!如何打败惰性、低效,做好自我管理,不负大学的宝贵时光呢?下面,小思将从自我管理、时间管理、笔记方法、学习方法和综合能力提升等多个方面,给大家一些诚挚建议。

让我们一起用行动打败低效吧!

第 3 章
自我管理

一、自控自律

经历了紧张忙碌的高中生活，大家应该都对大学生活充满了憧憬吧。可是，进入大学并不意味着人生自此一帆风顺，我们仍需在未知的旅途中不断充实自己，不断成长。不管未来的路如何，我们都应该为接下来的挑战做好充足的准备。小思希望大家在相对自由的大学生活中自控自律，以不变应万变！

可能大家都曾遇到过这些情况：一直放不下手机、无精打采、遇见事情就想逃避、拖延、"负能量"爆棚、不想独立思考、缺乏沟通力、记忆力衰退、没有目标、作息混乱、情绪化、间歇性努力……

美国心理学家凯利·麦格尼格尔在其著作《自控力》中说过："我们控制注意力、情绪、胃口和行为的能力，在很大程度上会影响我们的健康、财务安全、人际关系和事业的成败。"在现实生活中，一个人只有具备了自控自律的能力，才会具备掌控人生的实力。

小思发现，在大学里，优秀的学长学姐有一个共性——保持自律。都说"自律即自由"，接下来，小思就给大家分享一些自律好习惯，坚持下来，一定会让你受益无穷！

1. 学习方面

①坚持每日学习。学习是学生最核心的任务，学业发展是大学生全面发

展的基石，无论何时，我们都应该将学习放在第一位。因此，不管当天课程多不多，不管当时是否处于"考试周"，我们都应该每天花足够多的时间来学习。

②选择高质量的学习内容。有高质量的输入，才能有高质量的输出。面对浩如烟海的学习资源，我们要学会甄别，优中选优，将最宝贵的时间用来学习最有价值的内容。

③坚持今日事今日毕。放任自流的后果就是疏懒成性，因此，今天的计划一定要在今天完成，坚决不为自己的拖延找借口。

④定期复盘。通过定期复盘，我们便能清楚地看到自己的成长轨迹，及时查漏补缺、扬长避短。复盘可以分阶段进行，例如每周一次小复盘，每月一次全面复盘。

2. 生活方面

①保持规律的作息。自律不是非得"挑灯夜读"，而是应在保证充足睡眠的前提下，养成有规律的作息。建议同学们每天不晚于23：00睡觉，不晚于7：00起床。

②不要把手机带上床。睡前玩手机会让大脑神经细胞兴奋，不仅导致入睡困难，还会影响睡眠质量。强烈建议同学们把睡前玩手机改成阅读纸质书20分钟，把手机关机，放在远离自己的地方。

③坚持每日锻炼。我们不必追求完美身材，但应该保持身体健康。最简单的锻炼方式有跑步、跳绳、做瑜伽和普拉提等。若经济条件允许，也可以考虑到健身房锻炼。坚持锻炼不仅可以减脂塑形，对性格、气质、精神也有很大改善作用。

④注重科学饮食。所谓科学饮食，就是根据人体的生物节律与营养需求，合理安排每日饮食，确保营养均衡。我们应避免暴饮暴食，少吃油腻、

辛辣等刺激性食物，多吃新鲜水果、蔬菜。此外，每天坚持喝八杯（总量约2000mL）温白开水，对身体健康大有益处。

二、目标规划

目标规划是指对个人未来发展方向、目标和步骤进行明确的、有计划的设计。对于大学生来说，做好目标规划是非常重要的，可以帮助大家更好地规划未来的学习与生活，提升自我认知和控制能力。接下来，我们将探讨大学生如何通过科学合理的目标规划实现个人成长。

1. 目标规划的重要性

第一，通过设定明确的目标并制定相应的规划，同学们可以清晰地了解自己的发展方向，明确自己想要取得的成果，从而有针对性地努力奋斗。

第二，目标规划可以帮助同学们提高执行力和自律能力，培养坚定的意志，持续努力，从而克服重重困难。

第三，目标规划能够帮助同学们优化资源配置，合理安排时间和精力，有效提高学习和生活效率，从而更好地实现个人价值和梦想。

总之，通过目标规划，同学们能够更从容地把握人生方向，提升终身学习和发展能力，实现自身价值的最大化。

2. 目标规划的步骤

第一，自我认知。即认真思考自己的兴趣、优势以及未来的发展目标。这一步可以帮助同学们更准确地定义自我价值，确立未来发展方向。

第二，设定目标。即树立明确、具体且可衡量的短期目标和长期目标。这一步可以帮助同学们分解任务，化整为零，并朝着最终目标持续努力。

第三，制定计划。即根据所设定短期目标与长期目标，确定具体步骤和时间节点。这一步有助于同学们明确实现目标的具体路径和时间表。

第四，付诸行动。即按照计划积极行动，将构想转化为实践。这一步是实现目标最重要的一环，没有行动，一切梦想都是空谈。

第五，反思调整。即定期总结经验教训，适时优化行动方案，以适应不期而遇的变化和挑战。这一步也是实现目标的关键环节，善于审时度势，与时俱进，我们才能离梦想越来越近。

3. 目标规划举例

以大学四年为例，可以制订如下阶段性规划。

大一：

①尽快适应大学的学习节奏，完成从高中生到大学生的角色转变。

②深入了解自己，了解所学专业。

③除专业课外，重视英语和数学学习。

④学有余力时，考取一些技能等级证书，如计算机二级证书。

⑤参加班委竞选或加入学生社团。

⑥尽早树立较为明确的发展目标，并做好相应的学习规划。

大二：

①专注学习，逐步摸索出适合自己的学习方法。

②有留学意愿的同学可准备语言考试，如雅思、托福等。

③积极参与"大创"等科研项目，选择性地参加一些学科竞赛。

④利用假期参加与专业相关的实习，了解行业发展情况。

⑤规划好大学毕业后的发展方向，如留学、推免、考研、就业等，并尽早搜集相关信息，着手准备。

大三：

①重视专业课学习，努力学好专业知识。

②积极参加"中国国际大学生创新大赛""挑战杯"等高水平竞赛。参加科研训练取得成果的同学，可以尝试撰写、发表论文。

③有留学意愿的同学应积极准备语言考试，大三内通过语言考试。

④准备推免的同学应尽早关注推免信息，提前准备简历及夏令营参营材料。

⑤准备考研的同学，应尽早制订复习计划并开始复习。

⑥准备就业的同学，应提前关注就业信息，完善个人简历。

大四：

①认真撰写毕业论文（设计）。

②在实习期间，全面拓展自己的能力。

③计划深造的同学，应抓紧时间准备，如考研冲刺复习、提交留学申请等。

做好目标规划是大学生实现自我发展的关键，需要勇于设定富有挑战性的目标，坚定执行计划，持续学习和提升。小思希望同学们都能有的放矢，锲而不舍。

三、情绪管理

1. 如何判断自己是否需要情绪管理？

与高中阶段相比，大学阶段的压力来源更为多样。除了学业压力，同学们可能还会面临来自家庭和人际关系等方面的压力。压力过大时，可能会产生一系列身体上的反应，如失眠、脱发、耳鸣、食欲不振等，这些都是心理压力转化为身体问题的表现。

为了更好地理解和应对这些问题，我们可以利用学校心理健康教育中心提供的相关问卷进行自我诊断。此外，互联网上一些专业性强、权威度高的问卷也可供参考。

如果通过初步的自我诊断发现自己有潜在的情绪问题，那么进行专业检查就显得尤为重要。专业的诊断可以帮助我们确认自己的情绪状况，并提供专业建议，帮助我们更好地克服这些情绪挑战。

2. 怎么管理情绪？

在大学这个充满各种可能性的人生新阶段，培养一种健康的心态至关重要。

我们首先应该接受一个简单的事实：不必过分追求完美。完美主义往往会带来不必要的压力。大学生活丰富多彩，"试错"成本相对较低，如果我们发现自己对某个领域确实不感兴趣或不擅长，那么换一个领域也无妨。

同时，正视并理解自己的情绪问题也是非常重要的。通过阅读心理学书籍，我们可能会对自己的情绪有更深入的了解，甚至会有豁然开朗的感觉，这将帮助我们以更开放的心态应对挑战。

当我们感到压力过大或焦虑时，找到适合自己的方式来转移注意力是非常有帮助的。无论是培养个人兴趣爱好还是参加体育运动，都能让我们暂时忘却烦恼，享受生活的乐趣。此外，倾诉也是一种有效的缓解方法。无论是与朋友交流，还是向学校或学院的心理咨询老师寻求帮助，抑或是与家长分享自己的感受，都是宣泄情绪的好方法。

如果我们发现自己的情绪问题比较严重，那么寻求专业的帮助就显得尤为重要。记住，照顾好自己的心理健康，就是在为未来的成功打下坚实的基础。

第 4 章 时间管理

一、时间管理的方法

1. 4D 原则

每个人每天要做的事情可以按照紧迫程度和重要程度分为四类,如表 4-1 所示。

表 4-1 待办事项分类

分类	说明	举例
危机	不做这些事就会引发失败	重要课程的学习、各种突发紧急任务
自己打算做的事	需要做的事,即做了这些事能为后面的事做准备	制订预案、做计划、学习
符合别人期待的事	对自己来说不一定是最重要的事	接听无谓的电话、回复邮件、参加各种应酬等
打发无聊时间的事	没什么特别意义的事	看电视剧、侃大山

大多数人的时间安排大致如表 4-2 所示。

表 4-2 大多数人的时间安排

要做的事	时间花费
危机	花 25%～30% 的时间
自己打算做的事	花 15% 的时间
符合别人期待的事	花 50%～60% 的时间
打发无聊时间的事	花 2%～3% 的时间

那么，该如何应对这四类事才能更高效呢？很简单，每类事用不同的原则来处理，如表 4-3 所示。

表 4-3 对不同事的处理原则

要做的事	处理原则
危机	立即去做（Do it now）
自己打算做的事	稍后做（Do it later）
符合别人期待的事	让别人去做（Delegate it）
打发无聊时间的事	尽量别做（Don't do it）

表 4-3 所示原则即"4D 原则"〔由美国管理学家史蒂芬·柯维（Stephen R. Covey）提出，详见其著作《要事第一》〕。根据这样的原则，大家对这四类事的时间安排或许会变成表 4-4 所示的状态。

表 4-4 4D 原则下对四类事的时间安排

要做的事	时间花费
危机	花 20%～25%的时间
自己打算做的事	花 65%～80%的时间
符合别人期待的事	花 15%的时间
打发无聊时间的事	花少于 1%的时间

经过这样的调整，我们就会慢慢地变得高效起来。

2. GTD 法

GTD 是 Getting Things Done 的缩写，也是戴维·艾伦（David Allen）的一本时间管理类畅销书的书名，该书中文名为《搞定Ⅰ：无压工作的艺术》。

GTD 法可以分为收集、整理、组织、回顾与行动五个步骤。

（1）**收集**

收集就是将能够想到的待办事项（GTD 法中称为 stuff）统统罗列出

来，放入一个"篮子"（GTD法中称为inbox）中。这个"篮子"既可以是实际的纸张或文件夹，也可以是纯数字化的电子记事本。收集的关键在于把一切干扰因素赶出大脑，同时记录下所有待完成的工作。

让我们来想象一个场景：

你正在背英语单词，突然学生会某部长发QQ信息给你，让你通知某同学下午3点去拿资料。这时候你要马上做吗？

不，你应该先花十秒钟把这个待办事项记录下来，收集到"篮子"里，然后继续背单词。

过了一会儿，你脑子里突然闪过一个念头：什么时候跟朋友去吃火锅？这时候你千万别一直想，因为会越想越兴奋，但也不要刻意压制，先把这个想法收集到"篮子"里，然后继续背单词。

除非遇到十万火急的事，否则都先收集起来再说，这是为了避免我们的注意力被轻易分散。

每天早上也可以做这项工作：把今天要做的所有事，都先收集到"篮子"里。

(2) **整理**

将待办事项放入篮子之后，就需要定期或不定期地整理，清空"篮子"。将这些待办事项按是否可以付诸行动进行分类：对于不能付诸行动的，可以进一步将其分为参考资料、日后可能需要处理的事以及不需要处理的事等几类；对可付诸行动的，先判断事务的属性，再依次采用"2分钟法"和"4D原则"进行处理。

所谓"2分钟法"，就是判断该事项是否可在2分钟内完成，如果可以则立即行动。比如上面提到的学生会某部长让你通知某同学去拿资料，如果你认为这件事可以在2分钟内完成，你可以马上打电话或者发短信通知那位同学，之后就可以把这件事从"篮子"里取出来扔掉。利用"2分钟法"清理待办事项的频率和时间,需要同学们自己规划。如果某事项可以在 2 分钟内完成,一般情况下不会打断专注状态,而超过 2 分钟,就可能会产生较大影响。何时对"篮子"进行清理,小思认为这取决于个人习惯,可以是一天一次,也可以是一天两次……大家可以在运用这种方法的过程中,找到自己的节奏。

如果是需要 2 分钟以上才能完成的事,就需要用刚刚讲过的"4D 原则"来判断和处理。

(3) **组织**

组织是 GTD 法中最核心的步骤。组织主要包括对参考资料的组织与对下一步行动的组织。对参考资料的组织主要就是建立一个文档管理系统。而对下一步行动的组织则一般可分为:建立下一步行动清单、建立等待清单以及建立未来/某天清单。

下一步行动清单所记录的是具体的下一步工作,而且如果一个项目涉及多步骤的工作,那么需要将其细化成具体的步骤。GTD 法对下一步行动清单的处理与一般的待办事项清单(To-Do List)最大的不同在于,它做了更进一步的细化,比如按照地点(宿舍、教室、图书馆、校外)分别记录只有在这些地方才可以执行的行动,而当你到达这些地点后也就能够立即知道应该做哪些工作。

等待清单主要记录那些委托他人去做的工作。

未来/某天清单则主要记录延迟处理且没有具体完成期限的未来计划、电子邮件等。

(4) **回顾**

回顾也是 GTD 法中的一个重要步骤,一般需要每周进行回顾。及时回顾和检查你的所有清单并进行更新,可以确保 GTD 系统的正常运作。而且,在回顾的同时还需要写出未来一周的计划。

（5）行动

行动即根据时间、精力以及事项重要性来选择清单上的事项予以完成。需要专注执行的事项应该只来自一份清单——下一步行动清单。其目的是确保在最高效的时间段做最重要的事，即脑子里一次只想一件事，完成一件，划掉一件，再着手下一件；今日事，今日毕。

3. 碎片化时间管理方法[①]

（1）什么是碎片化时间？

碎片化时间是指个体没办法长时间专注地去做一件事的时间片段，如图4-1所示。

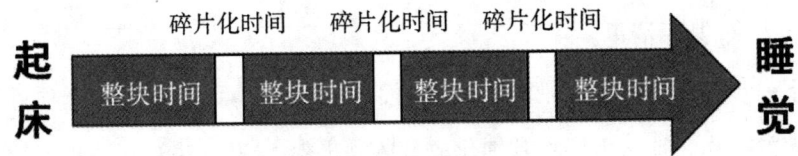

图4-1 碎片化时间示意图

在学习、生活中，碎片化时间大量存在，比如课间、排队、走路、等车的时间等。在这些时间片段内的人有一个共同特点，就是注意力随时可能会被打断。在这种情况下，时间像是一小段一小段的碎片。

因为大脑在工作时有切换和启动"成本"，所以利用碎片化时间做事的效率是比较低的。

（2）如何利用碎片化时间？

同学们若能将碎片化时间利用好，同样可以创造"奇迹"。以下两条心

[①] 本小节内容参考常青：《如何进行时间管理》，知乎，https://www.zhihu.com/question/19705539/answer/1193581129。

得,供大家参考:

①尽可能避免时间的碎片化。

时间碎片化,在一定程度上缘于时间安排不当。

例如,在有些时间段,人是极易被打扰的,在这期间就不适合做需要长久地集中注意力的事。如不采取有效措施,这个时间段就极易碎片化,如图4-2所示。

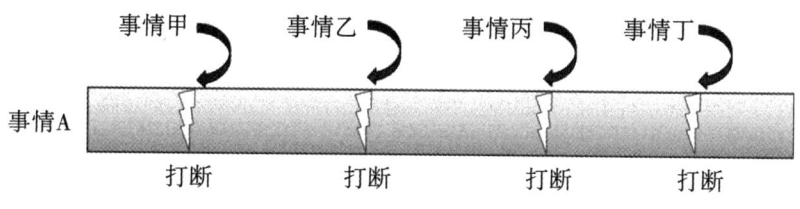

图 4-2 注意力被打断

尤其是在学习过程中,哪怕只是接一个电话,学习效率也会受到极大影响,因为大脑切换任务需要启动时间。在休闲娱乐活动中,这种切换对效率的影响不大,但在学习或思考状态下,其对效率的影响非常大。在这个问题上,建议同学们在时间安排上多花心思,如果有一大堆琐碎的事情要处理,最好是把它们放到某一个时间段集中处理。

而落实到具体日程上,在制订某一时间段的学习计划时,就要把这段时间完全空出来,并且在开始学习的时候,应该把手机之类的干扰物搁到一边,以免被打扰。

②用碎片化时间的特点,做更有效率的事情。

事情有大有小,一些琐碎的小事情,就可以安排在碎片化时间内处理。比如学习英语的时候,英文写作、精听等需要高度专注的项目,应该安排在不被打扰的整块时间里完成;而诸如英语泛听、背单词等能够随时停下来的项目,就可以在上下课途中等碎片化时间内完成。

此外,一些碎片化的时间其实非常有规律,可以善加利用,如图 4-3

所示。

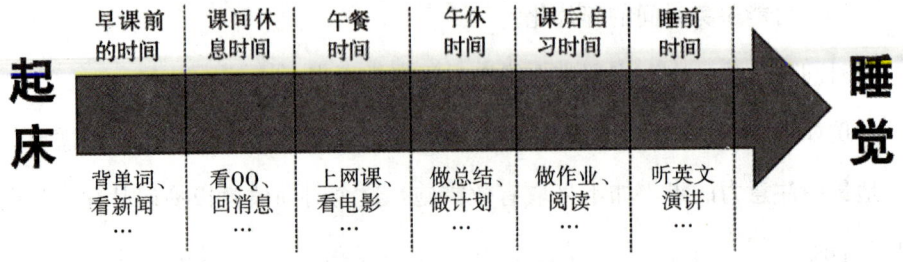

图 4-3　碎片化时间利用示意图

简言之，在碎片化的时间完成碎片化的学习，也有助于提高学习效率。

4. 精力管理

学习时间管理的主要目的是帮助我们做好计划，让我们知道应该在什么时间做什么事情，并且学会一些有效的方法，让我们在计划的时间内把事情尽可能做完、做好。但是，每个人的精力都是有限的，在不同的时间段精力状态也不一样。因此，学会精力管理，根据自己的精力状态规律来安排学习计划，是非常有必要的。

在对精力进行管理之前，我们需要清楚了解自己在每个时间段的精力状态。精力管理的基本原则是：把最重要的事情安排在精力最旺盛的时间来做；在精力处于低谷期时，可以去处理一些比较轻松的工作，或做一些有助于精力恢复的事情，比如小睡一会儿或静坐休息。要尽量避免在精力状态不佳时处理一些特别费神、强度很大的学习任务，以避免因效率过低而浪费时间。

如何才能了解自己的精力状态规律呢？我们可以参考张萌所著《精力管理手册》中的"精力波点图"来观察和记录自己一天内精力的变化情况，如图 4-4 所示。首先，绘制一个坐标图，其中纵轴代表精力值，横轴代表时间。精力值的设置可以根据自己的实际情况来定。建议将精力值区间设置为 1～

10,其中0~3为低精力区,4~6为中精力区,7~10为高精力区。建议将时间区间设置为24小时(一天),以小时为单位进行标示,可自行设置起点值。由于每个人所需的睡眠时间不尽相同,所以横轴上的刻度会有所区别。接着,我们可以以小时为单位对自己的精力状态进行评估,然后在坐标图中一一标点。最后,把坐标图上的所有点连起来,就得到了一个平滑的波形曲线,即精力波点图。为了避免误差,我们最好进行为期一周的观察和记录,然后取平均值,得出最能反映我们精力分布情况的精力波点图。

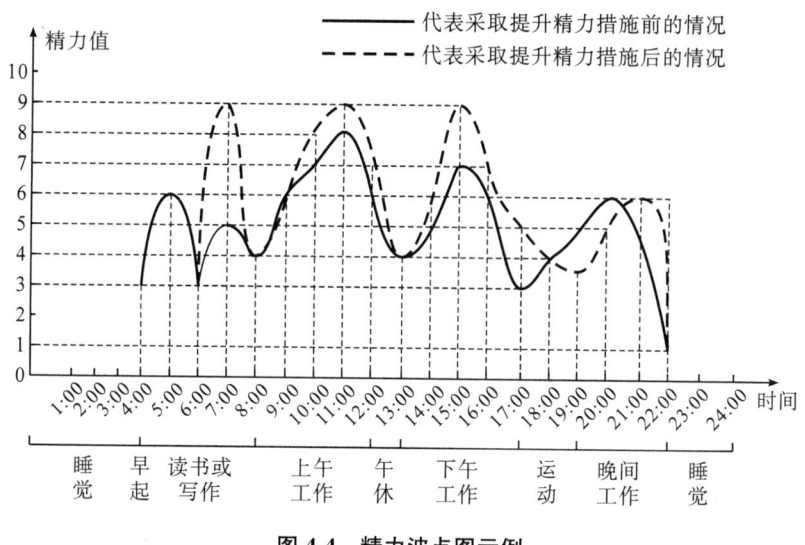

图4-4 精力波点图示例

绘制出属于自己的精力波点图后,我们就能更加合理地安排学习计划,从而有效提高学习效率。

二、时间管理APP推荐

1. 番茄ToDo

推荐指数:☆☆☆☆☆

(1) 简介

在番茄 ToDo（见图 4-5）中，用户可自定义"番茄钟"的时长，合理规划"待办"与"待办集"。其基本操作简单，进阶功能丰富且实用。

图 4-5　番茄 ToDo APP 图标

(2) 推荐理由

①可灵活选择"待办"与"待办集"，自定义办事时长。

"待办集"相当于一个大目标，"待办"相当于大目标下的子任务。通过"待办"与"待办集"的合理规划，用户可以有条不紊地从小目标开始攻克大目标。

②丰富的计时功能。

用户可根据自身的专注情况选择倒计时或正计时，还可以设置背景海报、励志标语、白噪音、严格模式等。

③可结伴学习。

用户可和朋友们一起加入"自习室"学习，可以和朋友们比拼时长，还可以互相查看专注度分布情况。

④详细的数据统计。

系统会根据日、周、月等统计用户的专注时长，帮助用户复盘自己的高效学习时段、中断原因等。

2. Forest 专注森林

推荐指数：☆☆☆☆

(1) 简介

Forest 专注森林（见图 4-6）引入了"种树"的概念，旨在帮助同学们远离手

图 4-6　Forest 专注森林 APP 图标

机，培养专注力。用户可以自行设置时长，在这期间不可使用手机，否则种的树将会枯萎。

(2) **推荐理由**

①界面干净，充满设计感。

②具有公益和环保价值。

保持专注的时长可用来兑换"金币"，而"金币"可用来解锁新的植物，也可以兑换现实中真实的树木，做出公益和环保方面的贡献——有趣又有意义。

③时间设定灵活，奖励机制有趣。

用户可以根据自己的习惯，自由地设定每次保持专注的时间，并可以循序渐进地延长保持专注的时长，获得更多虚拟树木，打造属于自己的"森林"。

④可添加好友，相互督促。

添加好友后可以了解别人的成果，进一步督促自己。看看一天种了12小时树的"大佬"，自己还有什么理由不认真学习！

⑤"强迫症"患者的福音。

有"强迫症"的同学绝不想看到自己的花园里有一棵丑陋无比的死树吧，所以，坚持住，别玩手机！

3. 滴答清单

推荐指数：☆☆☆☆

(1) 简介

滴答清单（见图4-7）是一款拥有跨设备云同步、周期提醒、清单管理、协作和集成日历等功能的应用，可帮助同学们高效地利用时间。

图 4-7 滴答清单 APP 图标

(2) **推荐理由**

①轻松记录大小事务。

不管是学习计划、备忘提醒,还是心愿清单、旅行安排,都能记录到滴答清单并按照重要性有序排列。

②再也不会忘记任何事情。

无论是"四六级考试报名时间",还是"到超市时提醒我买牛奶",滴答清单都会及时提醒。

③每一天做什么都心中有数。

有了5种日历视图的帮助,用户可以直观地查看各月、各天的日程,不会再为"接下来做什么,以前做了什么"而迷茫,还能通过拖拽任务快速调整日程。

④和同学、朋友共同完成目标。

无论是与同学共同完成某项小组作业,还是和家人、朋友一起制订周末出游计划,用户都能与他们共享清单并进行讨论。

⑤在沉浸的环境中专注做事。

使用番茄工作法,用户可在"工作25分钟,休息5分钟"的节奏中,集中精力搞定一件事。

⑥养成打卡习惯。

滴答清单有一个习惯养成的界面,可以监督用户打卡。界面内有多种图标可供选择,用户除了可以编辑某个习惯的具体内容,还可以自行添加语录警示自己。

4. IOS 日历

推荐指数:☆☆☆☆

(1) 简介

IOS 日历（见图 4-8）是 IOS 系统自带的时间管理工具，它以时间为主线，同时有日、周、月、年四种时间视图和日程视图；可设置提醒，并且可显示剩余时间。

图 4-8　IOS 日历 APP 图标

(2) 推荐理由

①IOS 系统自带，无须下载，功能免费。

②可在同一 IOS 账号的多个设备上同步数据。

③可邀请同样使用 IOS 系统的人进行任务和日程的合作。

5. 其他 App 推荐

①时间统计类：时间块、iHour 等。

②任务计划类：365 日历、日事清、MyWeek 等。

③习惯养成类：习惯清单、STREAKS、小日常等。

三、时间管理小贴士

Q：学习与生活有时间冲突怎么办？

A：这个问题的实质是时间管理，即如何在完成繁重的学习任务的同时兼顾生活。同学们应该刻苦学习，但也不能抛弃良好的生活方式。要做到这些，小思建议：

①合理规划时间：要给自己安排每日学习任务。建议使用上述推荐 APP 进行时间管理。

②自律：学习之前先解决掉所有的干扰因素，学习的时候专心致志，玩耍的时候尽情玩耍。

引领　竞逐　共进 ——"大川小思"大学有效学习攻略

Q：如何避免"忙的时候忙死，闲的时候闲死"？

A："忙的时候忙死，闲的时候闲死"，这种情况很多同学都会遇到，其根本原因是自身时间规划不合理。比如有时候需要在一个周末内完成很多份作业，我们就会强烈感到时间不够用。要解决这个问题，同学们可以在比较轻松悠闲的时候（比如刚开学那段时间）思考一下，有哪些未来的任务是已知的、可以提前去做的（例如，某门课程规定了在本学期内要读完一本指定图书）？还有没有以前因为太忙而暂时搁置下来的事情（例如，上学期学过的知识还需要查漏补缺）？如果有，不妨利用好这段空闲时间，完成过去未完成的任务，或是提前完成某项任务，给未来的自己"减压"。对于临时遇到的多种任务（如一个周末要完成很多份作业），可将最后期限（deadline）前的任务按轻重缓急做一个"扁平化"的时间安排（从周一就开始安排）。

Q：在有限的学习时间里遇到"精神上的空虚"怎么办？

A：大学与中学不同的一点就是，大家可以自由培养和发展自己的兴趣爱好。因为高考的压力而不得不放下的爱好，此时不捡起来，更待何时！一心学习没问题，但只学习，同学们将错失很多本来可以在大学收获的东西。如果没有什么兴趣爱好，那也没关系，在觉得空虚的时候，出去跑跑步，看一部电影，都是很棒的选择。

Q：如何挤出时间发展兴趣爱好呢？

A：大学给予了同学们自由发展兴趣爱好的良好环境，大家虽然也会忙碌，但规划利用好时间还是可以实现儿时梦想的。每周抽出一个小时，一年就有50多个小时，这对发展一项兴趣爱好来说足够了。所以，如果暂时没有兴趣爱好也不必难过，你可以从零开始，或许你会发现培养一项兴趣爱好其实并不难。同时，学校通常也会开设多门选修课，大家也可以从这些课程中寻找自己感兴趣的方向，实现兴趣与学分的双重丰收。此外，学校里的活动多种多样，你可以选择自己感兴趣的先尝试一下。对于比赛性质的活动，不要太患得患失，参赛是为了体验过程，从中认识自己的不足，看到自己的闪光点。所以，不必因为胆怯就逃避学校活动，你可能会因此结识到新的小伙伴，了解新的知识，发现新的兴趣。

Q：如何避免"有很多计划，却不想行动"呢？

A：这样的情况很常见，"拖延症"患者太多了。这时，可以反思一下自己制定的计划的实施难度是不是太大。正所谓"天下难事，必作于易；天下大事，必作于细"，可以试着将大目标拆解成小目标，循序渐进地完成。也可以利用心理学中的"延迟满足"，给自己设立一些奖励机制，如完成计划后奖励自己看一集喜欢的动漫。记得多给计划增加一点趣味性。另一个好办法就是根据自己的计划寻找一个学习搭档，也可以加入一些学校、学院社团组织的打卡活动，集体的互相督促更有助于计划的执行。另外，上文介绍的一些时间管理 APP 也可以帮到大家！

Q：学习效率低下，该怎么解决？

A：学习效率不高是很多同学面临的共性问题，大家无须苦恼，放轻松。要先想一下自己学习效率低是因为什么：是学习内容比较难，还是学习状态不好？如果是前者，小思建议从掌握基本的知识入手，比如高等数学、大学物理这些课程，从书上的例题开始做起，能给自己一些思路和信心；当然，高中时期的"题海战术"对于大学某些课程依然有效。如果是学习状态不好，就要弄懂自己这个阶段想要的是什么，学习对于自己的重要性是什么。若我们在学习的时候，脑子里想的是一会儿要不要点杯奶茶喝、晚饭吃什么之类的事情，学习效率当然不可能高。所以，不妨在学习的时候提高专注力。

小思在这里提供几个保持专注和高效的小建议：

①尽量不要在宿舍学习，可以选择去图书馆、教学楼自习室学习，因为一个好的学习氛围非常重要。

②保证充足的睡眠才能有较强的意志力，才不至于刚学几分钟就因犯困

引领 竞逐 共进 —— "大川小思"大学有效学习攻略

而想要放弃。熬夜学习并不可取，有时候熬夜只是做表面文章，熬夜完成的工作其实可能第二天早起10分钟就可以完成。

③把任务分解，不要一整个上午都闷头做一件事，把自己弄得头昏脑涨。向大家推荐番茄工作法，用这种方法安排时间，学习起来会比较轻松。每一个小任务完成后，可以休息一会儿。

④远离手机，在学习期间不看手机。休息时统一回复所有消息。

Q：制定的学习计划总是完不成该怎么办？

A： 完不成计划常常会让人感觉沮丧，如果同学们发现自己经常无法按时完成学习计划的话，就需要反思一下原因了。

一般来说，制定的学习计划总是完不成有两类原因：一是学习时效率太低，注意力不集中或者难度太大，以至于学习进展缓慢；二是计划安排得太满。如果是前者，可以参考上问"学习效率低下，该怎么解决？"中提供的解决方法；如果是后者，则说明计划本身不够合理，可行性不足。大家在制订计划时不能把时间安排得过于紧张，而应留出适当的休息、娱乐时间和机动时间。这一方面能保证学习时始终保持高效的状态，另一方面也便于应对一些突发事件（如突然收到辅导员的通知，需要立刻准备一份材料，第二天上交）。

Q：如何才能跟上老师的教学进度？

A： 这同样是一个有关时间安排和学习效率的问题。不同专业的同学要学习的课程不同，相应的学习方法也有很大差别。如何才能跟上老师的教学进度，不同的课程有不同的方法。大体来说，需要注意以下几点：

①提前从总体上把握学习内容。在开始学习一门课程前，同学们可以粗略地翻阅一遍教材，了解其主要内容和章节分布；也可以向学长学姐请教，了解一些学习这门课程时的注意事项。此外，还可以通过老师发放的教学进度表，了解教学安排。

②抓住各章节重点。在学习一门课程时，要尽量把精力放在学习各章节

的重点知识上。在掌握了最核心的内容后，其他细枝末节的问题大多都可以迎刃而解。

③注意前后知识点之间的联系。大多数课程（教材）的各章节之间都有紧密的联系。我们在学习某一门课程时，如果只孤立地掌握某一章节的内容，而不从整体上把握知识体系，就无法较好地掌握该课程。因此，我们要注意前后知识点之间的联系，以前启后，以后缮前，这样学习效率才会越来越高。

④合理进行预习和复习。在大学里，由于科目较多，同学们的学习时间往往比较紧张。要在有限的时间里完全预习和复习所有科目对许多同学来说都不太现实。我们可以对每门科目的重难点知识进行适当的预习、复习，提高学习效率。

Q：如何合理利用课余时间？

A：在大学，课余时间主要用于复习课堂知识和进行适当的课外活动。

不管是考研、推免、留学深造还是找工作，仅有较好的课程成绩是远远不够的。因此，我们需要合理利用课余时间，除了巩固课堂所学内容，还要完成其他学习任务。有意向留学深造的同学应利用课余时间提高自己的外语水平；有意向参加考研、推免的同学，则应利用课余时间尽可能多地参加学科竞赛、实习实践及科研活动，提升自身的竞争力；有意向在毕业后直接就业的同学，应利用课余时间参与实习，在丰富个人履历的同时明确自身的职业方向。

此外，大家也要注意劳逸结合，在课余时间合理安排一些其他活动，或者提升自己的综合能力。大学时光是如此宝贵，我们应尽可能多地留下珍贵的回忆，让我们的人生不留遗憾。

第 5 章 笔 记

一、记笔记的时机

整堂课"笔耕不辍"就是勤奋好学吗？这个说法没错，但不全对。记笔记需要有时间概念，倘若在课堂学习中给自己留一些思考和理解的时间，记笔记的效果会更佳。

记笔记要在老师讲授的间隙进行。老师在讲课时，尤其在讲到重点内容时，为了让学生思考，会做必要的停顿，此刻就是记笔记的时机。在这一间隙中，同学们要思考和理解老师前面所讲授的内容，用自己的语言来记录知识点，以有效提高掌握知识的能力和记录速度。切不可在老师说话的同时埋头苦记。有学者认为，课堂中教师的非语言信息同样重要，且有利于学生记忆知识。若学生只自顾自地记笔记，而忽略了老师的非语言信息，极可能事倍功半。

此外，课间时间可以用来整理笔记。很多时候，我们会因为记得过快，笔记的内在逻辑不够明晰，而在课后看不懂或者不知道自己记的是什么。例如，有时同学们会忘记笔记上的某个知识点是必须掌握的还是拓展性的，这会给今后的复习带来困难。在课间，因为短期记忆还没有消退，且可以询问老师和同学，利用这段时间给笔记加上注释，会极大地方便日后复习。

二、笔记的内容

很多同学都希望自己的手能够变成语音识别机器，这样就能把老师上课讲的每一个字都记下来。实际上，人讲话的速度一般为每分钟125个字左右，远高于人书写的速度，所以大家不可能记下老师讲述的所有内容。

那么，该如何选择记录的内容呢？

组织结构、要点、实例，是笔记的三要素。

三要素中，"组织结构"的重要性当居首位。"组织结构"赋予笔记以逻辑，构成了笔记的框架。在逻辑的引领下，同学们才可以明白学科的知识体系，这也往往是老师讲课的思路。比如根据高中知识，数分为实数和虚数，实数又分为有理数和无理数，有理数又分为分数和整数等。在这一个简单的例子中，每个名词都是"组织结构"中的一个有机组成部分。这样，笔记可以有序展开，记忆也可采用这一思路和逻辑。

其次是"要点"。"要点"能让大家抓住课程的主干内容。借用上面的例子，每一种数的特点就是"要点"，比如实数都可以表示成数轴上的一个点。"要点"要根据老师或者自己的理解进行提炼，只有短小精悍的"要点"才方便记录，也易于记忆。

最后是"实例"。"实例"可以对"要点"进行解释，帮助同学们形成更加形象的记忆。比如对于实数，可以通过画数轴来形象地呈现。而在与现实联系更加密切的学科学习中，可以用生活中的例子或者理论的实际应用来帮助记忆和理解，这能够有效帮助大家在课后回忆课程的内容和理论知识。

三、笔记的记录和使用方法

1. 笔记的常见形式

（1）图像化笔记

在学习理工科、医科的课程时，同学们会遇到很多图形或者模型，这些都是帮助大家深入理解知识点的工具。在记录或整理笔记时，不妨将这些图形也标记在知识点的旁边,这既有助于提高记录速度,也便于复习时对照,巩固记忆。

这一类笔记包括但不限于:示意图、流程图、表格、图形符号和个人标记等。

对于示意图,由于时间的关系或个人绘图技术的限制,不必画得非常逼真和规范,甚至可以为了突出要点而夸大图形的特征。必要时,还可以添加文字提示。利用示意图可将知识要点一目了然地展示出来,使记忆更深刻。尤其当教材上通篇都是文字的时候,用简单的图画概括文字的内容对于理解和记忆有着意想不到的好效果。

图 5-1 所示是一份非常简洁的图像笔记,该笔记将神经元细胞的特点突出,并用少量文字记录要点,十分有助于理解和记忆。

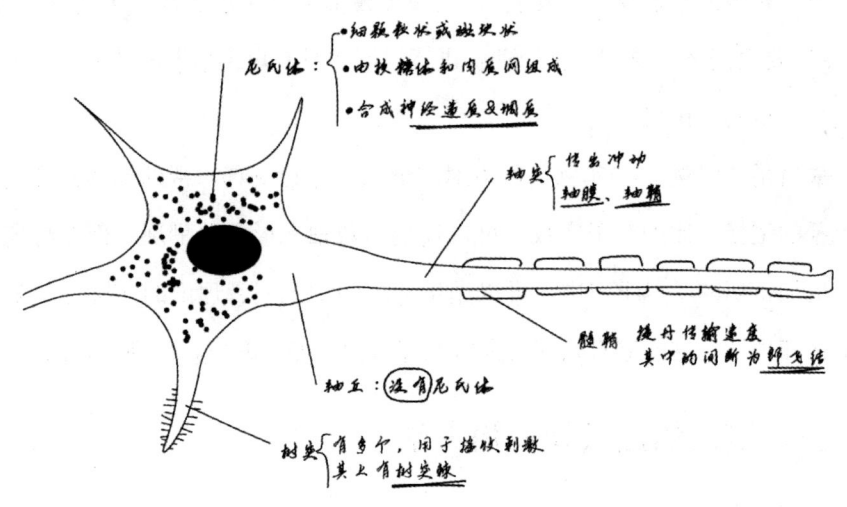

图 5-1　图像笔记

(资料来源:华西口腔医学院徐嘉同学所做笔记)

绘制流程图、关系图等,要着重表现内容的逻辑和顺序,简化笔记内容,提高记忆效率。当课堂上老师讲课的进度很快时,非常适合采用这种方法记笔记。图 5-2 所示即为典型的流程图式笔记。

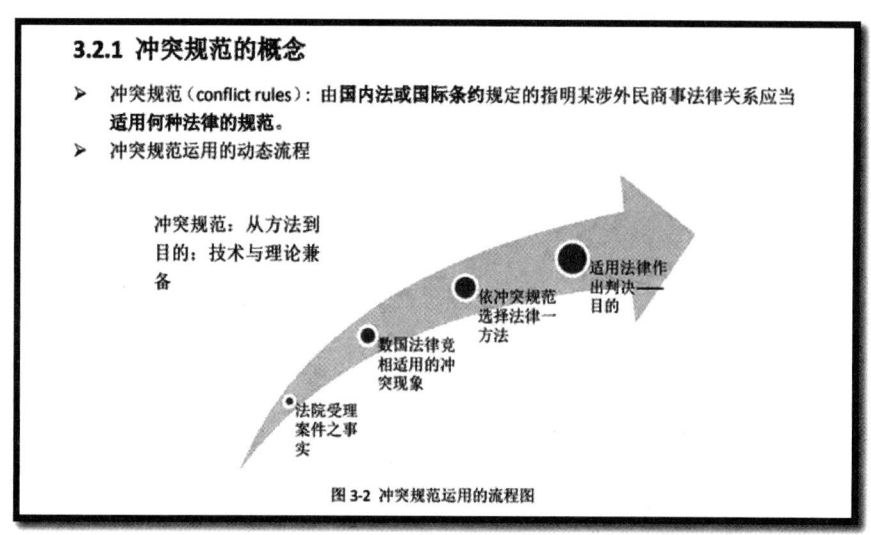

图 5-2　流程图式笔记

（资源来源：法学院夏岷镁同学所做笔记）

图表也是笔记中非常有效的工具。图表可以清晰地展现不同事物间的联系和差异，记录也很方便。很多老师在上课过程中也会整理图表作为示教工具，以利于学生更好地记录和理解知识点。

此外，图形化的笔记还可使用自己独特的符号和简记标志，可以用线条、箭头、图形等来表示笔记中所记知识点的逻辑关系。在课后的复习中，使用有颜色的笔做标注和修订，也有助于记忆。图 5-3 所示即一份逻辑清晰的图形化笔记。

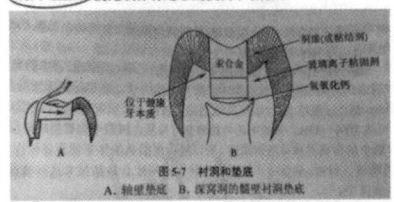

图 5-3　图形化笔记

（资料来源：华西口腔医学院赵一凡同学所做笔记）

（2）**思维导图**

思维导图是表达发散性思维的有效图形工具。它运用图文并重的技巧，把各级主题的关系用相互隶属或并列的层级图表现出来，在主题、关键词与图像、颜色等之间建立记忆链接。

学习内容富有逻辑性、各要素之间关联度高时，非常适合使用思维导图记录。思维导图反映的是思维和记忆的过程，在建立思维导图后，同学们在回想知识点、应用知识点时，完全可以根据导图的路线进行思考。如医学学科的疾病病因、病理、诊断、治疗等方面的内容逻辑性强、关联度高，非常适合采用这种方法记录。但建立思维导图需要自身对于学习内容有一定的了解，因此思维导图适用于复习和整理笔记。

思维导图可以手绘或者使用软件制作。思维导图的绘制软件很多，比如 XMind、MindManager、Freemind、幕布等。（特别提醒：XMind 已经纳入四川大学正版化平台，可登录 https：//soft. scu. edu. cn 下载。）

图 5-4 所示便是一张十分清晰的思维导图。

（3）**康奈尔笔记法**

康奈尔笔记法是一种很流行的笔记方法。它侧重于笔记的反复使用，需要记录者不断丰富笔记内容，归纳总结，从而加深记忆。

康奈尔笔记法把一页纸分成了三栏，如图 5-5 所示。右上方空间最大的一栏是平时做笔记的地方，即"笔记栏"，同学们按照平时的习惯在栏内记笔记即可。左上方空间相对较小的一栏叫作"线索栏"，同学们可在此处归纳右边的内容，理清笔记主体的逻辑关系，在后续复习中使用。这样一方面可以复习所学内容，另一方面也有助于理清头绪。下面横着的一栏是总结栏，同学们可在该栏内用一两句话总结这页记录的内容，使其成为笔记内容的极度浓缩和升华；也可以将总结栏作为本页内容的补充。这一栏一般是在复习阶段回顾笔记时使用。

引领 竞逐 共进 ——"大川小思"大学有效学习攻略

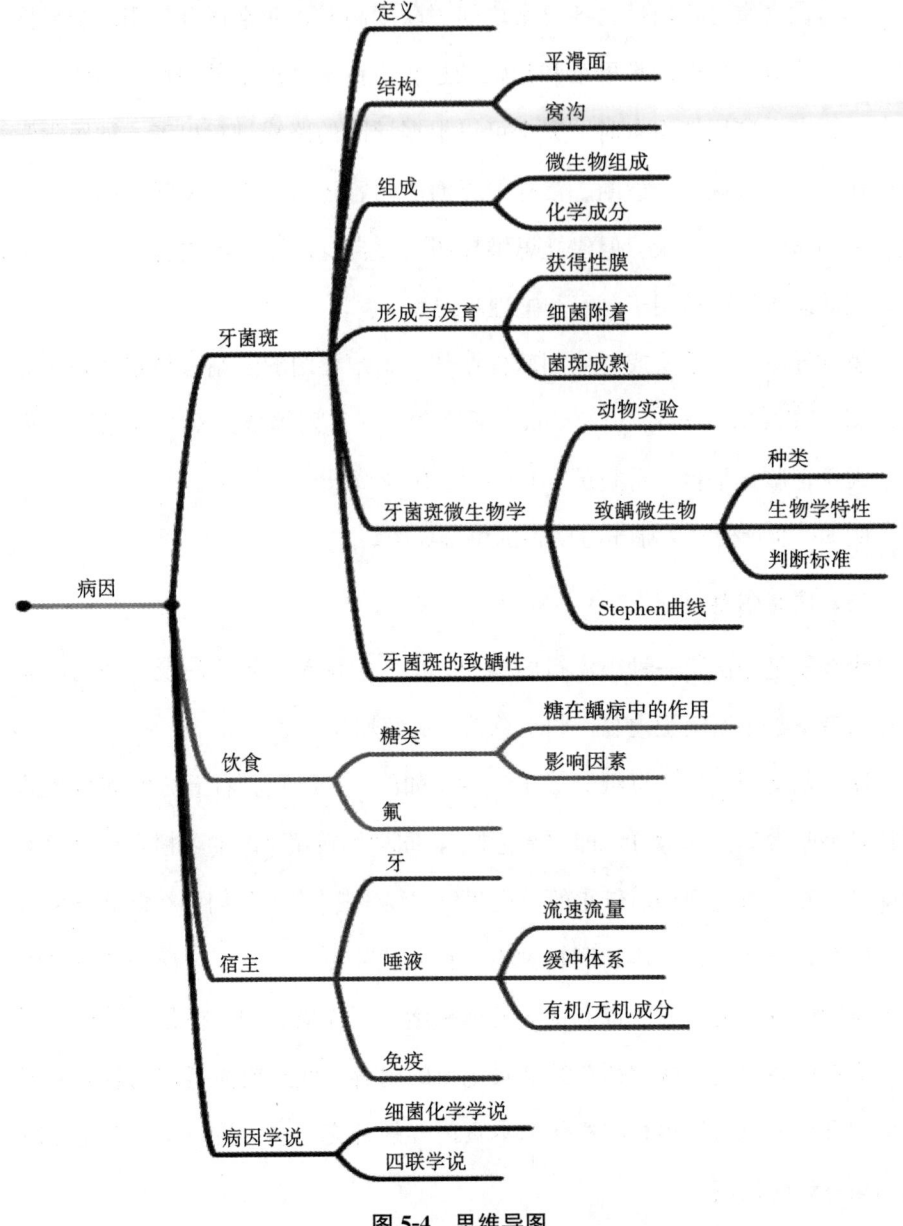

图 5-4 思维导图

（资料来源：华西口腔医学院赵一凡同学所做笔记）

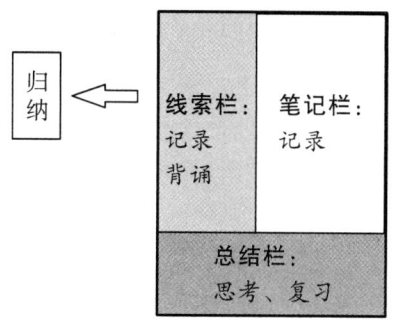

图 5-5　康奈尔笔记法示意图

需要注意的是,康奈尔笔记法的重点不在于笔记的格式,而在于对笔记的回顾和更新。

2. 笔记的记录方式

按照记录载体的不同,笔记分为手写笔记和电子笔记两种方式。两种记录方式各有优缺点。

手写笔记非常传统,是同学们从小就一直练习和使用的,较为简单。

其优点是:

①手写笔记更有写字的实感,不容易分心,对于思考有很大的帮助。

②上手快,不需要考虑软件适应性问题。

③可在教材等材料上标注,不仅记录效率高,还可以加深对教材的认识,有助于系统复习。

④相比电子笔记,当需要绘制草图或要记录的内容含有特殊符号(如微积分公式、化学方程式中的一些符号)时,记录效率更高。

⑤便于表达知识之间的关系,标注形式不受已设计好的软件程序的限制。

其缺点是:

①对书写速度、抓重点的能力有较高要求。

②当老师讲授进度较快时,可能需要通过拍照辅助记笔记,而抄写照片内容需要花费时间。

③便携性不及电子笔记,有遗失的风险。

④课本或笔记本所留空白有限时，不方便修改、补充笔记，或修改、补充后十分不整洁，影响使用。

⑤同时在课本和笔记本上记录时，知识分散，不利于笔记的系统整理和日后的复习。

随着时代的发展和技术的进步，电子笔记以其方便快捷的优势，受到越来越多的大学生青睐。

其优点是：

①可复制，不容易丢失。

②可直接在老师的课程 PPT、Word 等文件中补充笔记，节约时间。

③便于编辑，可随时添加内容，发现记录错误时容易修改。

④借助复制、粘贴等操作，可快速完成期末复习笔记整理。

⑤可添加网络链接，扩充笔记内容，提高学习效率。

⑥同一设备中可保存大量笔记，携带方便。

其缺点是：

①在笔记本电脑或平板电脑等电子设备上记笔记时，可能会忍不住查看其他信息或与朋友线上聊天，对自制力有较高要求。

②Office 组件不便于编辑化学式、数学符号等内容，当需要记录较多这类内容时，效率较低。

③课程 PPT 是精简版的课本，只在课程 PPT 上补充笔记，可能会忽视对课本知识的深入解读，影响知识吸收。

对于这两种笔记方式，大家可以根据自身的打字/书写速度、设备状况、学习内容、个人习惯等方面的情况，选取最高效、最有助于理解和记忆的方式。

3. 笔记的后续使用

对笔记的课后回顾，是记笔记过程中一个不可或缺的环节。有学者认为，整理和使用笔记同其他学习策略同等重要，尤其对于课后作业和考试来说，使用笔记似乎是更重要的。同学们万万不可在课后将笔记束之高阁。

（1）**整理**

正如前面所说，在大学的课堂上，老师授课的进度通常比较快，同学们随堂记下的内容往往比较简练。所以，在课后一定要及时对笔记作整理、补充。这一工作最好在上课的当天完成。整理笔记的时候，要准备好教材、老师的讲义等材料，将知识点完整地梳理出来。此外，课后时间较为充裕，同学们可以对知识点进行归纳总结，并将其整理成表格、思维导图、示意图等，以便于记忆。

（2）**复习**

学完一个阶段的内容后，要联系前后章节定期回顾笔记上的内容。尤其在期末考试前，应反复回顾笔记内容，并根据自己在平时学习中的思考，以及老师强调的重难点，对相应的知识进行再补充、再思考。在复习过程中，还可以练习在脱离笔记的情况下回忆笔记上的内容，从而有效地加强对笔记内容的记忆。

四、优秀笔记展示

1. 医学笔记（图 5-6）

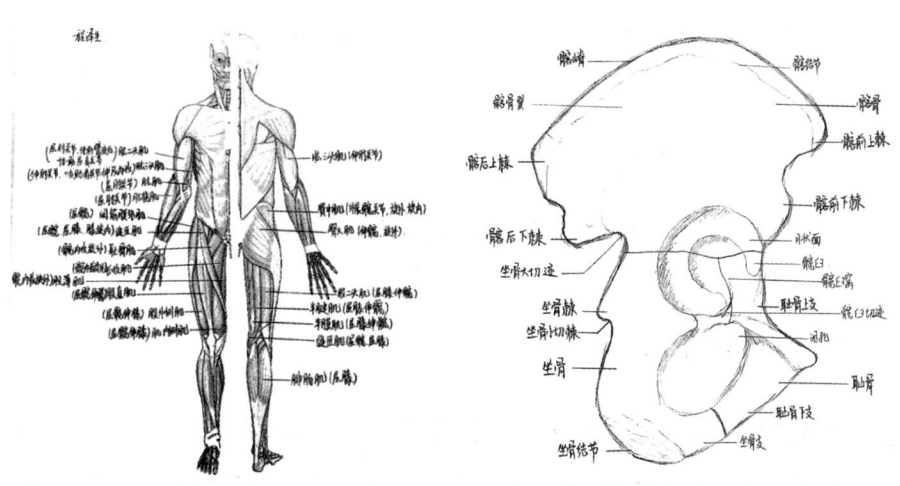

图 5-6　华西药学院程泽生同学所做笔记

推荐理由：该笔记图文并茂，画工高超。这位同学用素描方式勾勒出医学知识，同时配有文字注释，将人体部位名称详细而清楚地呈现在笔记上，知识点清晰、有逻辑，更易内化于心。

（小提示：画工不是第一位的，图文并茂的笔记形式才是小思推荐的重点。）

2. 数学笔记（图 5-7）

推荐理由：该笔记字迹工整，重视细节。这位同学用不同颜色的记号笔标明不同重点，有总结，有分析，同时备注例题说明，有助于更准确地把握知识点。

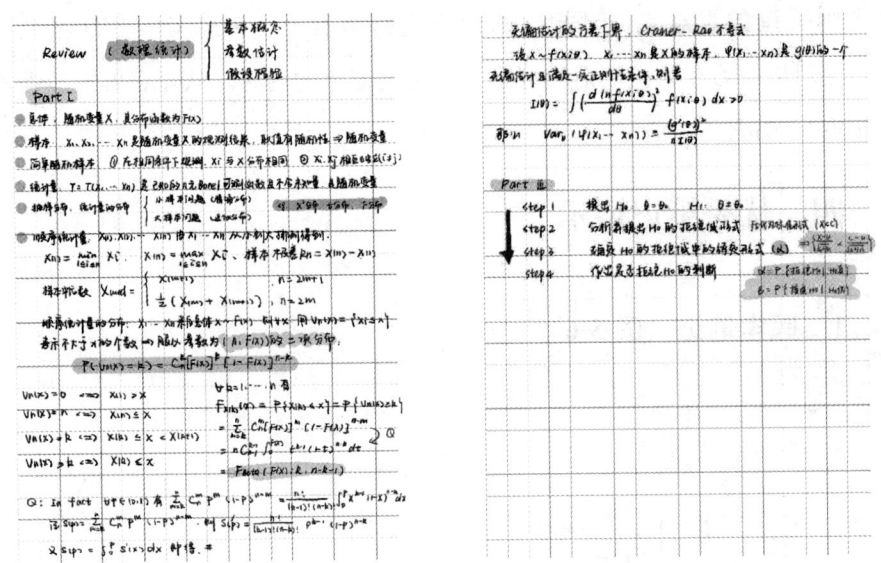

图 5-7 数学学院徐嫣然同学所做笔记

3. 经济学笔记（图 5-8）

推荐理由：该笔记层次分明，条理清晰。这位同学用大括号、小箭头、框图等对知识点进行重新梳理，将课上所讲知识点整合为个人易掌握的知识体系，层层递进，整齐美观。

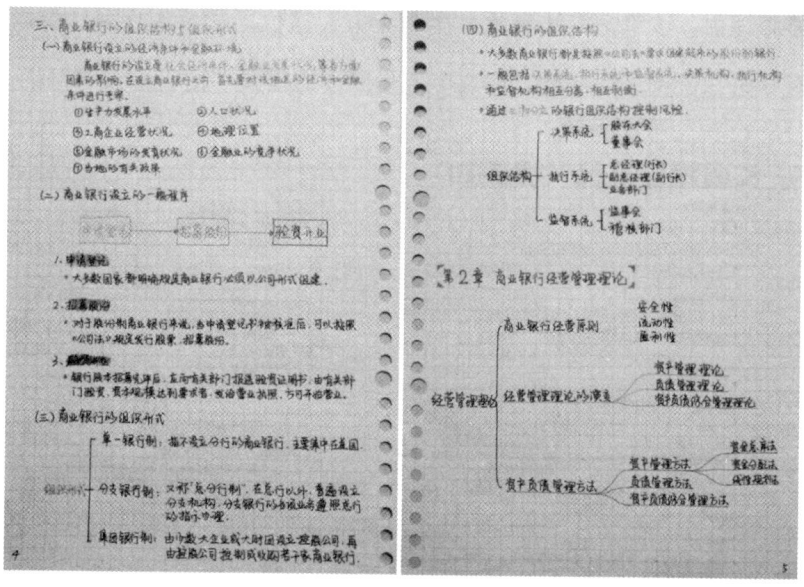

图 5-8　商学院郑孟雨同学所做笔记

4. 日语笔记（图 5-9）

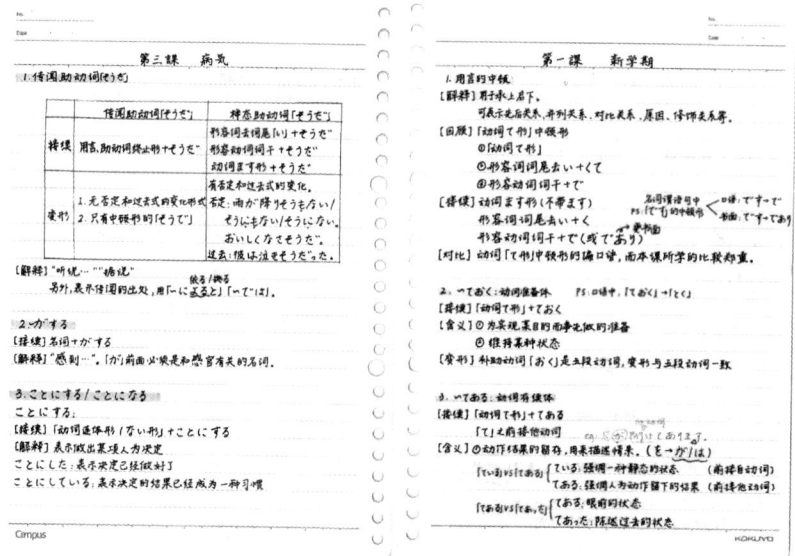

图 5-9　外国语学院罗梦琳同学所做笔记

推荐理由：该笔记简洁精致，美观大方。这位同学善用序号、标题及颜色，对日语知识点进行剖析，形成个人易阅读的模式，便于检索与记忆。

5. 实验报告笔记（图5-10）

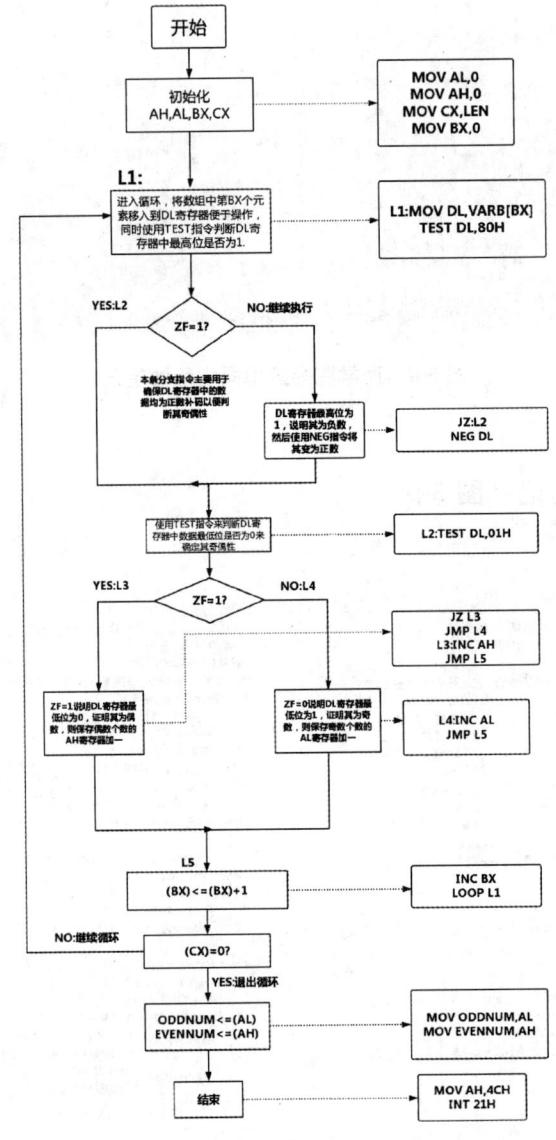

图 5-10 华西临床医学院李吉利同学所做笔记

推荐理由：该笔记简洁而全面地记录了整个实验过程，图文结合，具有较强的说服力。

五、记笔记小贴士

Q：学习理科课程应该如何记笔记呢？

A：学习理科课程时，要将课堂听讲放在首位，其次才是记笔记。对于重在理解的学科，课堂上首先应听会、听懂。因为学科知识点基本都呈现在书本上，所以笔记的作用是辅助补充和归纳总结，记录时抓住重点即可。这里小思要重点强调课后将笔记整理成思维导图的作用。学习完每个章节后，建议大家先复习教材上的知识点和笔记，再根据记忆绘制出一份思维导图，并结合教材完善思维导图，这样就能清楚知晓自己对该章知识的掌握情况。对于第一遍没能联想到的知识点应做好标记，作为复习重点。同理，跨章节的学习与复习也可采取此方法。

Q：上思政课应该如何记笔记呢？

A：对于思政课这类需要重点背诵的科目，建议对简答题进行梳理。先提炼出每道题中的关键词，标记给分点。背诵时先完整地读一遍题目与解答，再根据关键词进行理解记忆。不必拘泥于书本原话，用自己的语言流畅完整地表达书中原意即可。对于文科课程复习，需重点提醒的是：不要临近考试时才去整理和背诵，一定要在平时就注重跟着老师的上课节奏进行整理、记忆，否则最后复习时会很吃力。

Q：学习英语应该如何记笔记呢？

A：非英语专业的学生要学习的英语课程较少，课堂并不是记笔记的"主战场"，重要的是日常积累和总结，单词、词组、好句子都可以成为英语笔记的良好素材。在记录日常学习中遇到的不熟悉的单词或表达时，要注意记录的重点不是零散的单词，而应该先将单词分解成词根，再串联成单词或词组进行记录。例如：

　　aggregate n./a. 总计，总数，总计的，合计的。

　　ag-表示加强，greg 表示群体，-ate 表动作"使"。

　　in the aggregate 总共，作为总体。

如此这般长期坚持下来，有一天你就会发现，自己的词汇量越来越大，英语能力也悄然提升了！

Q：怎样做好实验报告笔记？

A：①根据课程实验报告模板确定笔记的板块与重点。

不同的课程会有不同的实验报告模板，或是格式固定的实验报告单，或是由老师指定的板块构成，同学们要根据课程实验报告模板记笔记，按照老师的要求确定记录的重点（如实验步骤、实验结果等）。

②重点记录总结与反思。

总结与反思（尤其是反思）是所有实验报告的重中之重。首先，在实验开始前的预习环节，同学们要重点关注课本上列出的实验注意事项，并对课后思考题进行初步探究。待实验完成后，同学们要从课后思考题中找寻灵感，探究在实验中出现各种"意外"的原因，并在实验报告笔记中对相应的思考题做出回答。其次，同学们需要及时记录在实验中出现的各种"差错"，包括实验现象和实验数据，并试着去解释原因，充分展现反思与总结的过程。

③注意实验数据的对比与分析。

在分析实验得出的数据时，要注意与其他小组进行数据对比。如果实验数据出现差异，可以和其他小组的同学进行交流讨论，思考出现差异的原因，并及时修正，避免"闭门造车"。

Q：应该如何记好纸质笔记？

A：①若老师课前提供了PPT，可以打印出PPT，在PPT上做注释。

②如果想用笔记本做笔记，建议用活页本，以便日后补充完善。

③可以在笔记本左侧或右侧留出一定空间作为批注栏，记录非重点内容、辅助理解型内容、例题或相关案例等，避免笔记主体内容庞杂，缺乏系统性。比如，在有关国际公法的笔记正文记录"欧洲人权法院人权审查程序的启动"，可在批注栏记"Eg. Soering案"。

④给目录留出一定的空间，或者给笔记贴上标签纸，以便查阅。

⑤可以用不同层级的标题序号来增强笔记的逻辑性和体系性，例如：一→（一）→1→（1）→①→A→a。还可以使用不同颜色的笔写标题。

⑥课上要将更多注意力放在听讲上，来不及记录的，在老师允许的情况下拍照，课后及时补在笔记里。

⑦可以创造自己常用的速记符号，比如："KB（课本）""LJ（链接到某一页）""PAT（pay attention to）""！""&"等。

⑧善用色彩和图形，给人以视觉冲击力。

⑨方格笔记本隔行使用会显得很有条理，也很适合做任务清单（To-Do List）。

⑩可以给笔记本标页码。

Q：应该如何记好电子笔记？

A：①如果老师课前会提供PPT、Word等课程文件（也可以找学长学姐要），可以直接在文件里编辑、补充笔记，把更多精力放在听讲上。

②可以使用PPT、Word的"批注"功能，记录非重点内容、辅助理解型内容、例题或相关案例等，如图5-11所示。

③用Word记笔记时，可以使用标题样式、项目符号等增强笔记的逻辑性和体系性。同时，可以使用"视图"功能区的"导航窗格"功能或"引用"功能区的"目录"功能，生成大纲或目录，以便定位知识点。

引领　竞逐　共进 ——"大川小思"大学有效学习攻略

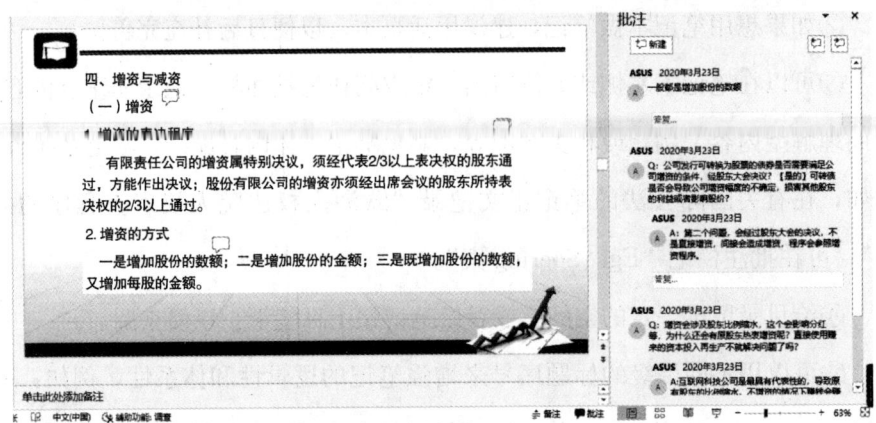

图 5-11　PPT 笔记示意图

④使用平板电脑记笔记具有方便携带和整理的优势，有条件的同学可以配置合适的电容笔，这样就可以像记录纸质笔记一样进行书写，并具有轻便、快捷的优势。

第 6 章 日常学习方法

一、预习和复习

1. 预习

大学课程门类多,知识点多,难度大,而且上课节奏很快,因而对同学们的预习提出了很高的要求。课前预习是一个学生主动学习新知识的过程,在这个过程中可以获得对新知识的第一手、未受别人影响的印象。预习有助于对知识的理解和长期记忆,也有助于同学们熟悉下节课的内容,以便紧跟课堂节奏。如果同学们在预习过程中发现疑点,也能督促自己在课上努力解决。那么应该如何高效地完成课前预习呢?

预习时,阅读课本这个环节很有必要。这时,同学们要全面而仔细地阅读课本。一方面,这会让大家对即将学习的知识、专业词汇等有一个初步的了解,在课堂上能够及时跟上老师的节奏。另一方面,没有偏倚的阅读,会让大家对知识点有全面的了解。在后续学习尤其是期末复习时,对知识点的全面了解会让大家更好地理解和掌握重点内容。

对预习时间的把握也很重要。预习并不需要像考前复习那样花费很多时间。一般情况下,提前 1~3 日,花费 15~45 分钟时间阅读教材或者参考资料就可以起到很好的效果。值得注意的是,在预习过程中,不要死记硬背,重在理解。

大家在课前预习过程中难免会遇到问题,这时可以先将其勾画记录下来,之后带着问题听讲,这样更能加深对知识的理解。当然,在时间充裕的情况下,同学们也可以查阅课外资料,自己进行初步探索。

2. 复习

关于大学学习,不少同学存在一个认识误区,即认为进入大学以后,学习不用像高中那般刻苦,仅靠期末复习就能把知识学好。

在这里小思特别提醒大家:复习不能只安排在期末,也要安排在平时。大学的课程安排大多较为紧凑,即便是进行了课前预习,仅靠课堂时间也很难完全消化教学内容,所以需要同学们课后多花时间整理、消化、吸收。复习可以帮助同学们加深对知识点的理解和记忆,将教学内容内化成自己的知识。

平时复习可以灵活安排时间,但必须在当周内完成,以避免因为拖延而搁置,而且拖的时间越久,越容易遗忘。复习时,可以将老师的PPT及课堂笔记作为主线,把握上节课所讲授的知识点。此外,根据不同专业的学习需要,同学们还可结合练习题、实际问题等,对所学知识进行应用。做好了课前预习和课后复习,期末复习的压力就会小很多。

每学期末,学校会留出一段时间让学生全身心投入期末复习中,这时的复习强度会很大,需要同学们做好充足的准备。

①尽早进入期末复习状态。要在期末考试前1个月或更早进入期末复习状态,制订期末复习计划。每门课程可能需要复习2遍甚至更多遍,所以要留出足够的时间。

②复习计划要具体。制订计划时,要规划好每一天需要复习的内容,比如复习哪一本书的哪几个章节,完成哪些练习题等。

③及时回顾。在期末复习阶段,为了加深记忆,应该在复习的同时及时

回顾之前的内容。比如,前一天复习了教材的第1~3章,那么在复习第4章之前,应该快速回顾一下前3章的知识,自我检查是否有所遗忘,并及时查漏补缺,这样就能收到事半功倍的效果。

④劳逸结合。在期末复习阶段,心理压力往往很大。同学们在保证学习进度的同时,可通过适当进行体育锻炼等方式放松心情、调节情绪。正所谓"磨刀不误砍柴工",劳逸结合才有助于提升学习效率。

二、背诵与记忆

无论是哪类科目,背诵与记忆都是学习新知识绕不过的一环,也是理解知识和应用知识的重要前提。擅长记忆的人,善于找到信息之间的关联,并且创造意义,构建知识体系,进而较长期地记忆重要信息。心理学上,依据保存时长,可将记忆分成三类:瞬间记忆、短期记忆和长期记忆。大脑按照这三个层次,对接收到的信息进行加工、编码并存储,如图6-1所示。

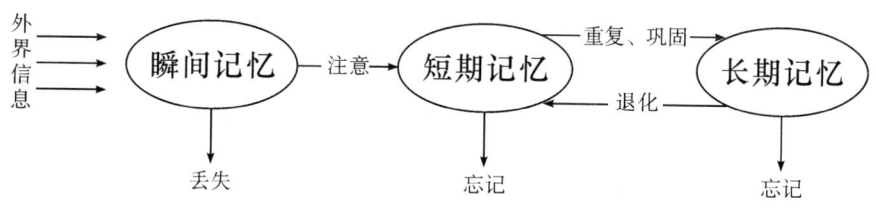

图6-1 记忆的过程

(资料来源:计算机学院郭怡琳同学根据相关资料整理)

对于不同的学科,小思有不同的记忆方法分享给大家。

1. 理工科

学习理工类课程,需要在理解的基础上进行记忆,而非死记硬背,切记应用才是第一目标。

通常同学们在理解某一知识点后,自然而然就可以用自己的方式记住相关的概念、定义和用法。但如果很难理解某一知识点该怎么办呢？对此，小思提出以下建议：首先要反复阅读相关的定义和解析，所谓"书读百遍，其义自见"，带着思考进行阅读甚至朗读是十分有效的学习方法；其次可以查阅相关资料，进一步了解对这一知识点的说明和应用；最后可以通过实践检验自己的记忆是否牢固。若查到的资料含糊不清或多方解释相悖，可向任课教师请教，寻求更完善的解答。

对于考试时需要以专业语言描述的专有名词，小思建议按"个人理解＋关键动/名词＝专业概念"的公式进行记忆。首先要做到的是将概念本身所蕴含的意思吃透，能够用非专业的口头语言简要描述；再记住关键的条件、不可替换的名词和体现推导思路的动词，即可比较完整地以专业语言描述专业概念。

对于知识点比较分散的科目，"分析→总结→整理"是有效内化知识的方法。小思建议大家在理解的基础上分析知识点之间的关系，总结出它们的内在关联与差异，并以合理的方式整理形成可反复回顾的材料。这样既有助于日常记忆，也方便期末的复习。

最后，推荐一个辅助记忆的推导方法——"苏格拉底法"，即通过问答方式一步步解决疑问。同学们也可遵循此法，以问答逻辑推导概念或公式，记忆各类知识点。

2. 文科

（1）找联系

文科学习很重要的一点在于构建自己的知识体系。碎片化的知识很难在大脑中形成深刻的印象，因此要尽量把这些知识联系起来。

其一，先建构大的框架，由大框架到小结构再到知识点依次细化，逐一突破。

其二，可以在新知识与已经掌握的旧知识间进行类比和联想，从而更快地掌握新知识。

(2) **背关键词**

对于文科知识，很多人困惑于是否需要逐字记忆。对某些特有名词来说逐字记忆或许有必要，但大多数情况下可以只记关键词。高中学习中有"得分点"的说法，其实就是指关键词。将一大段话先拆解为几个关键词，再用自己的逻辑串联，运用时即可得心应手。

(3) **及时回顾**

德国心理学家艾宾豪斯（H. Ebbinghaus）研究认为，人们在学习中的遗忘是有规律的，遗忘的进程很快，并且先快后慢。他利用遗忘曲线对遗忘规律进行了直观描述。同学们可以根据这一规律合理安排回顾知识的时间，从而提升记忆能力。

(4) **充分利用碎片化时间**

随着互联网的发展，网络上的学习资源越来越丰富。例如，现在许多文科知识在"喜马拉雅"等平台就有相应的朗读版，同学们可以利用碎片化的时间，戴上耳机反复听，以加深印象。

(5) **理解是最有效的记忆法**

在学习过程中，最重要的是深刻理解书本上的知识点，将其转化为自己的知识，唯有如此才能形成有效记忆。背诵是学习的手段，而非目的。

3. 医科

众所周知，医学专业课程多且需要背诵的科目极多。那么，作为一名医学生，怎么才能高效记忆呢？

虽然医学知识主要靠背，但也不是死记硬背，一定要理解知识背后的逻辑和规律。

（1）强化整体意识

不同的医科课程有不同的特点，记忆方法也要有所区别。要高效记忆，首先要把握好一门课的整体特点。比如：

以形态学、图像为主的科目：组织学与胚胎学、解剖学、病理学等。这些科目还可以细化：组织学与胚胎学是以光镜、电镜图像为主，解剖学是以大体图像为主，而病理学则两者并重。

以细微运动、反应为主的抽象科目：生理学、分子生物学与生物化学、病理生理学等。

以临床诊疗为目的的科目：诊断学、药理学、内科学、外科学等。

一门课的整体特点决定了大家学习和背诵的方式。比如，以形态学、图像为主的科目，就需要同学们熟悉图像（如图 6-2 所示），认识各种结构，并且对其周遭结构的位置排布有空间记忆力。那么在学习的时候就要将重点放在对结构的记忆上，方法则侧重于多看图、认图。

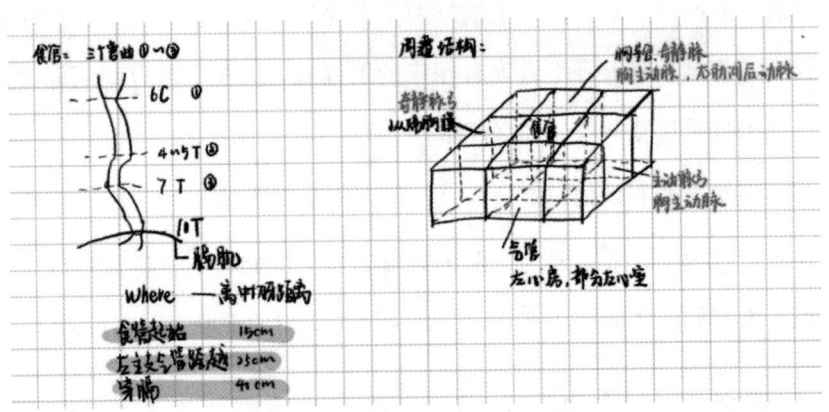

图 6-2 以形态学、图像为主的科目笔记

（资料来源：华西口腔医学院袁雪纯同学所做笔记）

（2）善用大纲、总论与思维导图

课程大纲所呈现的是一门课的重点。在学习一门课或某一章节之前，大家最好利用大纲快速把握所学内容的结构和重点。

总论是对一门课程的高度概括，一般会提出若干核心论断。比如，《病理学》一书的总论中提到病理学的定义，即病理学是研究人体疾病的发生原因、发生机制、发展规律以及疾病过程中机体的形态结构、功能代谢变化和病变转归的一门基础医学科学。在后面的章节中，对于某一种病也主要是按原因—机制—发展—形态结构—代谢功能变化—病变格局这样的思路来阐述，并将重点放在形态结构方面。理解了总论，也就抓住了该课程的关键。

利用思维导图可以高效地梳理课程的知识结构，让各知识点在大脑中形成相互连接的"神经元"，从而便于记忆。如图 6-3 所示为《病理学》第三章的思维导图。

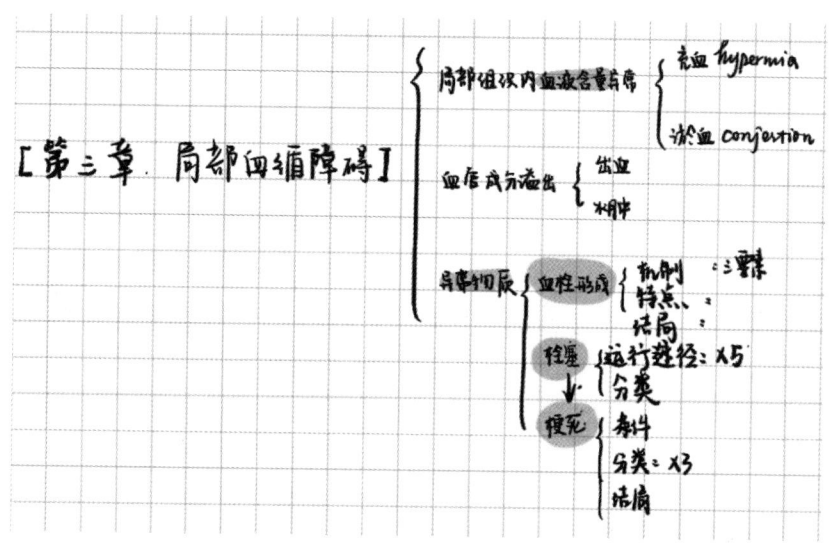

图 6-3 思维导图示例

（资料来源：华西口腔医学院袁雪纯同学所做笔记）

(3) 记忆小窍门

①巧用口诀。对于一些因难以找出内在逻辑而需要死记硬背的知识点，可以借助一些口诀进行记忆，比如解剖十二对脑神经的"一嗅二视三动眼"，生化支链蛋白质的"一两只鞋"（异亮氨酸、亮氨酸、支氨酸、缬氨酸）。

②比较记忆。在同一框架下对不同知识点进行比较，以便记忆，如表 6-1 所示。

表 6-1 比较记忆法示例

对比项	慢性浅表性胃炎	慢性肥厚性胃炎	形状胃炎
部位	胃窦	胃底和胃体	胃窦
大体	黏膜充血水肿伴浅表糜烂	黏膜皱襞粗大加深变脑回状	中心凹陷的疣状突起病灶
黏膜层	充血水肿，黏膜表层脱落（局限于上 1/3）	小凹腺上皮增生，黏液分泌细胞数量增多，分泌增多甚至导致低蛋白血症	凹陷中心为点状出血坏死灶，表面覆盖炎性渗出物
固有层	慢性炎细胞浸润，严重者可累及全层	浸润不显著	—

③给他人讲解。如何判断自己是否理解并且记住了某个知识点？大家可以试着把该知识点讲给专业外的人听，别人听懂了，才证明自己是真正理解了。

三、期末备考

1. 理工类专业期末备考策略

①注重回归知识本身。理工科基础课程考试的知识点大都来自教材，因

此在时间充裕的情况下，建议大家先仔细阅读教材。一般来说，教材在介绍某一新知识时，都会做适当的引入和铺垫，知识体系完整，逻辑清晰。因此，在阅读教材时，若能按照编者的逻辑将知识点梳理一遍，对于知识点的理解、记忆、运用都有莫大帮助。如果觉得教材内容过多，复习时间紧张，则可根据课程教学大纲，有选择性地突破重点和难点。除此之外，老师分享给同学们的讲义（PPT）也是期末复习的重要资料，可帮助同学们快速地锁定课程重难点。

②勤用习题练手。对于一些需要计算的科目，例如微积分、大学物理等，在复习时动笔演算是十分必要的。很多同学在期末复习时会四处搜寻真题，其实除了往年真题，书本上的例题、习题册上的题目以及教学 PPT 上的题目都是练手的素材，可以用来检验自己对知识点的掌握程度。真题虽好，但千万不要陷入"题海战术"。对于真题，最好的利用方式是模拟自测，即模拟考试环境，带着紧迫感练习。练习后应及时分析错因，对反复出错的知识点要进行有针对性的复习。此外，对于因粗心而产生的错误，也不可轻视。

2. 文科类专业期末备考策略

①整理教材（或讲义）和笔记，背诵重点知识。对于文科专业的同学而言，期末备考期间必须完成的任务就是背诵重点知识。文科课程需要记忆的内容较多，背诵难度也较大。小思不建议大家死记硬背或者考前突击背诵，而是推荐理解式记忆，即一边背诵一边思考，寻找各知识点的内在逻辑，把前后内容串联起来，最后在头脑里形成一个完整的知识框架。那么，进行有效的理解式记忆的具体方法是什么呢？以"中国古代文学"这门课程为例，复习时，可以先梳理各章笔记，在初步记背后合上书本，按照自己的逻辑整理出每一章的知识框架；背完各章的内容后，可根据各章节间的

关联（例如某两个文学流派在时间上的顺承关系）先画出这门课程整体的思维导图，再列出各部分的要点或关键词，然后据此强化记忆，使这些知识真正内化为头脑中可以随时调用的素材。

②根据考试题型进行有针对性的强化训练。绝大多数老师在考试之前都会告诉学生期末考试的题型设置，这可以帮助我们更有针对性地复习。很多文科专业的期末考试都有"名词解释""简答题""论述题""材料分析题"等题型。不同题型对学生的知识掌握程度的要求是不同的，因此大家应根据知识点的重要程度进行有针对性的复习。一般来说，名词解释考查的都是对基本概念的内涵的理解，论述题则常常用来考查对老师上课时重点讲解的内容的掌握。文科类专业的考试基本都没有标准答案，着重考查同学们对基础知识的掌握以及运用能力。因此，如果同学们不仅能灵活运用课上所学知识，还能在此基础上提出自己的见解，自然更容易出彩。

3. 医科类专业期末备考策略

①预留足够的复习时间。通常情况下，医学专业的同学需要提前一个月以上开始期末备考复习。对于记忆难度非常大的学科（如解剖学），可以提前一个半月甚至期中考试结束后，就开始复习。

②回归教材。即使有老师分享的讲义（PPT），也应该将教材完完整整地学习至少一遍。

③用习题进行自我检测，及时查漏补缺。

④对于需要背诵的内容，最好每天抽出一定的时间回顾，以巩固记忆效果。

四、日常学习小贴士

Q：到大学了还需要整理错题集吗？

A：小思认为，在时间和精力允许的条件下可以进行精华题目的整理，将经典错题剪切下来贴到本子上，以供复习时查看。如果平时课余时间不多，大家也可以把习题、作业汇总到一起，复习时翻看就好了。

Q：需要经常翻看笔记吗？

A：大家记笔记的初衷就是实现对知识更好的、更深入的理解，所以时常翻看记好的笔记，根据自己的感悟和理解对笔记进行再次整理，才使记笔记这件事有了意义。不少同学往往只在课上记录下知识点，课后却不去翻看，或者仅仅在考试前一天"临时抱佛脚"。这样，记笔记这件事不仅没有为我们的学习提供帮助，反而可能让我们在课堂上分心，从而影响听课效率，得不偿失。定期回顾、温习自己记录的笔记，可将对知识的短期记忆转化为长期记忆，在日后需要的时候也能回想起来。这样，记笔记这件事就不仅能帮助我们提高考试成绩，还能让我们更好地应用知识。

Q：如何制订复习计划？

A：临近期末，大部分课程都会停课，给大家留出一定的复习时间。课程不同，所需复习时间也会不同。

大学里的考试科目较多，当然不能"平均用力"。大家可以根据复习时间、学分权重以及自身平时学习情况展开有侧重的复习，按照考试时间先后拟定复习时间线。

①期末复习往往不能一步到位，需要经过几个轮次，且第一轮复习时间较长，需要花费整个复习时间的 1/3 到 1/2。第一轮复习完成之后，大家要根据自己对不同内容的掌握程度，有针对性地开展后续复习。所以在制订计划时，就要做好多轮复习规划。

②在制订第一轮复习计划时，要尽量标注清楚"哪些时间用来复习哪些课程""每天复习哪些材料""每天的进度（页数）为多少""用什么方式来检测自己的复习效果"。这样，同学们复习起来目的性更强，效率也更高。在制订计划之时，也要提前预判，留出一些机动的时间，避免因不可控因素导致

引领 竟逐 共进——"大川小思"大学有效学习攻略

无法完成期末复习。同时，小思也提醒大家尽可能早地制订期末复习计划，开启期末复习，以避免因复习内容太多而复习不完等情况发生。

③如果在前期完成复习计划比较吃力，建议增加每天的学习时间，或者通过调整作息保证充足睡眠、减少使用手机等电子产品等方式来提高复习效率。要尽量按照复习计划来完成复习任务，避免拉长时间线。

Q：要复习的内容太多，该如何提高复习效率呢？

A：复习不是针对每门课平均用力，而应该有所侧重，重点科目、重点内容优先。通过明确目标，或制定奖励机制，可以提升个人学习动力。按时睡觉、规律饮食，并安排适当锻炼，可以帮助同学们保持良好精神状态，应对繁重的复习任务。还可以借助时间管理软件帮助自己安排好每一天的时间。在疲惫的时候，可以听听音乐、散散步，或来一杯咖啡，这些都是不错的充电方式。特别提醒：复习时一定要减少或杜绝玩手机。

Q：期末备考期特别焦虑、紧张，该如何缓解这种情绪呢？

A：期末备考期焦虑、紧张是普遍现象。首先，要允许自己出现这样一种看似负面的情绪，减少因焦虑本身而产生的焦虑。其次，要积极寻求释放压力的方式，如听音乐，和同学、家人、朋友沟通，参加体育锻炼。不要觉得这些事情浪费时间，花一些时间整理自己的情绪、释放压力，能提高复习的效率。最重要的是要制订一个期末复习计划，按照计划展开复习。完成计划本身可以带来一种"打怪闯关"的满足感，能帮助大家减少焦虑。如果某天未能完成计划，也不必过于焦虑，可以通过抓重点来适当减少一些复习内容，或灵活调整时间安排。

期末复习是一场持久战，正常作息，规律饮食，通过对生活的控制实现对自我的控制，也可以减少焦虑。

当焦虑、紧张的情绪实在难以摆脱时，可以通过降低自我期望达成自我和解。其实，大学的考试并不难，如果同学们认真对待了，一般都能通过。

相比结果，更重要的是体会学习的过程，在学习过程中锻炼自己解决问题、深入思考等能力。

最后，如果考前的焦虑情绪确实已经严重影响到了自己的正常学习、生活，无法靠自我调节排解，建议同学们到学校的心理咨询中心寻求专业老师的帮助。

Q：如何合理运用控制二分法？

A：控制二分法是斯多葛派哲学的一条核心原则：我们应该认识并区分自己所能掌控的事情和无法掌控的事情。有的事情由我们做主，有的事情由不得我们做主。因此，我们在做事前，要智慧地区分何为可以改变的事、何为无法改变的事。要有勇气去改变可以改变的事，有气量去容忍无法改变的事。

在具体运用控制二分法时，首先应正确区分何为可以改变的事、何为无法改变的事。所谓"往者不可谏，来者犹可追"，过去的事情就是我们无法改变的。因此，不要过分在意过去已经发生的事，因为对它的关注并无太大现实意义，把握住未来才是更重要的。以学习为例，在平时的学习中，要充分把握课前课后的时间，以尽可能高的标准要求自己；在期末备考期间，则要进行系统的、有侧重点的复习，争取获得令人满意的成绩。

知道了什么事情是可以改变的，就集中力量攻克它们。此时，具有坚定的决心、巨大的勇气及高度的责任感就显得非常重要。决心和勇气会使人充满活力，而责任感则会赋予人坚持的动能。当然，在具体运用控制二分法时，也需要分清主次。例如，在期末备考时，应该有所侧重，先易后难。要在确保自己已经完全掌握那些比较简单的知识点的前提下学习难点知识，做到稳中求进。

第 7 章
综合能力提升

一、PPT 制作与表达

在大学生活中,不管是课堂演讲、学术展示、毕业答辩还是团队成果展示,PPT 都扮演着重要的角色。在演讲或答辩时,PPT 不仅可以增强视觉表现效果、强化重点和逻辑性、提高专业度、增加互动性,还能帮助演讲者或答辩者控制时间和节奏,提升演讲或答辩的效果。

1. PPT 在大学生活中扮演的角色

PPT 在大学生活中所扮演的角色,可以从以下几个方面来说明:

①课堂演讲。在课堂上,老师通常会要求同学们进行演讲,此时,PPT 可以帮助同学们将演讲的重点内容清晰地展示出来,还可以辅之以音视频播放,增强表达的生动性和趣味性,增强对听众的吸引力。

②学术展示。在大学学习过程中,同学们时常需要开展学术研究并进行成果展示,此时,PPT 可以帮助同学们将研究成果以图文并茂的方式呈现出来,提升展示效果。

③毕业答辩。在进行毕业论文或毕业设计答辩时,PPT 是一个重要的展示工具,可以帮助同学们清晰地展示研究方法与结论,增强答辩的表现力。

④团队成果展示。在课程设计、实验报告等团队合作项目中,团队成员可以利用 PPT 共同整理和展示工作成果,提高团队沟通协作的效率。

2. 制作 PPT 前的准备工作

①明确目的与受众：明确 PPT 的使用场合，确定要传达的信息和目的，以便在制作过程中更好地契合受众需求。

②收集和整理内容：收集与主题相关的资料，整理出需要重点呈现的内容，确保内容完整、准确、有逻辑性。

③制订制作计划：根据 PPT 的篇幅及制作难度，合理分配时间和精力，确保在规定时间内完成 PPT 制作任务。

④妥善保存相关资料：在正式制作 PPT 之前，应分类整理好相关素材，并做好备份。在制作过程中，也要定期保存和备份 PPT 文件，以避免因意外情况导致文件丢失或损坏。

3. PPT 制作

制作 PPT 时需要重点关注以下几点：

①设定大纲框架：拟定一个清晰的大纲，包括章节划分、标题、重点内容等。

②选择合适的模板：选择与主题和内容契合的 PPT 模板，考虑布局、配色等因素，使 PPT 更具吸引力和专业感。

③突出重点：每页的信息量不宜过大，文字应高度凝练，建议每页不超过三个关键点，以便听众理解和记忆。

④逻辑顺序：内容安排有条理，逻辑清晰，确保信息传达流畅。

⑤图片和图表：插入高质量的图片和图表，增加视觉吸引力和内容易读性，但要避免过度装饰。

⑥字体和排版：选择恰当的字体和字号，注意字体清晰度和易读性，保持前后的风格一致性，避免使用过度夸张的字体。

⑦动画效果：谨慎使用动画效果，以免分散观众注意力。

⑧练习和修改：制作完成后，反复练习PPT演讲，并根据反馈进行必要的调整，确保展示效果最佳。

4. PPT展示

在结合PPT进行演讲或答辩时，应做到从容、流畅，同学们可以从以下几个方面进行准备：

①撰写文稿：根据展示时长，提前撰写相应的演讲文字稿，确保对主题和要点有透彻的理解，避免临场惊慌失措。

②自信表达：保持自信，自然流畅、从容不迫地演讲，展现出对话题的谙熟于心。

③增强吸引力：用引人入胜的开场白吸引听众，在展示过程中适时调节气氛，让听众产生兴趣。

④清晰表达：表达时条理清晰、语言简洁、衔接流畅，控制好语速和音量，避免口齿不清或语速太快的情况。

⑤互动沟通：注重面部表情、肢体语言和与听众的眼神交流，注意听众反馈，及时调整演讲方式和内容。

⑥控制时间：严格控制时间，合理把握节奏，避免时间过长或过短。

⑦回答问题：如果有提问环节，注意听清问题，理解问题的核心；回答问题时要尊重提问者，简洁明了，避免含糊不清、避重就轻。

总的来说，PPT在大学生活中扮演着重要的角色，是大学学习不可或缺的得力助手。使用PPT不仅能够提升演讲的效果，让信息传递更清晰、更生动、更有说服力，也能培养逻辑思维能力和归纳总结能力，帮助我们更好地理解知识和展示学习成果。因此，在大学期间学会制作与展示PPT，已成为一项基本的技能要求。

二、常用面试技巧

1. 个人面试

个人面试是大学生在很多重要场合都会经历的一种面试形式，如求职、国内考研复试、国（境）外研究生申请等。

（1）面试前的准备

个人面试的特点在于不同机构的考察内容和交谈方式很不一样，因此积累面试经验是极为重要的。大家在准备过程中最好先在网上搜索过往面试者分享的经验，并对面试单位作充分了解。

要在面试中出色发挥，不仅需要良好的临场应变能力，更需要扎实的日常积累。以考研面试为例，基础知识与科研经历非常重要。对于基础知识，大家要在面试前进行系统的复习，即使是平时成绩好的同学也不要忽略前期准备。对于科研经历，大家要学会用清晰、有条理的语言描述科研项目，同时也要了解本领域发展现状，理解项目的学术价值。

此外，面试官可能还会问一些关于个人"三观"的问题，比如对科研的态度等。对这类问题，大家应给出积极向上、有思考、不偏激的回答。要做到这一点，则离不开个人长期和深入的思考。

（2）面试进行时

第一，注意礼貌。礼貌体现在多个方面，既包括用语平和有礼，也包括着装整洁得体。简言之，要展现一个人的综合修养和尊重他人的态度。

第二，要展示出良好的专业素质和沟通表达能力。在面试过程中，要清晰表达自己的观点和想法，与面试官建立有效的交流，展现出良好的专业素质和表达能力。同时，在面试中要尊重他人，善于互动，要有团队合作意识，表现出优秀的人际关系处理能力。

第三，实事求是。在面试中要做到：对于懂的问题，直接回答即可；对于不太懂的问题，实事求是，不要不懂装懂。对于不懂的问题，小思认为更好的应对方式是先大方承认自己在这方面的不足，然后简要陈述对这一问题的思考过程。有时候面试官想考察的并不是答案，而是思考过程本身，因为它更能展现面试者的能力。在此过程中，面试官可能会给出提示，那就按其提示的思路来补充自己的想法即可；面试官也可能会指出我们的问题，此时我们应真诚地接受意见，并对面试官的建议表示感谢，展现知错就改的谦逊态度。

第四，谦虚而自信。面试是一个展示自我的机会，我们要对自己有清晰的认识，知道自己的优势和不足，并表现出愿意不断学习成长的态度。对于缺乏自信的同学来说，可以先参加一些要求简单的面试，积累经验和自信；面试中不要过分关注竞争者的优秀，而要从自己充分的准备中获得自信。

2. 群体面试

这里所说的群体面试是介于个人面试和无领导小组面试之间的一种面试，即一位或多位面试官同时对多位面试者进行面试。

(1) 群体面试的基本流程

①个人依次自我介绍，顺序一般由面试官指定。因为参与人数较多，群体面试的自我介绍时间较短，更加考验语言表达的精练度。

②一般情况下，在面试者依次自我介绍之后，面试官会提出1~2个问题，要求每位面试者回答。这时的回答顺序不再由面试官指定，通常类似于"抢答"。

③自由问答环节。这时面试官提出的问题可能只针对一个人或两三个人，更加有指向性，通常是基于大家的自我介绍或刚刚给出的回答而提出的。

在群体面试过程中，也可能会穿插一些更为灵活的面试方式，比如要求面试者互相提问，或者展开无领导小组讨论、辩论等。

（2）群体面试的特点

①非常强的同辈压力（peer pressure）。此时，个人不再独自面对面试官，而是与他人一同参加面试，你会听到其他面试者得体的自我介绍和出色的回答。因此，务必做好充分的心理准备，迎接他人带来的挑战和压力。

②需注意回答问题的时机。反应迅速、语言组织能力很强的人，可以选择第一个回答问题，因为这能充分展现个人优点。如果思维不那么活跃，需要时间思考，那也没关系，可以先静听其他人的回答，认真组织语言后再勇敢表达观点。在回答问题时，可以提出与前面的人相同的观点，但也要提出至少一点自己的见解。

（3）群体面试前的准备

①有个人特点的自我介绍。做自我介绍时，要契合面试目标，突出展示自己的"亮点"。要注意简洁地强调个人优势，避免夸大其词。

②预先思考面试官可能提出的问题。要明确面试目标，充分了解面试单位的基本情况，并结合过往面试者的经验，准备自己的回答。

（4）群体面试进行时

①面带微笑，举止落落大方。

②沉着自信。注意语言的轻重缓急，需要强调的内容，应放慢语速。可以在恰当的时机开个小玩笑，以此活跃气氛，缓解紧张感，但一定要掌握好时机，不可失礼。

③条理清楚。回答问题时要注重逻辑性，多使用诸如"首先、其次、再次、最后""第一、第二、第三、总的来说""有利有弊、好处是、坏处是、综合考虑"等词语对回答思路进行整理，或者利用PEST（政治、经济、社会、技术）模型从多个角度对问题进行分析。这样能够展示出自己的逻辑思

维能力,这点非常重要!

④平静应对"压力面试"。面试时,面试官的"黑脸"、尖锐甚至带一点冒犯性的批评,可能都是对同学们的一种压力测试。能否有效应对这种突如其来的高压环境,取决于大家的心理素质。在这种情况下,同学们千万不要恐慌,要保持镇定,以平和的态度去回答问题。

3. 无领导小组面试

无领导小组面试是一种采用情景模拟方式进行的集体面试。面试官可以通过考察面试者在给定情景下应对危机、处理紧急事件以及与他人合作的状况来评判其综合能力。

无领导小组面试经常被用作公司选拔人才、考核应聘者的测评方式之一。

(1) 面试前的准备

①提前了解面试整体流程以及面试过程中不同角色的作用和职责。无领导小组讨论中常见的角色包括:组织者、时间管理者、参与者、汇报者。

②学习优秀案例。建议大家提前观看一些优秀的无领导小组讨论视频,熟悉面试流程,了解各个角色的表现要素,并分析最适合自己的角色。

③模拟练习。在平时的练习中,可以多承担组织者的角色,练习发言,学习谈话技巧和记录技巧等。

④注意着装得体,准备好需要携带的个人物品。

(2) 面试进行时

①选择适合自己的角色。要根据自己的性格特点和平时习惯选择角色,以充分发挥自己的优势。

②无论承担什么角色,都要积极表现。作为组织者,要把控全场,顾全大局,有条不紊地推进讨论的进行;作为发言者,要有条理地表达观点,尊重其他发言者。

③发挥团队精神。团队的成功才会彰显个人的优秀。在面试过程中，如果只注重个人表现而忽略了团队利益，也不会给面试官留下好印象。

④注意言谈举止。要积极参与讨论，发言时要注意礼节，学会倾听，保持情绪稳定，不要过于激动。

4. 面试总结

对很多人来说，面试中的实际表现往往和预期目标有差距，因此，每完成一次面试，都应该及时总结经验，寻求改进方法。

当下盛行的电话和网络面试为记录面试过程提供了可能，大大方便了事后复盘。因此，建议同学们认真回顾面试过程，总结其中暴露出的问题，不断进步。

三、如何进行高效合作？

正所谓"众人拾柴火焰高"，优秀的成果往往出自团结、高效和互补的团队。在与他人合作的过程中，个人能力能得到充分发挥和锻炼，所取得的成就也是尽一人之力而难以达到的。因此，在大学期间培养合作的意识、锻炼合作的能力是十分必要的。

优秀的团队往往集结了多位目标一致、兴趣相投、各有所长的伙伴，每位成员都在其中扮演着不同的角色。因此，充足的人力与合理的角色调配是高效团队的重要基础。

明确的目标、执行力强的成员、好的创意，是优秀团队不可或缺的三要素。围绕团队目标，每个成员各司其职，尽全力做出其他角色无法替代的贡献。通常，可将团队成员划分为以下几种角色。当然，有的团队成员是集多个角色于一身的。

①领导者——团队的"灵魂"，对团队成员有详细了解并能进行任务分

配，对团队目标有清晰的认识，对工作安排有明确的计划。一个团队中通常只有 1 名领导者。

②信息者——团队的"情报员"，负责搜集内外信息，在前期十分关键。

③创新者——思维活跃、能提出新观点和新方法的"智多星"。这是每个团队成员都可尝试的角色。

④实干者——能将计划一一变为现实的"中流砥柱"，是团队目标得以实现的重要力量。

⑤协调者——善于沟通交流，能够促进团队成员之间有效互动，减少信息传递误会，并能及时填补角色空缺的"润滑剂"。

上述角色保证了团队的创新力、生产力和稳定性。此外，团队成员还应当具备良好的时间观念、较强的学习能力和必要的表达与沟通能力，能及时发现问题、解决问题，这样才能使团队的凝聚力、持续性更强。

高效的团队并非一群能力相似的人的组合，能力互补才是团队长久发展的基础。尽管角色的确定和任务的分配主要考验领导者的能力，但如何主动定位个人角色并提升自我能力，也是每位成员需要关注的。

要明确自己在团队中的定位，就需要对自己的优势、劣势有清楚的认知。如果你擅长规划，有组织管理能力，可以扮演团队"领导者"；如果你思维活跃、想法新奇，可以扮演团队"创新者"；如果你喜欢踏踏实实做事，则可以扮演团队"实干者"。团队成员各尽所能、各展所长，既可让个人获得成就感，也能最大限度地发挥团队整体能力。当然，你也可以选择挑战自我，尝试扮演自己不那么熟悉的角色，在不同的实践中培养自己的综合能力。只要敢于迈出第一步，你的信心和能力就能在不断的历练中悄然提升。

总之，高效的合作需要每个成员的奉献。正确认识自己的能力水平、性格特点和做事风格，遇到心动的机会积极争取，在合作中尽心尽力，你的合作能力就能不断提高。

四、常用等级证书和教师资格证的考取

1. 普通话水平测试等级证书

（1）证书简介

根据教育部 2022 年施行的《普通话水平测试管理规定》，以普通话为工作语言的人员，在取得相应职业资格或者从事相应岗位工作前，应当根据法律规定或者职业准入条件的要求接受普通话水平测试，这些人员包括但不限于：教师，广播电台、电视台的播音员、节目主持人，影视话剧演员，国家机关工作人员以及其他与口语表达密切相关行业人员等。如果同学们的就业意向与以上职业相关，建议在大学期间择时参加普通话水平测试，获得相应的普通话水平测试等级证书。

普通话水平等级分为三级六等，即一、二、三级，每个级别再分甲、乙两个等次；一级甲等为最高，三级乙等为最低。不同职业对于普通话水平等级的要求不同，具体请参考所涉职业/单位当年规定。

普通话水平测试的依据是教育部国家语言文字工作委员会制定的《普通话水平测试大纲》，测试内容包括普通话语音、词汇和语法，大家可自行查阅。

（2）备考建议

①字词。

同学们可以先借助测试软件找到自身的发音缺陷，如前后鼻音不分、边鼻音不分、平翘舌音不分等，再进行有针对性的训练。平时练习时，可对容易读错的字词加以记录并复习巩固。考试时须注意发音的准确、清晰，语速不宜过快，以便机器识别。

②短文朗读。

普通话水平测试的短文朗读部分一般从《普通话水平测试大纲》1~60号朗读材料中随机抽题组卷，如备考时间充裕，可多聆听并模仿示范朗诵，揣摩各篇材料的感情强弱、停顿、语速和声调等细节。

③命题说话。

命题说话部分一般从《普通话水平测试大纲》的30个说话题目中任选两个组卷，考生可选择其中一个作答，答题时长须达到3分钟。在备考该部分时，可以提前针对各个题目拟出答题大纲，在考试时围绕大纲展开阐述，尽量少出现停顿等情况，做到自然流畅。

（3）备考资料推荐

①《普通话水平测试实施纲要》：该书是普通话水平测试国家指导用书，包括普通话水平测试用的普通话词语表（附轻声词表、儿化词表）、普通话与方言词语对照表、普通话与方言语法对照表、朗读篇目和说话话题等内容。

②"畅言普通话"APP：该APP使用与国家普通话水平测试系统同源的智能语音评测技术，提供普通话考试报名和查分、普通话模拟测试、普通话学习辅导等备考学习服务，有辅助备考的作用。

③小红书、知乎、哔哩哔哩等网站上关于普通话水平测试备考的内容。

2. 全国计算机等级考试二级证书

（1）证书简介

全国计算机等级考试是由教育部教育考试院主办，面向社会开展的考查应试人员计算机应用知识与技能的全国性计算机水平考试体系。该考试分为4个等级：一级的定位为"操作技能级/信息素养"，旨在满足人们在一般性工作中对计算机的应用要求，重点考核计算机操作能力；二级的定位为"程序设计/办公软件高级应用级",主要面向计算机程序员;三级的定位为"工程师预备级",主要面向开发工程师;四级的定位为"工程师级",主要面向系统设计工程师和项目主管。对于非计算机专业的大学生而言,通常取得二级证书即可。

全国计算机等级考试为全国统一命题、统一考试,考试时长为 2 小时,考试时间一般为每年 3 月、6 月、9 月、12 月。二级考试重在考查程序设计、办公软件高级应用能力,考核内容包括:计算机语言与基础程序设计能力,要求参试者掌握一门计算机语言,可选类别有高级语言程序设计类、数据库程序设计类等;办公软件高级应用能力,要求参试者具备计算机应用知识及 MS Office 或 WPS Office 等办公软件的高级应用能力,能够在实际办公环境中具体应用。

(2) **考前须知**

"全国计算机等级考试二级证书有用吗?"这是同学们最常提出的问题。对此,小思有以下几点看法:

首先,备考全国计算机等级考试二级考试有利于提高我们的计算机水平。在这个信息化的时代,能熟练使用编程、信息处理、数据处理、高级办公等领域的各种软件,对个人的发展大有裨益。

其次,学好计算机是我们日常学习和工作的需要。PPT 演示、论文排版、数据处理、文档编辑、图片处理等工作,都离不开计算机。因此,学好计算机,有利于我们更高效地完成学习及工作任务。

最后,考取全国计算机等级考试二级证书,有助于提高自身在今后求职、深造中的综合竞争力。

(3) **备考建议**

在全国计算机等级考试二级考试中,非理工科的同学多数会选择考 office,理工专业的同学则更多选择考 C 语言。但不论选考什么,备考全国计算机等级考试二级考试的不二法门都是多做真题。

"纸上得来终觉浅，绝知此事要躬行。"在备考时，同学们要提前熟悉考试软件，建议提前下载一个模拟考试软件，多"刷"真题，避免在正式考试时手忙脚乱。

大家也可以通过网络练习考试题，观看相关网站上的备考视频。小思相信，只要大家用心准备，一定可以通过考试。

3. 教师资格证

（1）证书简介

教师资格证是持证人具有国家认定的教师资格的法定凭证。在我国，需要参加认证考试等一系列测试后才能申请教师资格证。

2015年，教师资格证考试改革正式实施，打破了教师终身制且五年一审，改革后实行国考，考试内容增多、难度加大。教师资格证的报考条件根据学历不同有细微差别：专科生、本科生在校期间就能报考，成人考试、自学考试、网络教育学历的学生需要在毕业之后才能报考。此外，改革后将不再有师范生和非师范生的区别，想要获取教师资格证的学生都必须参加国家统一考试。

（2）备考建议

教师资格证考试分为笔试和面试两个环节，其中笔试部分的考试内容如下：

- 幼儿园教师考试科目：综合素质、保教知识与能力。
- 小学教师考试科目：综合素质、教育教学知识与能力。
- 初中教师考试科目：综合素质、教育知识与能力、学科知识与教学能力。
- 高中教师考试科目：综合素质、教育知识与能力、学科知识与教学能力。

小思建议，笔试可分为三个阶段进行准备：

①第一阶段：奠定基础，建议用时 1～3 个月。

在此阶段，同学们可查阅近年真题，了解教师资格证考试的难度和考题内容，制订复习计划，并严格落实。同学们可以根据自身情况安排各科目的复习时间，以表格形式制订复习计划，每天按照计划完成。自律能力较差的同学，可选择参加线上辅导班，在老师的指导下复习。

此外，同学们可以根据考试科目的整体知识框架提炼每一章节的知识点，根据各章节知识点的重要性及难易度制订下一轮复习计划。

②第二阶段：强化提高，建议用时 15～20 天。

在此阶段，对第一阶段总结出的知识点进行查漏补缺，完善形成于脑海中的知识脉络，加强对重点内容的把握。同学们可以通过反复练习真题（特别是论述题和案例分析题）总结做题技巧，发现自己的薄弱环节，有针对性地强化这些薄弱环节，巩固记忆。

③第三阶段：巩固冲刺，建议用时 15～20 天。

在此阶段，同学们可以每天抽出一定的时间回顾知识脉络，针对重点、难点和易错点，进一步采取巩固强化复习策略，做到胸有成竹。

在时间充裕的情况下，同学们可以每天进行定时模拟考试，"以练为战"，保持良好的做题状态。

在笔试成绩合格后，可报名参加数月后的面试（笔试成绩的有效期为两年，其间都可以报名参加面试）。在准备面试时，可以从以下几方面入手。

①试讲练习。

教师资格证面试的重点在于试讲。在准备面试时，同学们可以观看网上优秀的试讲视频，边看边做笔记，归纳适合自己的试讲方法，再进行大量的试讲练习。练习试讲时，可以找一个安静的地方录制自己讲课的视频，反复观看视频，总结需要改进的地方；也可以让家人或者朋友扮演主考官，在他们面前进行试讲演练，请他们提出一些意见。

在正式考试的时候，同学们要注意保持声音洪亮，尽量做到脱稿讲课；试讲时尽量少做停顿，停顿时间不超过 5 秒。

②结构化面试复习。

结构化面试的复习重点在于熟练掌握结构化答题方法。建议同学们多做练习题，掌握答题思路。在前期复习时，可以参考题库；在后期复习时，可以把结构化面试的题目打印出来，多进行模拟面试。需要注意的是，大家在回答问题时要有逻辑，做到层次清晰、语言简明。

③答辩准备。

在正式考试时，考官会基于考生的表现，就结构化面试和试讲的内容进行提问，或提一些与教师职业理念有关的问题。大家在回答时要注意做到沉着冷静、态度诚恳，讲清自己的想法或观点。

引领 竞逐 共进
课程突破

基础课学习篇

初入大学，不少同学会对英语学习产生困惑："英语在大学里重要吗？有什么作用？""要如何学习，才能有效提高自己的英语成绩？"也有不少同学为数学、物理学习而发愁：大学的学习难度比高中大很多，老师授课的节奏也快了很多，常常是上节课的内容还没消化，下节课的难题又来了。下面，小思将针对大学里的英语学习、数学学习以及物理学习谈一谈切身体会，希望能给新入学的学弟学妹们提供一定的帮助。

第 8 章 英语学习

一、大学阶段的英语学习方式

1. 大学英语课程

(1) 课堂学习

大学英语课程与中学英语课程有许多不同之处：大学英语课程关注的范围更广，应用性也更强，特别是对口语的要求更高，在期中、期末以及四六级考试中均有涉及。建议同学们在课堂上紧跟老师的教学节奏，做好笔记，并利用课后时间多进行阅读、听力练习。

(2) 课后学习

①大学阶段应注重课后的自我学习。进入大学后，老师的督促和引导不像高中那样多，所以同学们课后一定要加强自我学习，养成良好的学习习惯，有针对性地查漏补缺。例如，针对听力、口语较差等问题，大家要结合自身能力和兴趣，制订个性化的学习计划，不断提升英语能力。

②要正视课外拓展的必要性，切忌"吃老本"。

③要做好预习和复习。

(3) 考核方式

大学英语的考核基本采取过程化考核方式。以四川大学为例，英语课的成绩包含平时表现、期中考试和期末考试三个方面的成绩,各占一定比例。平时成绩取决于出勤率、课堂参与度和活跃度、作业质量等。期中、期末考试范围包括《大学英语综合教程》《新标准视听说教程》《大学英语阅读教程》等。同学们需要注重日常的听说读写训练,培养良好的英语语感。

2. 大学英语活动

在大学里,英语学习不只见于课堂,还见于丰富多彩的课外活动。各类英语社团、英语竞赛都能增进同学间的交流,助力英语能力的提升。在英语类社团活动(如集体晨读、单词大赛、读书会、英语角、英文电影欣赏等)中,同学们能在各种场景中灵活地锻炼英语口语,和同伴碰撞思维、共同进步。在英语竞赛中,同学们有机会和指导老师一对一沟通英语学习方法,在高强度的备赛阶段磨炼技能,大幅提高英语水平。

大学里的英语类社团以英语辩论队和模拟联合国团队最为常见。以四川大学为例,同学们可加入的英语类社团如表8-1所示。在英语辩论队中,队员们就重要的时事问题、社会观点展开英语辩论;在模拟联合国团队中,成员们则扮演不同国家或其他政治实体的外交代表,围绕国际上的热点问题模拟召开全英文会议。加入这些社团之后,同学们不仅能提高英语口语水平,还能增长对社会发展和国际政治的了解,学会主动反思社会问题,锻炼批判思维。

大学里的英语竞赛种类繁多,既有面向全国大学生举办的"全国大学生英语竞赛""'外研社·国才杯'系列比赛",也有单个学校面向本校学生举办的相关比赛。以四川大学为例,校内可供同学们参加的比赛如表8-2所示。

表 8-1　四川大学英语类社团

社团名称	微信公众号名称	简介	招新和主要活动的时间及地点
四川大学英语协会（简称"英协"）	川大英协	为川大规模最大的英语类社团，主要由普通会员以及工作部门（如办公室、沙龙部、口语部、外宣部等）成员组成。所有会员均可参加协会主办的晨读、英语角等活动	招新：每年10月； 四六级模考：每年11月； 英语角：每周五晚7点于川大江安校区青春广场； 晨读：每周一至周五早上于固定教室（详见每学期通知）
四川大学模拟联合国团队（简称"模联"）	川大模联 SCUMUN	曾先后多次组织四川大学代表队参加全国模拟联合国大会、日韩论坛、亚太模拟联合国大会等大型国内、国际会议。在这些会议上，青年学生们需扮演不同国家或其他政治实体的外交代表，围绕国际上的热点问题模拟召开全英文会议	招新：具体时间见公众号通知； 四川大学模拟联合国大会：每年5月
四川大学英语辩论队（简称"英辩队"）	川大英辩 SCUEDS	为四川大学培训和组织参加英语辩论赛的官方社团，其队员曾获得第十七届"外研社杯"全国大学生英语辩论赛全国总决赛冠军、2015年世界大学生英文辩论锦标赛最佳辩手（非母语组）等多项荣誉。其优秀成员有机会获得"外研社·国才杯"全国英语辩论大赛等国家级及更高水平赛事的参赛资格	招新：每年10月（具体时间见公众号通知）； "外研社·国才杯"全国大学生英语辩论赛：详见表8-2

表 8-2 各级大学英语竞赛

名称		时间	级别	比赛简介
全国大学生英语竞赛		初赛：4月 决赛：5月	国家级和省级	每年举办一届，目前已举办25届。全国各高校的研究生及本、专科所有年级学生均可自愿报名参赛。比赛形式以线下笔试（含听力）为主，分为初赛、决赛两个阶段。竞赛内容主要包括大学英语学习阶段应掌握的英语基础知识和读、听、说、写、译五方面的技能。全国一等奖获奖比例为该校参加人数的5‰（一等奖获奖者参加省级复赛，最终的特等奖获奖比例为初赛报名人数的1‰）。其他内容详见竞赛官网及公众号
"外研社·国才杯"系列比赛	全国英语演讲大赛	校内选拔赛：6—10月 省级复赛：10—11月 全国决赛：12月	国家级和省级	全国各高校的研究生、本科生和专科生且在35周岁以下者均可参加。比赛设置国家特等奖到三等奖、省级一等奖到三等奖等奖项。 演讲赛每年3月左右发布演讲题目。演讲、写作、阅读比赛的具体信息可参见"Uchallenge"网站及其公众号；辩论区域联赛、训练营、新手赛的信息可关注"思辨精英平台"公众号和学校相关信息平台
	全国英语写作大赛			
	全国英语阅读大赛			
	全国大学生英语辩论赛	校园赛：11月—次年3月 复赛：次年3—4月 决赛：次年5—6月		

续表

名称	时间	级别	比赛简介
四川大学外语电影配音大赛	10—11月	校级	为四川大学科技节活动之一，学生可在青春广场宣传处填表报名或发送邮件报名。 比赛分初赛、复赛、决赛三个阶段，需3～5人组队参赛。比赛按照参赛队伍数量设置一等奖至三等奖
四川大学英语综合能力大赛	10—11月	校级	为四川大学科技节活动之一，学生可在青春广场宣传处填表报名或发送邮件、短信报名。 比赛分为初赛、决赛两个阶段，涉及阅读、写作、翻译、才艺展示、即兴演讲等内容。比赛设置校级一等奖至三等奖

二、日常英语学习

1. 听力训练

听力训练重在对语感、语调、语音的敏感度练习。听力训练非一日之功，如果只为了应试而突击练习，不在平日下功夫，则很难取得实质性进步。目前英语的主流口音包括英音和美音，同学们可以结合自己的喜好选择不同的听力材料。

训练听力的方式主要分为精听与泛听。精听是指以句子为单位，边听边记录听到的内容；如有未听清的，可返回再听，直到将一篇文章听写完毕。听完后，找原文来核对，看自己到底有哪些词没有听出来，是词汇储备问题，还是对发音不敏感。同时还要检查是否有拼写错误，或者在断句方面是否有问题。拼写反映出的是单词量和基本功,断句反映出的是语法水平和语感。每日练习,时常复盘,必有收获。

如果觉得精听的门槛较高,很难坚持,泛听也是一个不错的选择。泛听是指广泛地听英语材料,目的是增强对英语听力的自然理解和感觉。这种方法强调的是量多面广,不强求理解每一个细节,而更多的是让学习者习惯英语的声音、节奏和语调。通过大量的泛听,我们不仅可以提高对英语的音调、节奏的感知能力,还能接触到更多的单词和表达方式,有助于词汇量的扩大。由于不需要理解每个细节,我们就可以在较轻松的环境下练习英语。

在闲暇时间,如晨起后洗漱时,往返于寝室与教学楼之间时,甚至晚上睡觉前,都可以通过泛听的方式来"磨耳朵"。同学们可以选取自己感兴趣的材料来听,如英文节目、影视剧节选、名人演讲、播客、英文歌曲都是不错的选择。泛听不必像精听一样逐字逐句地对照订正,但可以尝试跟读听到的内容,模仿发音。这样长时间浸润在英语环境中,听力和口语表达能力都会在潜移默化中得到改善。

(1) **推荐软件**

①China Daily:可以逐字逐句反复听,有中英文对照,可以跟读;篇幅较短,利用碎片时间即可听完一篇。

②TED:专题丰富,可以根据自己的专业选择感兴趣的演讲,拓展知识的疆域;比起日常口语,演讲语句经过精心雕琢,其句子的运用非常有借鉴意义,且专业名词多,有助于加深对本专业前沿知识的理解。

③每日英语听力:可以针对各种考试进行听力训练;有调速功能,避免"快的太快、慢的太慢"。

特别提醒:选择1~2款适合自己的软件即可,不要贪多哦!

(2) **练习方法**

①不要把听力材料当作背景音来听,而要当作任务来认真完成,以达到

训练的目的。

②专注，努力听懂每个单词和句子，对于不懂的句子要回放重听。

③对照听力原文，找出自己未听懂的句子，梳理生词和复杂的句子结构。

④每天尽量抽出时间积累生词，并结合句子记忆，这样效果更好。

2. 口语训练

大家经常能发现这样一种现象：大部分中国的英语学习者，都认为自己的口语不好，并将原因归结为在之前的学习中不重视口语、没有语言环境等。英语学习不应止于应试，大多数同学都向往着真正将英语作为一门工具性语言，在生活、学习、工作中熟练运用。而提升英语口语能力的关键点在于模拟英语环境，那同学们又可以从哪些方面入手呢？

(1) **每天用 10 分钟与语伴进行英语对话**

这里有两个关键词："每天"和"对话"。10 分钟不算长，但日积月累，效果显著。对话体现的是互动：自己表达时，可以锻炼英语表达能力和逻辑思维能力；听别人表达时，可以锻炼自己的理解能力，且灵活应变的能力也是口语能力中非常重要的一部分。同学们可以选择一名英语水平相近的小伙伴作为口语训练的语伴，共同制订训练计划和奖惩机制，互相督促，这比独自练习更容易坚持下来。如果周围没有合适的朋友，还可以在豆瓣、知乎、微博等网络社区寻找可靠的、学习目标相近的网友共同练习。如果还想寻求专业的点评，可以在在线外教 APP 上购买课程，用付费课程鞭策自己按时完成训练量。

对话时要尽量做到节奏紧凑，不要"纵容"自己的口水话和磕磕巴巴，但也不必因为最开始的不流畅而难为情，大家都有提升的过程。跟语伴练习时，不要放松对表达的严谨性的要求，要尽量多练习新学到的词，而不是轮番使用已经熟练掌握的简单词。要注意让大脑快速运转，尽量提早一点组织语言。如此日积月累，同学们便能感觉到自己在表达流畅度、丰富度和严谨性上有所提高。

（2）训练用英语思考和交流的能力

要训练自己用英语思考的能力，练习与自己对话是一个不错的方法。这一方法不受时间、地点等外部条件的过多限制，当大家稍有空闲又不方便大声说话时，可以在脑海里用英语思考问题、组织语言，或者针对某一件事用英语与自己对话。养成用英语思考的习惯，缩短甚至消除中英语言转换的时间，有助于提高口语表达的流畅性，从根本上解决英语表达欠佳的问题。

虽说通过长期的英语学习，同学们已经掌握了不少单词和句式，也记住了不少精妙地道的表达，但可能仍时常感到口语表达词不达意，不能精准地传达自己的意思。大家可以试着用英语讨论有争议的热点话题，或者试着描述一件曾经让自己产生复杂情绪的事，或者向别人传达自己对于未来工作、生活的设想，看看是否能描述清楚自己的感受或者脑海中的意境。如果实在想不出可以讨论的话题，可以借鉴雅思和托福口语考试中的部分考题，它们都是从生活中的切身小事出发设题，很有借鉴价值。

（3）建立专属口语语料库

在平常背单词、练听力的过程中，同学们都应刻意积累喜爱的、适合口语表达的单词与语句，形成自己的口语语料库。要注意以下两点：一是不宜贪多，只摘录最有价值、最常用的表达即可，以免积累过多来不及细细消化；二是注重日常口语表达，剔除过于学术和有"年代感"的语料。可以多关注近几年新出的现代英美剧和一些有对照文本的播客频道，如商业财经类的 Planet Money、语言文化类的 Rough Translation 和人文社科类的 Hidden Brain，学习真正英语母语者的高频表达。

语料库的建立并不是英语学习的终点，应用才是重中之重，只陶醉于积累时的充实感而没有真正应用实践的做法并不可取。在平常练习口语时，应该多使用语料库里的新鲜词句，把它们转化成可以脱口而出的表达，这样才有助于口语水平的不断提高。

（4）**影子练习法（shadowing）**

"影子练习法"在近些年逐渐走入大家的视野，它是指滞后于音频原声的跟读，练习者发出的声音如同原音频的影子一样。这种方法不仅能有效提升听力、口语水平，对短时记忆力也是一种很好的锻炼。此方法有两个要点：一是要不断跟读，培养语感，切忌跟原音太紧从而将难度降得过低（一般以滞后于原音三秒左右为宜）；二是进行复述表达。很多时候虽然我们能够跟读，但是读完就忘了刚刚说了什么，对这一问题，可以通过复述练习来改善，比如跟读三句后停下来，试着用英语复述，熟练后也可尝试以记笔记的形式达到手脑同步的水平。

由于每个人在英语方面的基础与薄弱点各不相同，同学们可以参考上述几点建议，选择有针对性的、选择适合自己的方式，制订科学的计划并坚持下来，养成习惯。

3. 阅读训练

阅读水平的评价标准有二：理解程度和速度。在开展阅读训练时，往往是初学求"懂"，进阶求"快"。读懂的文章多了，熟悉了大量的词句、结构，才能在快速扫视中抓住文章要旨；而在快速阅读的训练里，若能主动捕捉文章中心，不计较细枝末节，反过来也有助于加深理解。

正确理解文本的前提是扎实的词汇和语法基础。学习单词，除了使用大家都很熟悉的各种单词软件外，还可采用上面提到的借助听力材料学习的方法，此处不再赘述。在语法方面，可以采用查漏补缺的方式不断巩固语法知识，及时记录阅读中不理解的长难句，仔细分析。基础薄弱的同学也可以阅读系统讲解英语语法的图书。薄冰、张道真等名家所著的语法书都比较系统，方便查阅；旋元佑的《英语魔法师之语法俱乐部》浅近有趣，适合闲暇时阅读；另有《剑桥英语语法》系列（*English Grammar in Use*）、《朗文英语语法》系列（*Fundamentals of English Grammar*）等英文语法书，大家也可选读。

提高英文阅读速度，需要建立基本的英语思维，不断进行阅读训练。英语母语者（English native speaker）看英文时，多数情况下通过前文就能隐隐约约地猜到后面会说什么。这种能力，简称为"预判（anticipation）"。要完成这种预判，需要读者重点关注文章的结构和衔接技巧。例如，在新闻中，首段或首句概括全篇，后文则作具体说明；在传统议论文中，首尾两段表明中心论点，中间段落用不同的论据支撑论点，而其中每一个论据的概括说明又常常出现在段落第一句。有了基本的结构意识，同学们在阅读中就可以有所侧重。

此外，段落中的连接词、指代词，省略、重复等衔接技巧，也能帮大家快速把握文意。例如，"in this way"之后一般会描述某种行为产生的结果；如果前一句的主语是"parents"，后文常常出现"they"或"their"与之产生联系。在重视文章结构和衔接技巧的基础上持续练习，阅读水平才能有所提升。在练习过程中，建议同学们在条件允许时采用计时阅读（对于大学英语六级水平而言，应达到120词/分），并在读完一篇文章或一章小说内容后尝试口头总结文本的内容梗概、中心思想、论证过程等，以此检验自己对文本的理解程度。基础稍薄弱的同学，可在完成计时阅读后重新细读文章，勾画中心句和重点词，整理文章结构，如此日积月累，再阅读同类文章时就能游刃有余。

阅读训练离不开阅读材料。从整体难度来讲，外刊和文学作品最难，新闻次之，儿童读物较为简单。基础较薄弱的同学，前期可以阅读一些简单的文本，比如童话、寓言，相关读物包括《爱丽丝梦游仙境》（*Alice's Adven-*

tures in the Wonderland)、《哈利·波特》(Harry Potter)、《安徒生童话》(Andersen's Fairy Tales) 等。此类文本生词较少，比较适合大学生作为基础阅读材料来练习阅读，以培养阅读速度和语感，有助于增强信心。有一定基础的同学，阅读的范围可以涉及各类新闻媒体，比如《中国日报》(China Daily)、《环球时报》(Global Times) 等。此外国外部分网站中的文章，也可以作为日常阅读材料。词汇量较大的同学也可以尝试阅读《时代周刊》(TIME)、《经济学人》(The Economist) 等杂志。若涉猎英美文学，国外一些作家的作品笔法简洁，用词不太艰深，可以日常积累为目的而读，比如尼古拉斯·斯帕克斯 (Nicolas Sparks) 的作品、查尔斯·兰姆 (Charles Lamb) 的《莎士比亚故事集》(Tales From Shakespeare)、海伦·凯勒 (Helen Keller) 的《假如给我三天光明》(The Story of My Life)、威廉·萨默塞特·毛姆 (William Somerset Maugham) 的《面纱》(The Painted Veil) 等。大量阅读是学好英文的一大"法宝"。同时，阅读是写作的基础，没有较大的阅读量，写作时是难以找到充足素材的。

4. 写作训练

英文写作需要综合运用词汇、语法以及表达等各方面的知识储备。想要写出好的作品，还需注重主题和逻辑。若想全面提升英语能力，平时常被大家忽略的写作训练其实很重要。同学们可以从以下几个方面入手：

(1) 阅读积累

从根本上来说，写作能力的提高要建立在有效的输入之上，而有效的输入不只是理解文章在"写什么"，更要掌握文章是"怎么写"的。因此，大家在阅读（特指精读）时要仔细分析作者如何搭配单词，如何写复杂句子，如何开头、过渡、结尾，以及如何在句子与句子之间建立良好的衔接。以海伦·凯勒的《假如给我三天光明》第一章中的一句话为例，在"The first baby in the family was not to be lightly named." 一句中，读者需要思考 "first" 在文中和别的句子有没有逻辑关系，删掉这个词会不会造成语义不连贯，"be to do" 句式隐含了什么样的语气，也需要思考什么叫 "be lightly named"，可不可以说 "Teenagers in a country are not to be lightly treated."。通过思考，同学们可以更深刻地理解自己在写作中应该怎样运用 "first" "be to do" 等单词和短语。对于基础比较薄弱的同学来说，精读材料最好使用课本或者其他有专门讲解的文本。

此外，同学们还可以养成收集好句子的习惯。平时看到优美的句子，或者在新闻、杂志里使用频率很高的句子、句型，可以摘抄下来，利用空闲时间在脑子里"回放"，并尝试运用在写作中。对于专有名词、常用表达要重点积累，并在自己的写作中尝试运用。

(2) **模仿练笔**

模仿是学习的第一步。模仿自己喜欢的文章的结构写一篇文章，或是改写一首诗，可以极大地增进对文章和写作的理解。同时，可以将自己的练笔文章发给老师或者英语水平较高的同学，请他们修改。如果有条件，甚至可以请英语母语者看看。要认真思考他们指出的问题以及改进的建议，这样自己的英文写作水平会产生质的飞跃。

(3) **英文日记**

建议同学们尝试用英文把每天发生的事有逻辑地、清晰地记录下来，不用太长。遇到难以表达的细节，应努力用已经掌握的表达方法表述。在此基础上，学会细化，详细记录事情的细节以及自己的感受，并不断修改完善，让自己的表达更准确。

英文写作能力是各类英语考试考查的重点。在不同考试中，英文写作的要求或者"模板"也在不断变化。当然，万变不离其宗，坚持练习，就一定能提高。除了上述方法，同学们也可以参考埃尔文·布鲁克斯·怀特（E.

B. White）和威廉·斯特伦克（William Strunk）合写的《风格的要素》（*The Elements of Style*），以及约翰·兰甘（John Langan）的《美国大学英语写作》（*College Writing Skills with Readings*）中的方法。

三、全国大学英语四、六级考试

1. 考试简介

全国大学英语四、六级考试（CET，以下简称"四六级考试"），是一项由教育部主办，教育部考试中心主持和实施的大规模标准化英语考试，分为四级考试（CET-4）和六级考试（CET-6）。在大学期间的英语能力考试中，四六级考试当之无愧居于"C位"，其成绩是大学生非常重要的英语能力证明。四六级考试又包括笔试和口试，其中笔试为必考，口试为选考，报考口试的考生必须先报考当次相应级别的笔试。另外，只有通过了四级考试（总分不低于 425 分），才能报考六级考试。

四六级考试笔试每年举行两次，且时间基本固定，即每年 6 月和 12 月第三个星期六，其中四级考试时间为 09：00—11：20，六级考试时间为 15：00—17：25。四六级考试口试的时间则在每年 5 月和 11 月。

四六级笔试总分为 710 分，考查项目包括写作、听力、阅读理解和翻译。具体题型请大家登录四六级考试官网，查阅考试大纲中的"考核技能"部分。

四六级考试的分数采用常模参照方式赋分，其中四级考试的常模群体选自全国 16 所高校约三万名非英语专业考生，六级考试的常模群体选自全国 5 所重点大学约五千名非英语专业考生。每次考试等值后的卷面分数都参照常模转换为报道分，具体公式可在官网查询。也就是说，四六级考试的最终分数并不是由答对题目的绝对数目决定的，而是由同学们的排名决定的。因此，每次考试的难度不会对最终成绩产生很大影响，大家不用担心"这次题太难/太简单，不适合我"的情况，每个同学都会得到与自己水平相符合的成绩。

2. 四六级考试复习计划

在制订四六级考试复习计划之前，要先了解自己的水平和薄弱点。具体做法为：在定时、安静、专注的"考试状态"下，模拟完成两套真题并批改。在做题过程中感到困难的、耗时久的，或最终得分低的题型，就是自己的薄弱点。

同学们应根据自身的薄弱点及其分值比重，合理安排考前复习侧重点和时间。复习计划要提前 3～5 个月开始实施，以确保有充足的时间进行系统训练。可在每周六（与考试时间一致）用真题进行模拟考试，以帮助自己提前进入考试状态。

（1）短期复习计划（1 个月左右）

①做题范围为最近 2～3 年的真题。留出 1～2 套真题进行考前练习，以保持"题感"，其余按照每 2～3 天 1 套的频率进行练习，同时每天抽出一定时间背单词。每套真题可分两天完成：第一天计时做题并批改（可跳过写作和翻译），标记错题数量，分析错因，阅读作文、翻译部分范文并分析；第二天完成整理、背诵工作。

②基础较薄弱的同学可先进行不计时单项训练，待正确率提高后再进行计时训练。

③如果准备时间实在过于短暂，要学会取舍，力争拿到自己能够拿到的分。

（2）长期复习计划（2～3 个月）

第一阶段：学习适合自己的答题技巧，分题型用真题做练习并整理、背诵，逐渐由不计时练习向计时练习过渡。

第二阶段：在计时状态下，用完整真题做综合练习，并整理背诵。

第三阶段：回顾做过的真题与整理的笔记，重做错误率高的题目，同时进行考前模拟练习。

在整个复习阶段，应坚持每天背单词。

3. 考前准备方法——词汇部分

在英语应试中，词汇的重要性被很多同学低估了。不少同学都觉得备考四六级基本靠"刷题"甚至"啃"高中"老本"即可，从而忽略了单词的积累。其实很多时候在听力、阅读以及写作方面遇到的问题，其内在症结都是词汇积累不到位。以四六级听力为例，与托福、雅思不同，它基本不会以口音或环境背景音设置障碍，连读和吞音等语言现象也不会过于严重而影响理解。同学们很多时候"听不懂"，其实是因为没掌握单词的含义，或对单词的发音不熟悉，以至于无法在大段的语料中及时反应过来。

对于英语应试而言，词汇大致分为三个层次：阅读词汇、听力词汇和写作词汇。也就是说，最基本的层次是认识单词，知道其词义；其次是熟悉发音，听到后能马上反应过来；最后是会拼写，会搭配，会在合理的语境下正确表达。当然，还有更高的层次，如这个词的文学拓展或熟词僻义等。

按照考纲，四级考试的词汇要求约为4500词，六级考试的词汇要求约为6000词。真正掌握了这些词汇，也就为四六级应试打好了基础。

怎么记单词？不妨试试这些方法。

①四六级核心词汇，也就是单词书、APP上常见的"四六级核心××词"，或考试大纲中的词汇，应按写作词汇的要求来掌握，并一定要熟悉发音（在背单词时放出标准发音，同时自己念出声）。

②背单词时，除了机械记忆，最好试着用单词造句（可以照着APP或单词书上的例句模仿）。虽然最初尝试时会感觉有难度，但习惯这种方式后会极

大地增强记忆。另外，还可以巧用词根词缀、联想法等进行记忆。

③平时可以利用 APP 背单词，考前再借助纸质书快速复习一遍。前者的优点在于方便快捷，复习频率设计合理，还自带发音、例句等；后者则更有针对性，会突出重点词汇。

④在使用 APP 背单词时可尝试单纯"听懂"（即先听，不看原词拼写），从而训练自己对单词语音的掌握，明确单词发音的细节，比如重音等。

⑤背单词的最后一个原则是重复和落实。在考前两周左右，把所有单词快速复习一遍，能极大地增强对四六级词汇考查内容的熟悉度，对形成行云流水般的"做题感"很有帮助。另外，对于"刷题"时在真题试卷里遇到的生词，只要不能明确说出其含义的，可以全部记到一个本子上，考前再背一遍，查漏补缺。

词汇是英语的基石。背单词时仅仅记住词义是无效的，还要特别注意该单词在文章中的用法，进而结合语境理解该单词的常见搭配、例句甚至相关联的同义词。唯有如此，才能真正全面地掌握这个单词。

4. 考前准备方法——听力部分

（1）日常训练

①巧用小程序/APP 等。

表 8-3 列举了一些可帮助英语学习的小程序/APP，以及常用的听力资源。它们不仅能为四六级应试服务，更能成为日常英语学习的一部分，同学们可以根据自身情况选择。

表 8-3 英语学习的小程序/APP 及听力资源

APP/小程序名称	常用听力资源	备注
每日英语听力	精听/泛听，TED Education（进阶），精听党课程（有声书），Harry Potter 全系列（泛听）	大部分功能免费，精听党课程（精听有声书）收费；VIP 无广告，有下载特权
开言英语	APP 自录的课程	收费，年费较贵，但有返学费计划
扇贝听力	各种有声书	免费内容较多；有会员专属内容和收费课程
小站托福	TPO 听力，听力文摘	全免费；侧重于托福备考
留声英语	5~10min 视频精听课程	收费，部分返学费（属于扇贝听力子课程）
流利阅读	各种文章	收费；听力训练与阅读训练相结合

②练真题。

同学们应尽可能地用真题做模拟训练，即在定时、安静、专注的"考试状态"下完成整套真题。真题是最接近实际考试出题风格和难度的，能让大家真切体会到四六级听力考题的设置思路和常考点，明确做题时应该注意捕捉的关键信息。另外，定时完成真题还能最大限度地模拟考试，培养做题的节奏感和专注度，消除紧张感，避免因为"只听一次"而紧张，影响发挥。

做真题时需要注意以下几点：

A. 提前浏览题目，勾画出关键词。

B. 边看选项边听听力材料，勾画出视听一致的单词，包括完全一样、词根一致但词性不同、同义替换三种类型。

C. 注意标志词。标志词前后的内容往往是考点所在。例如：

a. 转折词。例如：

虽然：while, though, although, even

但是：but，yet，however

b. 因果词。例如：

原因：because，since，as for，as a result of，due to，owing to

结果：therefore，so，thus，as a result of

c. 强调词。例如：

事实上：in fact，actually，indeed

特别：in particular，especially

d. 观点词。例如：

赞同：yes，right，I agree

反对：no，I don't agree，I'm afraid

强调个人观点：I think，I mean，in my opinion

迟疑犹豫：maybe，probably

表示明确喜好：like，love，dislike，hate

D. 善于排除错误选项，包括完全没提到、意思相反和上下句混淆的选项。

做完真题后一定要及时批改、订正、分析错因，并整理有价值的语料。对于错得多、做起来很困难、当时没听懂的真题，还可以将其作为精听材料进行听力训练，并在精听完成后用作日常泛听补充材料。

（2）**冲刺强化训练**

在做好日常训练的同时，大家也需在考试前期进行冲刺强化训练，巩固训练成果。根据学长学姐的经验，考试冲刺期最好提高精听的比重，如之前是一周两次精听训练，现在可增至每天一次或两天一次。

5. 考前准备方法——阅读部分

阅读部分的备考，功夫在平时。对于平时积累丰富的人来说，阅读部分是四六级考试中最易得分的部分。

引领 竞逐 共进 —— "大川小思"大学有效学习攻略

(1) 平日积累的方法

平时积累的方法很多，可以阅读英语原版书，可以从专业需求出发读文献，也可以参加各种付费或免费的文章精读课程。

具体来说，对于英文原版书的选择，建议从自己的兴趣和词汇量两个方面出发。比如，对于四六级词汇量水平的同学，读《动物庄园》（*Animal Farm*）会比读《了不起的盖茨比》（*The Great Gatsby*）合适很多。太难的文本会极大地削弱读者坚持阅读的热情；反之，读自己喜欢的文本则会事半功倍。

对于课程的选择则要注意：第一，如果获取信息的能力很强，可以充分利用互联网和图书馆中丰富的免费阅读材料，自己摸索或向他人请教练习方法，进行阅读训练；第二，泛读可以"贪多"，但精读一定是"贵精不贵多"，即对一段材料应做到完全吃透，最好能够将其转化为写作语料，切不可盲目贪多。

(2) 阅读题应试技巧

对于阅读题，应该有意识地确立自己的得分目标，尽量降低错误率，将之变成能有效得分的板块，并兼顾做题速度。

①选词填空题是阅读板块失分率比较高的题型之一，对此可进行有针对性的专项训练。建议将每次出错或不确定的词连同其常见短语搭配、例句都记录下来。在答题的过程中，可以先将选项按照词性与时态分组，再将自己确定的答案填上，最后可用排除法辅助答题。

②对于段落选项题，可以先看选项，再看原文，以提高做题效率。

③对于传统形式的单项选择题，首先应浏览文章首段和各段落首句，掌握文章主旨；接着阅读题目，提取关键信息；最后选择性精读文章，即"按题索骥"，寻找可能含有答案的段落，加以精读。对于大多数同学来说，只要词汇量过关，学会分解长难句，并针对较难的推断题或主旨题多加练习，这类题的难度便不大。

6. 考前准备方法——写作和翻译部分

(1) 写作要求及近年题目

根据四六级考试大纲要求，写作部分需要同学们在 30 分钟内写出一篇 150～200 词的短文，并做到内容切题，表意清楚，文字通顺，基本上无语言错误，或仅有个别小错。

四六级考试的写作一般围绕学生熟悉的日常生活命题，文章形式较为固定，主要为"意义类""现象评述/方法类"和"实用类"文章，例如：

①四级：

A. 意义类：The role of physical exercise in achieving success at college/The necessity of developing social skills/The importance of developing a healthy lifestyle among college students（2022 年 12 月）

B. 现象评述/方法类：Are people becoming addicted to technology? /Do violent games cause student violence? /Whether technology will make people lazy?（2021 年 6 月）

C. 实用类：Suppose your school is organizing an orientation program to help the freshmen adapt to the new environment and academic studies. You are now to write a proposal, which may include its aim, duration, participants and activities.（2021 年 12 月）

②六级：

A. 意义类：With their valuable skills and experience, elderly people can continue to make significant contribution to society. /The importance of independence in childhood development/The importance of acquiring basic knowledge.（2023 年 12 月）

B. 现象评述/方法类：People are now increasingly aware of the danger

of appearance anxiety or being obsessed with ones looks. /People are now increasingly aware of the digital gap or challenges the elderly face in a digital world. /People are now increasingly aware of the challenges in making a decision when faced with too many choices. （2023年3月）

(2) **翻译评分标准**

优秀的翻译应做到"信、达、雅"：译文准确表达了原文的意思；用词贴切，行文流畅；逻辑清晰，基本上无语法错误，或仅有个别小错。如能恰当运用翻译策略，如使用一些常见专有名词、热点词汇、传统文化有关词汇则更佳。

(3) **日常积累方法**

如何才能有效提升写作和翻译板块的得分呢？小思认为重在积累。建议同学们从以下几个方面进行准备：

①语料积累。

大家在平时要有意识地积累好词好句好表达，最好是那种"我也可以在××主题中这样用"的句子。可以专门用一个笔记本来记录，手写笔记或电子笔记均可，后者更便于整理和检索，推荐学弟学妹们尝试使用。

②分类专项写作。

针对四六级考试的写作部分，分析过往真题便会发现，其中有一些较为固定的主题。同学们可以尝试进行这些主题的专项写作，比如校园生活、求职就业、环境保护、文化交流等，从而在短时间内形成完整的写作思路和逻辑框架。

③常见词汇储备。

针对翻译板块，可以整理一些常见词汇，特别是传统文化、地名等专有名词，并熟练掌握。

④勤加训练。

在练习写作时，可以先进行不限时间的写作表达训练，打磨单词和句型。临近考试时，一定要尝试严格定时的写作训练。

（4）**写作考试策略**

分析近年的题目和评分标准不难看出，四六级考试的写作部分主要考查形式和内容两个方面。也就是说，在形式上，要对文章结构进行精心组织；在内容上，要言之有物，言之有据。

此外，以下几点也需注意：

①规避低级语法错误。要避免出现句子成分残缺或多余、主谓不一致、时态误用、词类混淆等语法错误。

②丰富语言运用的多样性。词汇方面，要灵活运用近义词；句式方面，可以重点关注倒装句、强调句以及常用从句。

③注意把控时间。在四六级考试中，写作是第一个环节，能否流畅、准时完成作文对整场考试的心态都有影响。因此，平时练习时就要有意识地控制时间，做到迅速确定写作思路、流畅行文。

（5）**翻译考试策略**

四六级考试的翻译需重点关注两个方面：用词准确、句式合理。在此，小思提供以下答题思路：

①提取核心词，先完成核心词翻译。

②运用主从复合句、非谓语动词等多种形式，串联起核心词，构成句子。

平时练习时，可以将参考答案与待译原文对照起来看，体会中英文写作的思维差异。考前可以重点记忆传统节日、名胜古迹、中文名著等专有名词，以及与近期社会热点话题相关的词汇。

7. 考前准备方法——口试部分

口试是四六级考试的选考项，每年的政策可能有所变化，同学们应注意。

如前所述，考生在完成当次四六级笔试报考后方可报考四六级口试，不可以单独报名。口试方式为半机考，口试内容包括自我介绍、短文朗读、简短回答、个人陈述、两人互动等。

自我介绍是整场口试的热身环节，考生可以简单介绍一下自己的姓名、籍贯、学校、性格、爱好等。在考试过程中，此部分没有准备时间，大家最好在考前写好自我介绍，并熟练背诵。

对于个人陈述，考生可在准备时间内先打草稿，写下自己的思路。作答时，可重点阐明自己的观点或解决方案。

在两人互动对话部分，应先确定自己想表达的中心思想，在草稿纸上写几个核心词。与搭档配合作答时，可以采用问答的方式，也可以先分别表达自己的想法，活跃气氛。注意，在作答时不要有长时间的停顿。同学们平时可以与班上同学进行模拟对话练习，培养良好的对话技能，还要注意积累常见话题的素材，以提升应对不同场景和话题的能力。

四六级口试考查的是同学们的英语口语表达和交流能力，因此，持之以恒地做口语训练才是应对四六级口语考试的根本方法。

8. 四六级考试小贴士

Q：四六级考试什么时间报名？如何报名？我需要做什么？

A：四六级考试每年共有两次报名机会，上半年报名时间在2—3月，下半年报名时间在8—9月。具体时间可以关注学校教务处通知或相关考试官网、公众号。

在规定时间段内进入全国大学英语四、六级考试（CET）报名网站（https://cet-bm.neea.edu.cn），点击"进入报名"，登录或注册完毕后，点击"开始报名"，再按照提示填写相关信息并缴费，即可完成报名。报名的详细步骤可进入上述报名网站，点击上方的"报名流程"查看。

第一次报考四六级考试,首先要多关注院校群内或公众号的相关报名信息,以免错过报名时间;其次要在报名时间段内尽早报名,因为四六级考试有名额限制,报晚了可能抢不到名额(特别是口试);最后要在考试前几天进入报名网站,下载并打印准考证。

Q:有必要参加四六级口试吗?

A:目前四六级口试为选考项,大家可根据自身情况决定是否参考。

作为口语成绩的凭证之一,优秀的四六级口试成绩可在某些出国交流申请中用到(尽管目前仍没有雅思、托福等权威),也能为各类深造面试、实习就业申请增色不少。另外,备考四六级口试的过程也是一次提升口语水平的机会,可促使自己加强英语学习。因此,对于英语水平尚可的同学,在时间和精力允许的情况下建议报考。

Q:四六级考试有必要"刷分"吗?

A:四六级成绩中,六级成绩相对而言更重要。小思认为,四级成绩"过得去"(每个人的标准不同,一般认为应在500分以上)即可,不必反复"刷分",通过后可以直接备战六级;而六级成绩则可以追求高分。高分的标准,建议与本专业学长学姐交流,确定自己的目标。

四、雅思(IELTS)和托福(TOFEL)考试

1. 雅思(IELTS)考试

(1)考试简介及题型分布

雅思即 IELTS,中文全称为"国际英语语言测试系统"。雅思考试是由英国文化教育协会、剑桥大学考试委员会和澳大利亚教育国际开发署共同举办的国际英语水平测试。其成绩有效期为两年(从考试日期开始计算)。每月有多次考试,可在官网(https://ielts.neea.cn)查询具体考试日期。如果确

定参加考试，最好提早选择考试日期与考点并缴费报名。

按用途分类，雅思考试分为培训类（General Training）和学术类（Academic）。培训类多适用于移民；学术类多适用于留学，也是本书介绍的重点。

按模式分类，雅思考试分为机考模式和纸笔模式。机考模式的优点是：成绩公布更快，口试安排更紧凑，考试日期和场次选择更灵活，报名时间更充裕。纸笔模式更符合大家从小参加英语考试的习惯，因此是多数考生的选择。纸笔模式的考生通常可以在笔试后第13个工作日登录教育部考试中心雅思报名网站个人主页查看考试成绩，而机考模式的考生通常可以在笔试后5～7个工作日查看考试成绩。如遇公共节假日则可能顺延。考试成绩以最终收到的成绩单为准。

考试全程约为2小时55分钟，分为口语、听力、阅读、写作4个部分。听力、阅读、写作在同一次考试中进行，口语考试则需另外预约。各部分满分均为9分，实行半分制，总分取四项平均值。各部分题型及考试时间见表8-4。

表8-4 雅思考试的题型及时间分配

考试项目	题型	时间
听力（Listening）	4段录音，40小题	40分钟（包含10分钟誊写答案时间）
阅读（Reading）	3篇文章，40个题目	60分钟
写作（Writing）	2篇作文，小作文约150词，大作文约250词	60分钟
口语（Speaking）	①核实考生身份信息，谈谈一般话题	4～5分钟
	②根据抽取话题进行个人观点阐述	约3分钟（包含1分钟准备时间）
	③考官就第二部分所提及的话题与考生进行更深入的双向讨论	4～5分钟

(2) **考前准备**

①口试备考方法：

雅思口试共分为三部分，其中前两部分都有题库，可以提前准备；在第三部分，考官会根据考生在第二部分的回答提问。每年 1 月、5 月、9 月是口语题库换题季，建议大家尽量不要在换题后立即参加考试，而应针对本季题库进行充分准备后再参加考试。

雅思口试的评分标准有四：一是流利度、连贯性（Fluency and Coherence），二是词汇丰富度（Lexical Resource），三是语法的广度与准度（Grammatical Range and Accuracy），四是发音（Pronunciation）。

在第一部分，考官会针对一些常见的生活话题提问，通常会选取 3 个话题，并就每个话题提 2～4 个问题。比如，针对"学习（Study）"这一话题，可能提出以下问题：

A. What subjects are you studying?

B. Are they interesting? Why?

C. Are you looking forward to working?

第一部分主要考查语言流利度以及考生的交谈意愿，对词汇和句型的要求不高。针对每个问题，考生最好结合自身情况以 2～4 句话作答，不需要扩展。

第二部分是展现口语能力的关键部分。考官会从题库中抽取一张提示卡，卡上写有需要考生陈述的话题以及针对该话题的 4～5 个子问题。话题涵盖人物、地点、物品（实物、虚物）、事件经历等。拿到话题后，考生须在 1 分钟的时间内组织语言，可在考场提供的白纸上做笔记（建议按卡上提示问题的顺序组织答题思路），并在接下来的 2 分钟内结合自身的经历和观点作答。志在得高分的考生还要综合考虑陈述内容的切题程度、陈述内容的丰富度、语言的准确度、句子结构的复杂程度等。

例如：

引领　竞逐　共进 —— "大川小思"大学有效学习攻略

Describe a special day that you remember well.

You should say:

—When it was?

—Who you were with?

—What you did?

And explain why you remember it well.

回答第二部分的问题时，可按照"谋篇布局＋向下扩展"的思路作答。首先，厘清答案的框架，弄清楚先说什么、后说什么；然后，对每个小点进行充分的扩充（When、Who、What、Why）。此部分主要考查考生的语言运用能力，而不是任务完成度。

第三部分其实是对第二部分话题的延伸，但问题会更抽象。在这一阶段，考官会随机出题，考生须针对每个问题做出1~2分钟的回答。这一部分主要考查考生表达和论述观点以及深入思考问题的能力，作答时不必过分在意观点本身的对错，重点是逻辑清晰，能自圆其说。由于这部分的出题方式灵活，因此不建议大家背诵远超出自己实际能力的素材。备考时，大家可以看看与题库题目相关的英文报道，在考场上不必过于紧张，围绕问题有层次地作答即可。

在日常的口试备考中，同学们可以根据自身时间充足与否选择不同的备考策略。备考时间紧张的同学，可以每天针对每部分进行2~3个话题的练习，尽量减少语法错误，不断提升表达的流畅度。针对一个话题，可以先思考，写下部分关键词（不要写句子），之后开始练习回答并录音。遇到不会表达的意思，尝试换一种说法以保持流利度；确实不会表达的，先跳过，最后整理所有内容，再次练习，直到能流利表达。在时间较为宽裕的寒暑假内，推荐同学们根据题库自行撰写口语材料，特别是对逻辑连贯性要求较高的第二部分。自行撰写口语材料有三个优势：一是基于自身真实经历组织语言，能够避免"死记硬背"，在考场上更容易做到自然流利、逻辑顺畅；二是许多考生都会使用网上的共享口语材料，使用自己撰写的材料作答能避免"撞车"；三是在自行撰写口语材料的过程中，我们会反复打磨，在无形中也锻炼了自身的语言表达能力。如果担心自身语言组织能力不足，可在撰写材料后请同学或老师帮忙完善。每期题库中第二部分的话题数量约为50个，每天准备2~3个话题并加以练习，相信同学们能在1个月以内有很大的提升。

口语表达中，"遣词造句"固然重要，但我们不能因此忽视语言的本质——向他人传达观点、情感和思想的工具。因此，我们在考场上可以尝试把考官当成朋友，在回答问题时，融入情感色彩，这会让我们看起来更加自信，更好地达成语言交流的目的。

要提高口语水平，最重要的就是多练。每天练习1小时为宜，也可以根据自己的实际情况适当调整时长。大家不必过分在意自己的发音，流利的表达和高质量的内容输出更重要，要争取成为一位自信、主动、富有情感的表达者！

②听力备考方法：

雅思考试中听力考试的题型分为填空题、简答题、表格题、选择题、图片题、搭配题等。题型不同，做题步骤和解题策略也不同，同学们要多加练习，熟练掌握不同题型的做题方法。

听力的提升重在日常点滴积累，而想要在短时间内迅速提高听力考试成绩，精听是最有效的练习办法。应试过程中有两个关键点需要重视：其一是抓取关键词，可以先了解阅读考点词和听力考点词；其二是应用同义替换，很多时候题干只是用了另一种方式叙述文章内容。在具体操作时，可以"听3遍"。第1遍便是我们做题的这一遍。第2遍是在做完每套题后，针对出错的题目进行精听，直至听出正确答案。如果在精听2遍后仍然不能听明白，则很有可能是因为词汇量不够，此时就可以翻看听力原文查看原句。最后 1 遍，边听音频边看原文。在听最后 1 遍时，要重点关注题目没有考查但自己也没有听明白的地方，它们有可能隐含了答题线索。而且日常练习重在提升自己的听力水平，没听明白意味着我们仍有提升的空间，即使与答题无关也可加以精听。另外，也要注意原文中是否有陌生的单词、短语，如有，应注意积累。

备考过程中，大家可以坚持每天完成一套听力练习题，使自己慢慢熟悉雅思听力的题型和节奏。如果时间较为充足，可以选择每晚对第三部分进行精听，进一步锻炼自己的听力。刚开始练习雅思听力真题的时候，如果觉得语速太快，可以在空白处速记听到的关键词，尽量把逻辑听明白。等听力水平有所提高后，可以加速播放录音，进一步提高听力水平。

③阅读备考方法：

雅思考试的阅读部分是大部分中国考生最为得心应手的部分，同时阅读取得高分也是总分获得高分的基础。所以，对这部分同学们要勤加练习，尽量少失分甚至不失分。

雅思考试阅读部分的题型主要为判断、填空、单选、配对、多选五类。答题时间为 1 小时，包含做题时间和答题卡填写时间。同学们在考试时要及时、准确地填写答题卡，仔细检查是否有漏涂、错涂的情况，避免因粗心而失分。

在平时的练习中，同学们应该严格计时，准确把握自己完成每篇阅读的时间。由于三篇阅读材料的难度递增，因此在时间分配上可采取差异化策略。第一篇建议用时 10～15 分钟，第二篇建议用时 15～20 分钟，至少为第三篇预留 25 分钟的时间。此外，还要学会取舍，先易后难，不要在某一道题目上浪费太多时间。同学们还可以根据个人阅读习惯总结个性化的阅读方法。

备考过程中，同学们可以每 2～3 天完成一套完整的阅读练习题，将时间严格控制在 1 个小时之内。同时，在阅读过程中，可以将自己不熟悉的单词圈画出来，之后不断复习，增大自己的词汇量。练习结束后还需不断总结，思考自己在应试策略上的得失。

④写作备考方法：

雅思考试的写作分为小作文（至少150词）和大作文（至少250词）。

小作文是图片描述类作文，有数据图、地图和流程图三种题型。大多数情况下，小作文考查的是对数据图表的描述及归纳总结能力，这是我们练习小作文的重中之重。从时间角度来看，图表包括静态（截面数据）图、动态（时间序列）图、复合（面板数据）图等；从外在形式来看，有折线图、柱状图、饼图、表格等。描述静态图时需要突出各项目之间的对比关系，抓住主要区别详细阐述；对于动态图，应主要描述变量的增加、减少、不变、波动，注意总结归纳整体趋势和变化规律；描绘复合图时则需要在前二者的基础上，突出图与图之间的联系，实现段落之间的流畅过渡。在描述数据时，应尽量使用多样化的表达，如变换词性、主被动语态、句子成分等，以增加语言的丰富性。对于流程图、地图等更新颖的题型，则要注意语言简洁、时态准确。面对这类题型，掌握一些模板化语言（标准化结构、描述数据的常用表达等）固然重要，但不要忘记写作考查的核心是逻辑与内容。虽然套用模板能够快速成文，但没有反映出作者提取信息的能力，没有逻辑结构作为筋骨，也是不会拿到高分的。

大作文的分数占比是小作文的两倍，同学们需要重点关注、准备。

作文题的常见提问方式如下：

- To what extent do you agree or disagree?
- Do the advantages outweigh/overweigh disadvantages?
  ＝ Is it a positive or negative development?
- Discuss both views and give your opinion.
- What are the reasons/causes/effects/problems/solutions of sth. ?

- How do/does sth affect sb?

大作文写作一般由介绍段、核心段、总结段组成。其中核心段是考官打分时关注的重点。同学们一定要熟练掌握核心段的行文方法，使论述充分、逻辑清晰。下面重点介绍如何扩展核心段。

大作文一般为议论文写作。议论文的核心段一般由主旨句（Topic Sentence，TS）和论据组成。如何通过论据完成对主旨句的扩展，形成环环相扣的论证逻辑，是议论文写作的重点。总体来说，议论文核心段主要有以下三种扩展方式：

A. 论证某事件的好处或坏处，其论证思路为：

将某事件的明确影响作为主旨句→分析造成该影响的原因→举例/对比/假设论证→回到主旨句，强调主旨。

B. 在一个段落中列举若干个分论点，其论证思路为：

主旨句以"There are several/following/three reasons…"为开头→列出若干分论点并作简要解释。

C. 重点分析造成某事件的原因（通常在 Report 类作文中运用较多），其论证思路为：

将造成某事件的原因作为主旨句→结果/举例论证→得出结论（扣题）。

同学们平时可以多阅读相关英文网站（如 https://ielts-simon.com, https://ieltsmaterial.com, https://www.ielts-practice.org）上的范文，模仿英语母语者的逻辑思路与论证手法，同时积累常用素材。和备考口试一样，提升写作分数也需要分话题整理素材。

英文写作水平在短时间内很难大幅提高，但大家可提前分析考试的特点，进行有针对性的准备，尤其要注重逻辑论证的条理。写作是输出型的考查，因此在日常复习中不仅要多看、多背，更要多练。一旦开始备考，就要尽可能有规律地练习以保持语感，并卡准时间。记住：Practice makes perfect!（熟能生巧）如果有条件，还可以请老师或者英语母语者修改自己练习的草稿，找准问题，这样写作才会有更长足的进步。需要注意的是，写作时，不要盲目追求高级精妙的用词与语法，逻辑通顺、论证扣题更为重要。具体可参考雅思写作满分（9分）评分标准，如表8-5所示。

表8-5 雅思写作满分（9分）评分标准

分数	写作任务回应情况	连贯与衔接	词汇丰富程度	语法多样性及准确性
9	①全面地回应各部分写作任务中的观点，并提出相关的、得以充分延伸的以及论据充分的论点；②就写作任务中的问题提出充分展开的观点，并提出相关的、得以充分延伸的以及论据充分的论点	①衔接手段运用自如，行文连贯；②熟练地运用分段	①使用丰富的词汇，能自然地使用并掌握复杂的词汇；②极少出现错误，且仅属笔误	①完全灵活且准确地运用丰富多样的语法结构；②极少出现错误，且仅属笔误

⑤备考资料推荐：

- 《剑桥雅思官方真题集》第7~19册；
- "9分达人"系列；
- 《雅思王听力真题语料库》；
- 《顾家北手把手教你雅思写作》；
- 《剑桥雅思阅读考点词真经》《雅思阅读真经总纲》；
- "雅思哥"/"小站雅思"APP。

2. 托福（TOEFL）考试

（1）考试简介及题型分布

托福是由美国教育考试服务中心（Educational Testing Service，ETS）

举办的英语能力考试,全名为"检定非英语为母语者的英语能力考试(Test of English as a Foreign Language)","托福"是其英文简称 TOEFL 的音译。托福考试每一年的考试场次由 ETS 在年初公布。通常情况下,考试结束日起 6 个工作日后可以查询正式成绩。

托福考试有三种模式,分别是:纸考——Paper Based Test(PBT),机考——Computer Based Test(CBT),网考——Internet Based Test(IBT)。其中,网考是中国学生普遍选择的考试方式,也就是俗称的"新托福"。托福考试由四部分组成,分别是阅读(Reading)、听力(Listening)、口试(Speaking)、写作(Writing)。每部分满分 30 分,整套试题满分 120 分。托福考试成绩的有效期通常为两年,从考试日期开始计算。

托福考试是留学美国、加拿大或英国高等院校的第一英语能力证明。从 2023 年 7 月 26 日起,托福考试采用新的网考题型,具体题型和相应的时间分配见表 8-6。

表 8-6 托福考试的题型及时间分配

题型	改革前	改革后
阅读 (30 分)	考试时长:54~72min 3~4 篇文章,每篇文章 10 个问题	考试时长 35min 2 篇文章,每篇 10 个问题
听力 (30 分)	考试时长:41~57min 2~3 段对话,每段 5 个问题 3~4 段讲座,每段 6 个问题	考试时长:36min 2 段对话,每段 5 个问题 3 段讲座,每段 6 个问题
休息	阅读与听力后有 10 分钟休息时间	取消中场休息
口语 (30 分)	考试时长:17min 4 道题,1 个独立口语任务+3 个综合口语任务	同改革前
写作 (30 分)	考试时长:50min 1 个综合写作任务+一个独立写作任务	考试时长:29min 一个综合写作任务+一个小组讨论任务
总时长	3 小时	2 小时

（2）**备考方法**

①备考规划：

——参加几次模拟考试，梳理自己的薄弱点，明确备考重点。对薄弱点的梳理要尽量细致，比如听力较弱，要明确是对话部分还是讲座部分，如此才能让备考更有针对性。同学们可以使用小站英语（https：//top.zhan.com/toefl/）做练习。

——测试自己的词汇量。可以使用英语学习软件测试自己的词汇量。词汇量低于 6000 的同学，应从背单词开始准备，因为托福考试对词汇量的要求极高。单词书可以选用新东方的"红宝书"（《TOEFL 词汇词根＋联想记忆法：45 天突破版》，俞敏洪编著）。

——在词汇量达到 6000 以后，可以开始大量做题。（注意：背单词应该同步进行）如果准备时间并不充足，只做托福在线考试练习（TOEFL Practice Online，TPO）即可。

——写作部分可以稍晚准备，要特别注意逻辑的清晰度与观点的鲜明度。

②词汇记忆方法：

单词一直是英语考试中的一道坎。在托福考试中，要想取得理想的成绩，先决条件就是要熟练掌握四六级词汇（包括单词拼写、发音、词性、相关搭配等），这是基础中的基础。全面掌握了四六级词汇后，就可以开始闯下一"关卡"：选择托福"红宝书"或《无老师镇魂单词》《词以类记》等单词书进行单词的背诵。如果备考时间不太够，建议先背《托福必备 400 词》（400 *Must-have Words for TOEFL*）。另外，可以通过练题和做完题后的归纳总结来记忆一些自己不认识的单词，"以练代背"。

背单词有各种各样的方式，小思建议：不要一本单词书背太长时间，应适当提高记背速度，一遍结束后可以再背一遍；背单词应结合实际应用，可通过阅读和听力练习来体会单词在语境中的使用情况，这样印象才会更加深刻。当然也可以使用背单词软件，只要是适合自己的就行。

③听力备考方法：

听力是托福考试的重点和难点。托福考试以美式英语为基准，还会穿插印度口音等，同时美式的习语、俚语时有出现，更有大量美国历史、文化、政治、地理等方面的内容。考生需要花大量时间建立起对语音的敏感度和对各种题型的常见干扰选项的识别能力。

听力材料主要有对话（Conversation）和讲座（Lecture）两类。前者的内容多是生活类场景，用词简单，偏向于人与人之间的交流。注意此部分语速较快，俚语也多，日常练习时应搜集整理各类生活交流中的习惯表达、俗语。后者的内容主要是教授的课堂录音，一篇围绕一个主题，学术性词汇多，偏重于学科词汇和逻辑思维的考查。不要因为不认识学科词汇而紧张。

备考过程中，还有以下学习方法可供借鉴：

——注意单词"熟形不熟音"的问题，背单词时要准确记忆单词的发音。

——备考可分为三个阶段（针对备考时间大于一个月的同学）：第一阶段，做TPO或真题，初步熟悉考试模式，此阶段大约持续一周；第二阶段，对之前听的有难度的文章进行精听，不再练习新题；第三阶段，考前1~2周进行整套模考，模考中途一定不能被打断。

——注意语音现象，如重读、弱读、连读等，并在跟读中运用（跟读自己没有听懂的语句即可）。

——找到适合自己的记笔记方法（笔记不是越多越好）。尤其是听力分数在24分以下的同学，更要重视如何听懂全文结构。

④阅读备考方法：

托福考试中，阅读是四个板块中最容易得高分的板块。对于希望总分达到100分的同学，阅读得分最好达到27分；对于希望总分达到107分的同学，阅读最好能拿到满分30分。

考试开始后，系统会先让考生读整篇文章，这时花一分钟时间浏览一下每一段的第一句话，知道整篇文章的主题即可。答题时，除了最后一道题，其余题目的出处基本都是按顺序出现的，而且答每道题时系统会标注该题对应的段落。最后一题涉及全文内容，需要在回答前面的问题的过程中记住文章内容，这样才能避免在最后一道题上花费太多时间。

在备考过程中，有以下方法可供借鉴：

——针对托福考试新政，多练习长段落，学会剖析段落的结构，明白一个段落有几个论点，哪几句话是对一个论点的解释，从而看懂全文的结构。

——重视标题，由首段明确标题的具体含义，从而把握全文的主题。

——要非常熟悉错误选项的四种类型：无中生有（原文绝对未提）、颠倒黑白（与原文信息相抵触）、张冠李戴（信息错位）、答非所问。

⑤口语备考方法：

口语部分所考查的内容本身并不十分困难，考试时间也非常短，但对于大多数中国考生来说是一个不小的挑战。因为我们之前从来没有接触过类似的题型和考试方式，所以需要花大量时间去练习。

第一题是独立口语，让考生针对一个主题谈谈自己的看法。这一环节只有15秒的准备时间，需要考生快速反应，梳理观点和理由。后三题都是综合性的，涉及阅读和听力，答题时要总结阅读和听力材料的内容，并理清其中的逻辑。

在备考过程中，有以下方法可供借鉴：

——一定要多进行口语计时练习。因为在考场上戴着耳机和麦克风、看着屏幕上的倒计时讲话，和平常在街上同外国人用英语聊天是完全不同的。

——积累独立话题素材，并做到熟练、灵活运用。

——把近四年的"独立机经"（即过往考生根据回忆整理的题库）至少"刷"三遍，且每一次练习都要计时，直到非常熟练为止。

——对于综合话题，要注意记笔记的技巧，如使用缩写、符号进行速记，任务三（Task 3）和任务四（Task 4）的细节及解释性信息不用记。

——平时练习时要注意培养自己的抗干扰能力，没有必要在完全安静的环境中练习。

⑥写作备考方法：

由于新托福是机考，其写作和其他考试最大的区别就是需要打字。除此之外，无论是综合写作还是独立写作，都应该更注重信息点和逻辑，其次才是语言表达的改善。在托福考试的写作中，只要能够精准地表达出意思即可，不一定非要用"高大上"的单词，但是也要注意句式的多样性。综合写作部分需要思考的主要是如何对原文内容进行总结，对听力内容进行概括，表述清楚听力材料中讲话者同意或不同意原文观点的几个理由；学术讨论中除了逻辑论证完整、不跑题，拼写和语法错误很少以外，还需要至少两三个亮眼的句式或短语。同时，不能和所提供材料中其他同学所说的内容相同，但要在表述自己观点时兼顾其他同学的观点，帮助自己论证。

在备考过程中，有以下方法可供借鉴：

——独立写作要明确"总论点＋分论点"的文章结构，各分论点不能重复。

——要坚持练习打字的速度和准确性。推荐一个比较智能的打字练习网站：https：//www.keybr.com。

——应当多加练习综合写作的笔记，熟悉速记符号，培养快速分出逻辑层次的能力，做到记有所用，有追忆性。

——学术讨论题属于新题型，现有的真题和范文不多，小思在此推荐一个模拟练习网站（https：//www.testready.ets.org），其中有免费的学术讨论题目，答完后系统还会用人工智能打分，能帮助同学们了解自己的水平和存在的问题。

3. 雅思和托福考试小贴士

Q：考雅思还是考托福，该如何选择呢？

A：大家可以根据以下几点，判断自己是适合考雅思还是考托福。

①留学目的国是哪里？

如果有去北美留学的想法，可选择托福考试。美国院校对托福比较认可，尽管也有一些学校认可雅思，但大部分学校还是更认可托福。尤其是想去美国读研究生的同学，除了托福考试成绩，还要有 GRE/GMAT 成绩。如果想去英联邦国家尤其是英国留学，应尽可能选择雅思考试。

②更习惯笔试还是机考？

中国学生从小到大都是参加笔试更多，也更习惯笔试，但机考乃当下趋势，同学们要尽早适应。目前雅思、托福、GRE/GMAT 这三种主流考试都支持机考，但雅思的笔试成绩仍在大范围内被认可。如果你更习惯笔试，可以选择雅思考试（但应确认留学目的院校可以接受雅思成绩）；如果你更习惯机考，可以选择托福考试。需要注意的是，托福考试的写作部分对打字速度有一定要求，需要我们提前进行练习。

③偏好交流式口试还是电脑口试？

雅思与托福的口试采取不同的考试模式：托福采用机考，考生在考场根据电脑上给出的问题作答；在雅思考试中，考生与考官则是进行面对面交流。偏好交流式口试的同学可以选择雅思，偏好电脑口试的同学可以选择托福。

④听说读写更擅长哪方面？

在雅思与托福的难度比较上，雅思的听力较为简单，托福对听力的要求相对较高，且对于听力的考查几乎贯穿整场考试。在阅读方面，托福的阅读界面更友好，会给出每道题目所涉及内容在文章中的段落。在口语方面，两者的考试形式完全不同，雅思考试由考官评分，托福考试则由机器和考官网上评分。两者写作难度差别不大，但是托福需要在30分钟内打出一篇400词左右的文章（独立写作题），需要较高的打字熟练度。同学们应综合考虑自身优势和不足，选择合适的考试。

Q：雅思和托福所考查内容有什么区别呢？

A：①托福考试的听力部分给予考生作答的时间要多于雅思考试，而且题型是以选择题为主；雅思考试的题型较多，有填空题、选择题、配对题等。

②托福的口语考试采用人机对话形式，模拟正式的上课讲演来考查学生。每一道题目都要求考生在规定时间内作答，考生并没有休息或是缓冲的时间，一旦开始计时，考生就必须在规定的时间内完成回答。雅思的口试模式是考生与考官进行面对面交流，相对而言更具有主观性。

③托福考试的内容更加学术化，其涵盖的题材也更加广泛，包括历史、科学、教育、商业、社科、艺术文学、工程技术、体育文娱八个方面。新托福考试中，只有一种选择题，而且题目回答起来相对容易。雅思考试中包括9种主流题型，相对较复杂。其考试的内容基本来自传统的题库，如有关古代文明、移民史的社会科学话题，有关英国农业和动物特征的自然科学话题等。新题的出现都比较有规律，如教育方面的科技英语话题。其中阅读部分的新题占全部新题的20%～30%。

Q：雅思和托福考试的能力侧重点有什么区别呢？

A：托福考试更注重学术性，对学生基本功的要求较为严格，这在一定程度上更适合大部分的中国考生；雅思考试更注重应用性，尤其在口语部分，对考生的表达能力与语言使用能力要求较为严苛。

Q：备考托福和雅思应该报班吗？

A：要不要报语言班？答案因人而异。如果大家英语基础较好，并且有较强的自制力，能充分利用网络上的高质量学习资源的话，考出理想的成绩并不困难。但也有一部分同学不太擅长搜索学习资源，或者觉得自己找资源太费心费力，并且希望有老师的教导与督促。对于这一部分同学而言，也可选择报班学习。报班需要注意以下两点（以雅思考试为例）：

①老师的教学水平如何？

先考察下授课老师的考试水平，可将授课老师的考试成绩作为参考。此外，还要看老师的教学内容是否成体系，教学风格是否和学生的学习方式契合。

②班级氛围怎样？

语言班的学习氛围很重要。如果学员水平相当、好学努力，这种氛围当然很棒。但如果学员水平参差不齐，自己水平偏高，就可能会缺乏前进的动力；自己水平偏低，又可能会力有不逮。这两种情况都会让报语言班的效果不理想。现在的雅思、托福备考主要有报线下班、报线上班、自学三种模式，同学们还是需要根据自己的实际情况做出最合适的选择。

五、大学生英语类竞赛

1. 全国大学生英语竞赛

（1）比赛简介

全国大学生英语竞赛（National English Competition for College Students，NECCS）由教育部高等学校大学外语教学指导委员会和高等学校大学外语教学研究会联合主办，是我国目前规模最大、参与人数最多的全国性大学生英语综合能力竞赛，受到各大高校师生的广泛认可。

全国大学生英语竞赛的报名时间一般在每年12月下旬，具体可查看全国大学生英语竞赛官网（https：//www.chinaneccs.cn）及学校发布的相关通知。

全国大学生英语竞赛主要考查大学英语学习阶段应掌握的英语基础知识

和读、听、说、写、译五方面的技能,特别是英语综合运用能力。该竞赛分A、B、C、D四个类别,全国各高校的研究生及本科所有年级学生均可报名参赛。其中A类考试主要面向研究生,B类考试主要面向英语专业本、专科学生,C类考试主要面向非英语专业本科生,D类考试主要面向体育类、艺术类的本科生以及非英语专业高职高专学生。

该竞赛分为初赛、决赛及全国总决赛三个阶段。初赛在校内进行;决赛于省内进行,届时会在参赛者中选出获得特等奖和一等奖的同学。特等奖获得者有资格参加全国总决赛。全国总决赛一般包括全国大学生英语演讲比赛、全国大学生英语辩论赛和全国大学生英语风采大赛三项。

全国大学生英语竞赛初、决赛答题时间都为2小时,满分为150分。主要有八种题型,分别是听力、词汇和语法、完形填空、阅读理解、翻译、智力测试、短文改错、写作。与初赛相比,决赛难度略有增加。

(2) 备赛建议

全国大学生英语竞赛的试题以题量大为主要特征,因此大量的练习是取得优异成绩的前提。建议同学们在平时练习时勤练真题,多熟悉题型,在考场上则以做完所有题为目标,不要过度纠结选项,并注意留出充足的作文时间。根据以往的参赛经验,小思想与大家分享一些备赛建议。

①真题训练是基础。

建议同学们提前一到两个月制订真题训练计划,争取在考前"刷"完近五年的真题并及时进行总结分析。练习时应严格计时,充分把握好各部分题目的完成时间,必要时可采用掐表计时的方式,形成自己的做题节奏。练习真题后,应及时分析,掌握每一种题型的特点,总结解题技巧,总结出现错误的原因。

②单词积累是重点。

单词积累的来源可以是竞赛真题,也可以是英语新闻、期刊、小说等日常阅读材料。记忆单词时,不仅要记住其发音,还要掌握其用法。此外,在学习某一个单词时,要顺便了解该单词的同义词,比较它们在语义、语境和感情色彩等方面的差别。这不仅可以帮助我们提高同义词辨析题的正确率,还能帮助我们在写作时进行同义置换,增强语言表达丰富性,为作文增色。

2. "外研社·国才杯"全国大学生英语系列比赛

(1) 比赛简介

"外研社·国才杯"全国大学生英语系列比赛(官网:https://uchallenge.unipus.cn/)包括演讲、写作、阅读、辩论四项大赛(其中辩论赛以学校为单位参赛),由外语教学与研究出版社(以下简称"外研社")和中国外语与教育研究中心联合主办,是目前国内水平最高、最权威的英语赛事之一,入选教育部中国高等教育学会发布的"全国普通高校大学生竞赛排行榜"。该赛事具有学术性、思辨性和创造性,为全国大学生展示英语风采提供了广阔的平台,年龄在35周岁以下的在校本科生、专科生、研究生均可报名参赛。

(2) 备赛建议

① "外研社·国才杯"全国英语演讲大赛。

由于该比赛的形式及选拔办法每年都会有变化,有意参赛的同学需要及时关注比赛官网及学校通知,了解最新赛制。

以2021年为例,"外研社·国才杯"全国英语演讲大赛分为校园赛道和网络赛道两个赛道。其中校园赛道的形式和选拔办法以各高校官网通知为准。网络赛道分初赛、复赛和决赛。初赛成绩排名前150位的选手有资格参加复赛,复赛成绩排名前90位的选手将晋级全国决赛。全国决赛分为四个阶段,进入第四阶段的9名选手将争夺冠、亚、季军。

引领　竞逐　共进 —— "大川小思"大学有效学习攻略

准备"外研社·国才杯"全国英语演讲大赛时，要认真审题，抓住核心。大赛由定题演讲和即兴演讲两个环节组成。定题演讲通常要求以组委会公布的题目视频为依据，自定标题进行3分钟的英语演讲。选手在提炼观点的过程中要注意抓住核心，尝试从不同的角度切入主题，争取在立意上出新。

在准备定题演讲稿时，要注意文章结构的均衡性。在一段时长3分钟的演讲中，可以用20~30秒引出观点，吸引听众，再给出分论点及例证，做到层次分明。在给出的例证中，要抓住人物或者事件的重要细节，譬如数字、术语以及具有典型性的事实等，增强演讲的生动性。在演讲稿的结尾部分，可以对主题进行升华，通过排比句，辅以语气、手势的变化，向观众传达演讲者的感情。最后，可再次点题，突出演讲主题。

准备好演讲稿后，要勤加演练。建议选手们对着镜子放声练习，观察自己的一举一动，改正多余的手势，并通过反复练习提高演讲的感染力。针对随后的答辩环节，建议选手们模拟设问并回答。

此外，"外研社·国才杯"全国英语演讲大赛还设有即兴演讲环节。要更好地完成即兴演讲，参赛选手需要在平时积累一些时事素材，锻炼自己的思辨能力，这样才能在即兴演讲中做到言之有理、言之有物。在正式比赛中，参赛选手有30分钟的即兴演讲准备时间。建议选手在15分钟之内完成即兴演讲稿，用剩下的15分钟进行练习和修改。在即兴演讲时，选手要保持冷静，有逻辑地表达。

就演讲技巧而言，定题演讲与即兴演讲在语速、语音、语调、手势表达上的原则是一致的。根据演讲内容的不同，演讲的节奏也会有快有慢。参赛选手可以利用语速的变化或停顿来渲染情绪，也可以借助手势增强感染力。建议选手多观看往年比赛视频，学习获奖选手的优点。

学习资料推荐：

- 《演讲的艺术（第8版）》，史迪芬·E. 卢卡斯著，俞振伟译；

- 《中国日报》(China Daily)、《人民日报》、观察者网等媒体发布的文章；

- 微信公众号"Sixth Tone"发布的文章。

② "外研社·国才杯"全国英语写作大赛。

该比赛分为三个阶段：校赛（每年6—10月举行），省赛（每年10—11月举行）和全国决赛（每年12月举行）。省赛结束后将评出一、二、三等奖，其中一等奖前三名将代表本省（自治区、直辖市）参加全国决赛。全国决赛中将评出6名特等奖、10名一等奖、30名二等奖及若干名三等奖。

"外研社·国才杯"全国英语写作大赛的评判标准和雅思、托福等语言测试的写作评分标准有所不同，更注重文章的文采、深度和新意。备赛之初，同学们应仔细阅读外研社官网的评分标准和范文，明确备赛方向。

在不同赛段，由于题型不同，备赛侧重点也有所不同。在校赛和省赛前，选手应重点准备议论文写作，而在决赛前，则应重点准备记叙文写作。

下面，小思将依据自身经验，给出应用文、议论文和记叙文写作的备赛建议。

应用文写作的体裁多为说明文，也可能涉及信件、广告写作，难度较低。同学们可以在赛前了解不同文体的基本格式。若没有接触过图表类说明文，建议先参照雅思小作文熟悉写作的基本思路和行文结构。

议论文写作要求根据引文阐发观点，重点考查文章的内在逻辑、立论深度，兼顾其遣词造句。同学们在准备比赛时应从内容和形式两方面着手。在内容上，要做到逻辑流畅。建议同学们提前拟定写作提纲，确保论点之间逻辑关系明晰。同学们可以精读往年获奖文章，梳理其中的论证结构和思考方式，并根据往年赛题尝试定时写作，写完后重点评析自己的逻辑思路。还可以阅读哲学社会科学相关书籍，逐步培养自己的思辨能力。在形式上，要做到语言丰富，有一定文采。另外，可以阅读往年范文和报刊散文，整理积累其中的词汇、句型，并注意常用词句的同义替换和热点话题素材的积累，做到多看、多记、多思考。阅读时，可利用 OneNote 或 Notion 等电子笔记软件做整理工作，以便排列语料、随时取用。

记叙文写作是参赛前应重点准备的内容。备赛时，可先整理相关词汇，学会描写具体场景，掌握同义词之间的微妙差别。之后，针对记叙文的情节、立意设计做准备，阅读往年范文及其他优秀短篇记叙文，分析整理其写作手法和整体结构，为构思自己的故事提供养分。

要提高写作水平，最重要的还是坚持阅读。阅读能激发灵感，积累素材，让写作者有话可说、言之有物。所以，同学们只有每天坚持阅读，才能在赛场上取得好成绩。

学习资料推荐：

· 微信公众号"外研社 Unipus"发布的文章；

· 《美国大学英语写作》(College Writing Skills with Readings)，约翰·兰甘著；

· 《公正：该如何做是好？》(Justice：What's the Right Thing To Do?)，迈克尔·桑德尔著，朱慧玲译；

· 《经济学人》(The Economist) 杂志。

请注意，以上资料并非必读物，同学们在备赛时可以根据自己的兴趣和英语水平选择合适的资料。建议以篇幅较短的散文和小说为主，重在分析其中的写作技巧并思考如何运用。

③"外研社·国才杯"全国英语阅读大赛。

"外研社·国才杯"全国英语阅读大赛一般会与"外研社·国才杯"全国英语写作大赛同期进行，可以两项兼报。

该比赛由校赛、省赛和全国决赛三个阶段组成，其中省赛和全国决赛的考题类型基本相同，只是在难度上略有差异。各级比赛样题及参考书目详见

"外研社·国才杯"官网。

该比赛的参考书目一般在赛前数月发布（详见官网通知），同学们可以利用假期时间阅读。

该比赛的题目由"读以明己（Read and Know）""读以察世（Read and Reason）""读以言志（Read and Create）""读以启思（Read and Question）"四个模块组成。

"读以明己"模块由两部分组成：第一部分是英文名人名言匹配，考题所涉范围广，主要考查个人平时积累；第二部分是较为基础的短阅读，在作答时注意时间控制与细节把控即可。

"读以察世"模块以逻辑题与中篇阅读为主。前者为大赛的难点，若备赛时间充裕，同学们可以多了解常见的逻辑谬误（fallacy），或通过查看样卷、往年考题把握命题思路。在完成中篇阅读时，需要注意把控时间，为最后一部分的长阅读留出充足时间。

"读以启思"模块由 A、B、C 三篇主题相似但观点不尽相同的文章及 10 道选择题组成。建议先读题干及选项，带着问题阅读文章，读后再作答。在答题时要注意把控时间。

"读以言志"模块本质上是考查同学们对选段的理解程度，对词藻的华丽程度要求不高。因此，同学们只需清楚地概括选段含义，并给出自己的观点即可。

学习资料推荐：

- 微信公众号"外研社 Unipus"发布的文章；
- "外研社·国才杯"全国大学生英语系列比赛官网（https://uchallenge.unipus.cn）。

第 9 章 数学学习

对于大一的学弟学妹们来说，数学大概是在大学学习之路上遇到的第一只拦路虎。不论是学习内容还是学习方法，大学数学相比于高中数学都有较大差异。一方面，大家要重新摸索学习方法；另一方面，极高的学习强度往往让大家叫苦不迭——上一章的内容还没吃透，下一章的难题又接踵而来。作为"踩过坑"的学长学姐，我们希望通过分享亲身尝试过的学习方法，让学弟学妹们少走弯路。以下内容都是"大川小思"数学组的学长学姐经过调查，结合自己的实际经验总结出的一些"干货"。学弟学妹们可以根据自己的实际情况，从中找到对自己有帮助的部分。

一、学习方法

1. 日常学习

(1) 高效预习

与高中阶段相比，大学数学的课堂节奏快得多，知识量更大，这可能让一些新生难以适应，跟不上老师的授课进度，产生各种学习问题。因此，数学课前的有效预习是极为重要的。

如何预习？要根据自己的时间以及对于预习程度的需求进行合理安排。

①通读课本，把握章节内容的脉络，明确各知识点，并大致建立起自己

的思维框架。

②标记出教材中未理解和自认为难度大的地方，以便在课堂上听讲时抓住重难点。

③若时间充足，可选取一两道例题或书后习题自测，检验预习效果，加深对知识点的理解。

(2) **高效听讲**

紧跟老师的授课节奏，积极思考并与老师互动，是高效听讲的关键。即使是已经熟悉的知识点也要认真听讲，要关注老师的思维方法与自己的不同之处并从中得到启发。对于预习时不能理解的知识点，则要全神贯注，注意听老师解释此知识点的切入点在哪，思维逻辑是什么。这不仅是理解此知识点的关键，更是学习并培养数学思维的好机会。

(3) **高效完成作业**

课后作业能有效检验对知识点的掌握程度，要端正态度认真对待。如何做？

①先对作业涉及的知识点进行系统复习，再独立完成作业。

②在完成作业的过程中一定要脱离课本和答案，减少对课本和答案的依赖。

③重视反馈，及时订正答案。一定要高度重视作业中出现的错误，仔细分析错因，找到易错点，并总结经验。

④对于不会做的题目，可以寻求其他同学的帮助。这样可能会获得不一样的思路；也可以将其暂时放下，第二天继续思考，这样也许会有意想不到的灵感。

(4) **高效利用笔记**

进入大学后，很多同学都会为要不要记、如何记数学笔记而感到纠结，担心上课记得太多，可能会跟不上老师的节奏，记得太少，又抓不住重点。小思认为，高效记笔记、用笔记对于知识的总结归纳以及日后的复习巩固极为重要。

数学笔记该如何记？以下几点供同学们参考。

①记录课堂上老师讲解但教材上没有的知识点，如一些常用的二级结论，梳理、完善知识体系。

②记录重要的定义、公式、定理，以及自己的理解与思考。

③记录经典题型及易错题型。对于经典题型，应记下通用解题方法，并批注其他解题思路，举一反三；对于易错题型，要记下易错原因及解决方案。

④记录新方法和独到见解。一定要注意和常见方法比较，领悟新方法的巧妙之处。

记笔记本身不是目的，高效利用笔记、及时复习才是重点。对于笔记一定要反复翻阅，这不但可以帮助自己有效回顾知识，而且在每一次的回顾过程中都可能会迸发出新的思维，更好地实现一题多解。

(5) **高效练题**

数学是一门讲究熟练度与技巧的学科，需要通过不断地练题来训练思维，强化对知识的掌握。如何高效地练题呢？

①据自身需求，主动寻找课外习题。对一些同学来说，如果通过做课后习题和作业仍没有掌握相关知识点，就需要做一些额外的习题。大学和高中不同，没有大量的成册成套的推荐练习题，需要自己通过图书馆、网络等去寻找合适的习题资源。选择课外习题时，一定要注意是否配有解析，应尽量选择解析较为详细的习题。对于公共数学课而言，一些考研书籍可以作为参考，比如汤家凤、张宇等老师主编的书籍。

②切忌陷入所谓的"题海战"。一定要分析清楚自己对哪一板块掌握得不够熟练，从而有针对性地进行训练，达到有效提升数学思维和数学能力的

目的。

③保持信心。我们在练题时，遇到自己不熟悉的题型，难免会感到无从下手。对此，我们千万不要感到焦虑或苦恼，或者对自己失去信心。此时，我们可以设定一个时间，比如15分钟，过了时间仍没有思路就直接查看答案，学会后再找相似题型进行巩固练习，并整理、归纳做题方法和技巧，不断积累做题经验。这是由生疏到熟练的必经之路。我们应该坚信，只要努力练习，就一定会迎来"柳暗花明"，在数学学习中"所向披靡"。

（6）**高效利用题卡**

同学们在学习数学的过程中，可以将搜集到的典型题或易错题整理到题卡上。这种方法能够更好地帮助大家梳理和应用所学知识。

制作题卡时，应优先选择那些在平时学习中遇到的好题、难题、新题和易错题，使用易于携带的便笺或小型笔记本进行记录。习惯使用电子产品的同学，也可以在手机、平板电脑或笔记本电脑上制作电子题卡。要注意将自己的题卡模板化，以提高整理效率。题卡的内容一般包括题目编号、题目类型、题目与解答过程、知识点、难点、易错点、方法总结等几个部分，同学们也可以根据自己的需求增添或删减一些板块。

在制作题卡时，同学们要善于利用多种颜色的笔，如用黑色笔抄写题目，用蓝色笔标注易错点，用红色笔提示重点、难点，以便后期查看。

数学题卡和大家高中时期用到的"错题本"或"好题本"有异曲同工之妙。在制作好题卡后，同学们应定期回顾，勤加练习，直到熟练掌握。

2. 考前复习

由于考前时间紧、任务重、压力大，所以考前数学复习不同于日常学习，只有找到重点才能提高复习效率，从而达到事半功倍的效果。

(1) 明确考试范围

公共数学课在考前都会公布考试范围，明确考试范围，才能抓住复习重点，有针对性地复习备考。

(2) 熟悉教材

大学数学教材中有很多概念与定理，只有在理解的基础上牢固掌握了教材中的基本概念、定理，才能熟练运用它们，并且做到举一反三。概念反映的是事物的本质，只有弄清楚它是如何定义的、有什么性质，才能真正理解一个概念。定理是一个正确的命题，分为条件和结论两部分。对于定理，除了要掌握它的条件和结论，还要弄清楚它的适用范围。

考前复习时，可以根据平时的笔记将教材内容梳理为思维导图，明确教材的逻辑脉络，再由粗到细地深入理解每一个概念、命题、定理，明确它们的适用条件、核心思想，以及定理与定理之间的关系。如果时间充裕，可对照思维导图，自己推演一遍公式、定理，加深理解。

(3) 重做易错题和典型例题

在复习过程中，要特别关注典型的以及容易造成误解的题目，分析其重难点及易错点，找出原因，进行整理、记录。记录时，可以在题目旁做标记并在笔记本中记下页码，也可以将题目记录在题卡或专门的笔记本中。

考前复习过程中，可以"二刷"甚至"三刷"平时整理的易错题和典型例题，总结同一类问题的解决方法。

(4) 重做教材难题

教材是数学学习及考前复习的根本，教材中的例题和习题都是很典型的，掌握这些题有利于理解概念和掌握定理。要重视教材中第一次做时没有解题思路的习题，注意不同例题的特点和解法，梳理出"卡顿点"，反思自己是对知识点理解不透彻，还是运用不够灵活。

(5) 用往年真题自测

这是临考前非常重要的一个环节,同学们要对考试大纲所要求的知识点做最后的梳理,熟记公式,系统地做几套往年真题,自测复习效果。往年真题明确了题目类型、分值、题量以及各知识点的出题模式等。做题之前要进行合理的时间分配,做题过程中要注意严格控制时间,规范书写格式,做完之后再对照标准答案按步骤订正并整理出薄弱项,针对出现的问题做最后的补习,查漏补缺。

此外,要根据自己的薄弱项,寻找同类型的题目反复练习,注意总结做题方法。如果练习过程中依然存在困难,可重新翻阅教材相关章节及课后习题,也可以在慕课平台上观看本章节的习题课,加深理解。

合抱之木,生于毫末;九层之台,起于累土;千里之行,始于足下。数学学习中最重要的是日常的学习态度、学习方法,希望同学们认真对待每一堂课、每一次作业,并带着对数学的热爱与好奇,不断提升自己,在学习数学的道路上披荆斩棘,勇往直前。

二、学习资料推荐

1. 教材与教辅

想要学好大学数学,首先要做到的就是吃透教材中的概念、定理并完成习题册上的课后习题。下面推荐的资料大多为课后学习资料。

(1) **基础资料**

以下资料适合平时的课程同步练习以及期中、期末备考。

① 《高等数学(第七版)》及《高等数学习题全解指南(同济·第七版)》,同济大学数学系编。

同济大学数学系编写的高等数学教材逻辑清晰、主线明确,每章的练习题难度适宜，适合课前预习以及课后查漏补缺。与教材配套的习题全解指南有每一道习题的答案，十分适合课外练习。

②《吉米多维奇高等数学习题精选精解（第二版）》，张天德、蒋晓芸主编。

《吉米多维奇数学分析习题集题解》是非常经典的数学分析习题集，但由于内容过多，不适合初学高等数学的同学使用。张天德等老师主编的这本书，按照高等数学课程学习的主线和知识点对吉米多维奇的习题做了精选，使之更适合初学者使用。

③《线性代数》，张慎语、周厚隆编。

本书是四川大学数学学院张慎语、周厚隆两位老师编写的线性代数教材。书中关于定理的证明非常详细，也有很多其他教材中没有的定理证明，因此使课程的逻辑更清晰，非常有利于本门课知识体系的建立。

④《线性代数及其应用（第五版）》，David C. Lay 主编。

本书是国外比较经典的线性代数教材，特点是语言非常平实，讲解深入浅出，比较适合自学，或者了解线性代数相关概念更深层的数学意义及其在实际生活中的应用。

⑤《概率论与数理统计（第四版）》，盛骤等编。

本书是广受推崇的概率论与数理统计教材，学有余力的同学可以用这里面的课后习题来练手。

(2) **进阶资料**

以下资料适合学有余力的同学在数学学习上精益求精，准备全国大学生数学竞赛。在平时的学习中，不必做过多难题。

①《大学生数学竞赛辅导——高等数学精题精讲精练》，陈启浩编著。

本书是大学生数学竞赛辅导书，可供自学使用，也可用于竞赛培训。书中通过典型例题的精解来梳理重点方法，同时穿插介绍一些有普遍性的解题技巧,通过题解后的总结和讨论使方法更系统、更实用。本书例题精选自国内外各种数学竞赛,其中既有运用基本概念和基本方法的例题,也有综合性和技巧性较强的例题。在例题之后还精选了一些练习题,并在练习题之后附上了解题过程和答案。

②《大学生数学竞赛教程》,蒲和平编著。

本书是非常经典的大学生数学竞赛参考教材,书中的题目难度普遍为中等偏上,非常适合学完高等数学的同学准备竞赛。不过本书难度比较大,主要针对数学竞赛决赛的备赛,因此初用本书的同学要有选择性地学习,不必在一些题上"死磕"。

③《大学生数学竞赛习题精讲(第三版)》,陈兆斗等编。

本书也是非常经典的数学竞赛参考教材。相比蒲和平老师编写的《大学生数学竞赛教程》,本书难度稍低一点,更适合大学生数学竞赛初赛的备赛。

④《线性代数》,李尚志编。

本书是为数学专业学生编写的线性代数教材。相较于其他教材,本书在每章起始处设置了"第零节",旨在介绍一些数学例子,引入学习本章知识的动机,或者本章知识的"顶层设计",有助于学习者建立对本章知识的较为直观的印象。本书习题量较其他书籍而言较少,但贵在精,有代表性,并配有《线性代数学习指导》供学习者参考。值得一提的是,本书首页上有一首小诗,作者用寥寥数语写出了线性代数中不同知识的本质,有助于学习者加深对线性代数知识的理解。

⑤《数学分析教程》,常庚哲、史济怀编。

对于对高等数学非常感兴趣并想深入了解相关数学知识的同学来说,《数学分析教程》是很好的课外读物。本书逻辑清晰,讲解深入浅出,可谓常读常新。

⑥考研复习用书。

市面上常见的考研复习用书,如《考研数学复习全书》(李永乐主编)

等,非常适合高年级同学和有志于考研的同学学习。相对于数学竞赛参考教材,这类书的难度要小一些。

2. 网课

有关大学数学的网课资源非常多,小思在这里仅推荐一些质量高、有代表性的课程,对于速成类课程就不作推荐了。注意:网课只是辅助资源,大家平时踏踏实实掌握课本知识才是学习数学的真谛。

①浙江大学苏德矿老师的微积分慕课。

②山东财经大学宋浩老师的线性代数系列视频。

③四川大学的微积分、线性代数慕课。

此外,大家还可在相关视频网站上观看张宇、汤家凤、李永乐等老师的网课视频,助力数学能力的提升。

3. 学习软件

小思在这里向大家推荐三款常用的数学软件,学会使用它们可以为后续的科研、竞赛提供许多便利。

①MATLAB。

MATLAB是国际公认的优秀计算软件,可以解决几乎所有的科学计算问题,在数值计算、随机信号处理等领域也有广泛的应用。其安装方法和使用教程可以在哔哩哔哩、CSDN等网站上查阅。

②LaTeX。

LaTeX是非常优秀的排版软件,尤其善于处理数学公式的排版。对大学生而言,撰写数学建模竞赛的论文时,LaTeX是必不可少的软件。其使用教程在网络上有很多,大家可以自行查阅。

③XMind。

构建思维导图是行之有效的数学学习方法之一。XMind 是一款非常优秀的思维导图绘制软件。与手绘思维导图相比,利用思维导图绘制软件可以构建更为详细的思维导图,并可随时修改完善,方便省时。对于知识体系较为复杂的数学知识,采用 XMind 等软件绘制思维导图是一种高效且方便的学习方法。

三、数学学习小贴士

Q: 老师上课总是会讲一些很复杂的公式、定理推导过程,理解起来费时费力,考试又不会考,可不可以选择不听啊?

A: 不要刻意回避那些让人害怕的公式、定理的推导过程,它们对同学们理解当前或未来的知识点,拓展数学思维都是有帮助的。虽然这类推导过程的思路较为复杂,但是尝试多听老师讲,一遍理解不了就多听几遍,总是能理解的。即便平时考试不会考,但这是一个很好的锻炼数学思维能力的方法,日积月累,在潜移默化中提升思考能力,学起数学来也会更加得心应手。

Q: 每周的习题课有必要去吗?

A: 习题课一般是安排助教老师讲解作业题,多数内容比较基础。基础比较薄弱的同学,如果觉得习题册上的题有难度,还是要认真听习题课。当对部分题目或数学学习有疑惑时,也可以借此机会和助教老师交流,进一步巩固课堂所学,夯实基础。如果平时做习题都能有大致思路,只是偶尔不能得出准确答案,那大家应该有针对性地听习题课,认真学习助教老师的解题思路及方法。

志在拓展和拔高的同学,在确保自己已熟练掌握习题册题目和课本例题的基础上,可以给自己安排"个性化定制"的习题课——在老师讲解自己不理解或难度较高的题目时认真听讲,在老师讲解较为基础的题目时自习。习题课对数学学习是很有帮助的,如果大家对自己的知识掌握程度没有充分把握,就应当认真参加习题课,积极与助教老师讨论问题。

引领 竞逐 共进 ——"大川小思"大学有效学习攻略

Q：学习数学时该如何利用好课堂时间？

A：学习数学，课堂时间很重要！课堂是数学学习的"主战场"，同学们一定要珍惜每一次的课堂学习时间，认真听讲，集中注意力，争取不漏掉每一个知识点。对于如何利用好课堂时间，小思有以下四点建议：

①做好课前预习。预习的内容应包括概念的定义，定理的描述（对证明过程的预习可根据精力和时间弹性安排），例题的求解。在预习过程中应标注清楚不理解之处，以便在课堂上有针对性地提问和学习。

②集中注意力，紧跟老师的讲课思路。在老师证明定理或结论时要紧跟老师的思路，对于老师或者部分教材中提出的"注意到""易得""不难发现"等题设或条件要切实地理解其出处和思路。

③做好笔记。关于做笔记的方法，在"学习效能篇"已做讲述，此处不再赘述。需要注意的是，在做笔记时，对于自己不太理解的知识点，要进行标注，以便课后复习。

④积极参与课堂活动。在课堂上，有时老师会提出疑问或给出题目，并预留时间给大家思考。同学们一定要积极思考，踊跃回答。因为这不仅是检验课堂学习效果的好机会，而且有助于拓展思路。在课堂时间如此紧张的情况下，老师肯花时间详细讲解的内容，其重要性可想而知。

Q：能理解基本概念但就是不会做题，怎么办？

A：①确认自己是否真正掌握相关知识点。对于概念不能仅停于看懂这一层次上，更应掌握定义的证明推理、延伸扩展、灵活运用。检验方法：在合上书的情况下，独自写出对该知识点的理解。

②由易到难地练习。先拿课本上的例题练练手，了解自己的水平，同时研读解析，总结解题方法；再用课后习题尝试其他解法，灵活使用知识点解题。对于经典题，要训练熟练度，总结方法，形成经典解题思维。对于难题，要依据先前培养出来的思维方式，能解多少解多少，再结合解析积累新

方法。此外，一题多解、举一反三等都可以帮助自己快速积累解题方法。

③及时请教。老师、助教、身边的同学，无论请教谁，一定要解决掉问题，不积压问题！能有机会请教老师最好，老师不仅会告诉大家怎么做，更重要的是会讲解想到这种解法的原因，从而帮助大家理解抽丝剥茧的方法，获得举一反三的钥匙。

Q：为什么做题时一看就懂、一做就错、一看解析就会？

A：对于初学者而言，这种情况是非常常见的，一般来说可能有以下几种原因：

①对概念、定理的掌握不到位。事实上，多数细节方面的失误都是因为对基本知识掌握不牢。在解题时，很多同学可能就是因为遗忘了定义的详细内容或者公式定理的限制条件而出现始料未及的小失误。因此大家在复习时要首先复习基本知识，然后结合经典例题总结自己的易错点，这样在做题时也许能避免一些失误。

②分析题目时产生偏差。平时作业题涉及的一般都是当堂课学习的知识点，因而也就限定了考查范围。而在综合性考试中，我们需要综合运用各章节的知识点。如果我们平时没有对所学的知识点进行归纳总结，在综合性考试中就很有可能会选错解题方法，从而陷入"我觉得我的方法可行，但就是做不对"的困境。因此，大家在平时的学习中要及时回顾和总结所学知识，建立完整的知识体系。

③解题时过分相信经验。对于做题较多的同学来说，某些题目可能会有似曾相识的感觉，于是会出现凭经验做题的情况。但在很多情况下，题目变式所改变的可能不仅仅是数据，有些变式可能会出现新的情况需要讨论，因此其解法可能与原题的解法大相径庭，这就需要克服凭经验做题的思维惯性。在拿到题目时，不妨把那些似曾相识的题当成全新的题，在逐步分析清楚后再着手解答。

Q：上数学课时注意力难以集中，看到数学题就犯困，该怎么办呢？

A：学习数学时状态不佳可能有以下几种原因：

①睡眠质量不佳或睡眠时间过少；

②感觉讲课进度太快或内容太难，跟不上老师的节奏；

③学习数学没有动力，甚至出现畏难情绪。

如果出现这些情况，就需要及时调整自己的学习、生活状态了。充足的精力是高效学习的保障。刚进入大学的同学可能会遇到很多不适应之处，因此需要及时调整自己的生物钟来适应大学的学习节奏。如果上课时感觉"不知吾师所云"，可以通过预习提前了解即将学习的知识点。

另外，一定不要对数学有畏惧感。不要因为个别考试成绩不理想而自我否定。如果觉得自己难以调整这种状态，可以向心理老师求助，相信专业的建议与指导一定能助同学们渡过难关。

Q：平时应该如何学习数学？需要花很长的时间学习数学吗？

A：第一，最重要的是学习态度，态度决定一切。对于理工科专业的同学来说，数学是专业课的基础，基础打不好，学其他课程也会十分吃力；对于文科专业的同学来说，例如商学、经济、管理类专业的同学，数学也是训练思维能力的重要学科。学习数学，要沉得下心，耐得住性子，积极和老师、同学进行思维碰撞，不懂就问，要以谦虚、理智、悦纳、进取的学习态度来学习数学。

第二，培养良好的学习习惯。行为心理学研究表明：21天以上的重复会形成初步的习惯，90天的重复会形成稳定的习惯。建议同学们培养并坚持数学学习的良好习惯。例如，课前认真准备，课上全身心投入，课后合理安排复习时间和任务等，由此形成一个闭环，逐步提高自己的能力，增强学习韧性，让学习数学成为一种幸福和乐趣。

第三，持之以恒，孜孜不倦。要做好任何事情，都需要付出艰苦的努力。学好数学，也是如此。但这并不意味着同学们要花很长的时间学习数学，因为长时间学习一个科目容易身心疲惫甚至产生烦躁与厌恶的情绪。更有效的方法是每天用一到两个小时，明确阶段性目标和任务，做到沉浸式学习，一直坚持下来形成习惯，这样就不会感到很累或者是厌倦。学好数学不能靠考前突击，而要踏踏实实地从每天的课堂听讲、课后练习、学习交流中寻求高效、科学且适合自己的方法，并持之以恒。

Q：大学数学的知识点和公式很多，怎么才能建立知识体系和高效记忆，提高学习效率呢？

A：首先，大学数学的知识点和公式以及一些解题方法都比较琐碎，记不住是很正常的。但同学们如果在学习的过程中自觉养成深入思考、究因和分类归纳的好习惯，就能在一定程度上克服这个困难。此外，大家还可以尝试绘制思维导图，以此梳理知识点及其逻辑关系。

其次，对于各知识点要学会从本质上理解。对于一些复杂的公式要学会分类归纳，并学以致用。在做题的过程中，可以明确这道题所考查的知识点，尝试运用不同公式实现一题多解，加深自己对它们的理解和记忆。

最后，在学习数学时要集中注意力，确保不会因为分心而造成效率低下。此外，还要善于查阅资料，向老师请教，和同学交流，这样既学习了其他人的思维方法，又加深了自己对知识点的理解。

Q：关于重难点知识的整理和总结，有什么好方法吗？

A：首先，我们可以通过建立思维导图总结知识点。每学完一章教材内容后，不妨及时对书本上较为零碎的重难点进行整理，把握各知识点之间的逻辑关系，以及每小节之间的关联、过渡，初步建立起一个思维框架。同学们可以合上教材，尝试在纸上或软件上建立思维导图，把自己能回忆起来的知识点写下来，再打开教材，查漏补缺，完善思维导图。

其次，我们可以将重难点知识制作成题卡，也可以精选出一些易错题目和经典题目，将其制作成题卡。题卡制作完成后，同学们要坚持复习，巩固记忆。这种方法虽然比较费时，但是可以大大提高复习效率。坚持下去，同学们的数学成绩一定会显著提高。

Q：关于在数学学习过程中发现问题和提问，有什么好建议吗？

A：大学数学的讲课进度一般都比较快，不能完全听懂课堂上讲的内容是正常现象，关键在于课后要做到及时消化。上课的时候可以准备一个记录本，快速记录下自己的疑惑，课间及时请教老师或同学。注意千万不要积留问题，问题的大量堆积会对后续学习造成影响，时间一长就会失去学习的兴趣和信心。

跟不上课堂节奏的同学，可以课前预习、上课记录、课后及时复习。大学学习需要同学们主动去发现问题，主动地提问。因此，小思首先提倡自学，因为同学们在自己预习教材的过程中很容易发现不懂的问题，再带着问题听讲就会有的放矢，效率更高。其次是听课之后、做习题之前，要认真复习、消化课上的内容，积极开动脑筋，整理总结知识点，激发新的灵感。倘若自己实在没什么疑惑，课下也可以去"蹭"一下同学的问题，说不定自己也会在老师答疑的过程中受到启发。

Q：如何判断自己有没有真正掌握某个知识点？

A：知道并不等于理解，理解并不等于掌握。实践是检验真理的唯一标准，判断是否熟练掌握某个知识点，关键在于能否灵活运用该知识点。可以通过下面几种方法进行检验：第一，练题检验，用课本例题、课后习题来检验，若基本正确，则表明已经掌握该知识点；第二，尝试给身边的同学讲述该知识点，讲的过程能很好地锻炼大家的逻辑梳理能力，也是检验是否熟练掌握该知识点的最佳方案。

Q：学习数学该如何练题？

A：通过练题，同学们可以及时了解自己对某个知识点的掌握情况，学会解题技巧，也可以举一反三，总结出新的解题思路，补充完善原有的知识框架。

小思建议大家按照教材例题、教材课后习题、教材配套练习题、其他教辅书籍习题、考研数学题的顺序练题。其中，教材例题和教材课后习题的题型经典且难度较小，能帮助我们打好基础，建议一定要完成。如果想做一些进阶练习，更全面地掌握知识点，可以练习教材配套练习册或其他教辅书籍上的习题。相比之下，考研数学题难度较大，如果同学们有考研的想法，或对自己的数学成绩有较高的要求，不妨尝试练习一些考研数学题。

小思建议同学们在练题前系统复习，建立起各章节的完整知识框架，在练题后及时总结经验，不断完善原有的知识框架，并记录下经典题目。同学们只要坚持练习，不断总结，就一定能提高自己的数学成绩。

第 10 章 物理学习

一、大学物理概览

大学物理大致可以分为力学、电磁学、光学、热学、量子力学基础五大板块。

力学板块，其基本出发点是牛顿第二定律，其他一些物理定律，如动能定律、动量定律、角动量定律、刚体转动定律等，都可以直接从牛顿第二定律导出。就课本例题来看，大学物理中的力学只是在高中力学的基础上加入了微积分的内容，只要学会微元法，并能做一些简单的一元积分，相信这部分知识对同学们来说并不算困难。

电磁学板块，研究的核心是静电学、静磁学、磁生电和电生磁的问题，并根据实验现象总结出静电场高斯定律、磁场高斯定律、法拉第电磁感应定律和麦克斯韦－安培环路定律——这四大基本的电磁学定律构成了被誉为"上帝诗篇"的麦克斯韦方程组。由于电磁场是矢量场，一些有关多元微积分、矢量微积分的简单知识将会在这一板块被用到。

光学板块，会先对力学中的振动问题展开进一步学习，继而学习波动光学知识。其核心内容涵盖振动描述、波的描述、光的干涉、光的衍射、光的偏振等。事实上，对于光学问题，在数学上难以进行严格的定量计算，所以教材基本上都采用了定性与半定量的方法进行描述，对数学能力的要求没有前两部分那么高。但是，这一板块的知识点既多且杂，需要同学们认真整理、理解和记忆。

热学与量子力学并不是大学物理的重点板块,往往只做选择性介绍。

需要特别指出的是,大学物理的学习是以微积分为支撑的,这是大学物理与高中物理最本质的区别。建议同学们在学习大学物理之前先学习微积分,最好对微分、不定积分、定积分有所了解。一些高校的高等数学教材还会收录一些物理方面的习题,比如求解小球同时受重力和空气阻力作用时的运动方程,这正好与大学物理教材相互补充。

二、学习方法

1. 日常学习方法

(1) **制订每日学习计划**

在每学期刚开始时,我们应该结合教材和老师的教学大纲,为自己制订一份清晰的学习计划。例如,可以将每周的学习任务分解为每天的小目标,如"今天掌握第×章第×节的基本概念""周三完成第×章第×节习题的解答"。有了清晰的学习计划,我们便能有条不紊地推进学习进度,确保在规定时间内完成所有任务,避免临近考试时"临时抱佛脚"。

(2) **积极参与课堂活动**

在课堂上勇于提问,积极参与讨论,是拓展学习深度和广度的有效途径。例如,在老师讲到某个知识难点时,我们可以主动举手提问或分享自己的观点。此外,与同学组成小组进行讨论也是很好的课堂互动方式。通过积极参与课堂活动,我们不仅能够加深对知识点的理解,还能培养表达交流能力。

(3) **定期进行复习和练习**

定期复习和练习是巩固所学知识、提高应用能力的关键。我们可以每周安排一段时间，回顾和总结本周所学内容，同时完成相关的习题。例如，在学习力学知识后，可以选择几道具有代表性的习题进行练习，以检验自己对知识的掌握程度。通过定期复习和练习，我们便能够加深对理论的理解，并熟练运用。

（4）**认真对待大学物理实验**

大学物理实验是将理论与实践相结合的重要环节。提前预习实验内容并了解实验原理能够帮助我们更好地完成实验任务。例如，在做光的干涉实验前，我们可以查阅资料，了解光的干涉现象的基本原理和实验步骤。在实验过程中，认真观察现象、记录数据并分析结果是非常重要的。通过对实验结果的深入分析和讨论，我们能够加深对理论知识的理解，并提升自己的实验技能。

（5）**充分利用各种学习资源**

除教材外，我们还可以利用参考书籍、学术论文和在线教程等多种学习资源来拓宽自己的知识面。例如，当教材对某个知识点的解释不够清楚时，我们可以查阅相关的参考书籍或在线教程来寻求更详细的解释和实例。此外，学校图书馆和在线学术数据库等资源还可以帮助我们了解物理学的前沿动态和最新研究成果。

2. 考前复习

（1）**制订详细的复习计划**

在考试前制订一份详细的复习计划是非常重要的。我们可以根据考试大纲来确定复习范围和重点，并合理安排复习时间。例如，我们可以将待复习内容分为基础知识、重难点知识和历年试题三个部分，并为每个部分分配相应的时间。通过制订详细的复习计划，我们便能够提高备考效率。

（2）**着重复习重要知识点**

复习备考的时间是有限的，因此有针对性地进行复习非常重要。我们可以将每个章节的重要概念、公式和解题方法整理成笔记或思维导图,以便随时回顾和巩固。同时,选择一些具有代表性的习题进行练习也很有必要。

(3) 回顾笔记和习题

在复习过程中,回顾平时做的笔记和习题也非常重要。我们可以翻阅之前的课堂笔记和课后作业,快速回顾关键知识点和解题方法。同时,选择一些历年试题进行模拟练习也是很有帮助的。

(4) 与同学互助学习

与同学互助学习是考前复习的有效方式之一。我们可以组建学习小组,互相督促,互相答疑解惑,交流学习心得。例如,当某个同学对某个知识点有疑问时,我们可以尝试用自己的语言为其讲解,这也是检验自己知识掌握情况的有效手段。同样,当我们自己遇到不懂的问题时,也可以向其他同学请教。

三、学习资源推荐

1. 教材与教辅

教材作为大学物理最重要的知识载体,包含了大量概念、理论和定律。通过教材,我们可以系统地学习物理学的基础知识,掌握物理学的基本理论和方法。以小思所在的四川大学为例,有《大学物理(理工)》《大学物理(Ⅰ)》《大学物理(Ⅲ)》《医学物理》等教材,适合不同专业及不同学习阶段的学生使用。

作为教材的补充,教辅书籍通常包含大量的例题和习题,且题目的设计往往涵盖了各种难度和类型,有助于学生全面理解和应用所学的物理知识。通过解答这些题目,我们可以巩固所学知识,提高问题解决能力。

2. 线上学习资料

(1) 网课

①大学物理(东北大学马文蔚老师,B站)。

内容:力学、电磁学、光学、热学、狭义相对论、量子力学等。

特点:视频较长,大部分内容讲解详细,适合作为基础性的学习资料。

②大学物理("3小时不挂丨大物",B站)。

内容:力学、电磁学、振动与波、光学。

特点:时间短,共计3小时;讲解清楚,注重解题技巧;内容较少,不包括热学、近代物理学等。

③大学物理(东南大学,爱课堂)。

内容:力学、电磁学、光学、热学、狭义相对论、量子力学等。

特点:内容比较全面,有配套课件可供下载。

(2) 知乎专栏

①"非物理专业大学物理知识串讲与总结"("Dr. Space"的知乎专栏:https:zhuanlan.zhihu.com/c_1096836865201623040)。

作者深入浅出地介绍了大学物理中力学、振动与电磁学的内容,其中质点运动学部分尤为精彩,详细介绍了后续课程的基础——物体运动的各种坐标表示和相对运动,非常适合初学者观看。振动部分也讲得很好,详细介绍了振动周期的求解方法并给出了复摆的通用公式。但是,该专栏电磁学部分并不完整。

②"力学"("浅斟低唱"的知乎专栏:https:zhuanlan.zhihu.com/LandauMechanics)。

作者以朗道力学、最小作用量原理为基础,构建起力学的框架,适合对物理学比较感兴趣的同学和工程力学等对分析力学要求较高的专业的同学。

③ "光怪陆离"("章佳杰"的知乎专栏：https：www.zhihu.com/column/OpticPhantasm)。

作者结合日常生活中的光学现象，讲解了大学物理中的光学知识（如鱼眼镜头、衍射、摄像机的成像），兼具趣味性和严谨性，可以激发同学们的学习兴趣，加深大家对书本知识的理解。

④ "量子力学导论"（"Young Quantum"的知乎专栏：https：zhuanlan.zhihu.com/c_1124672341858525184）。

作者首先介绍了理解量子力学需要的数学基础，如线性代数、微积分等，然后简要介绍了量子力学的产生背景、定态薛定谔方程等知识。本专栏整体上理解难度不大，是了解量子力学很好的入门读物。

3. 学习工具

以下工具主要是计算机软件，可用于可视化绘图，方便同学们理解课堂知识。这些软件及相应的编程方法对于理工科学生日后的科研工作来说十分有用，因此建议同学们了解，感兴趣的同学也可以深入学习。

（1）**Mathematica**

官方网站：https：www.wolfram.com/mathematica/

这是一款功能强大的符号运算软件，可用于计算微积分、可视化绘图等操作。例如，利用该软件计算积分，如图 10-1 所示。

In[11]:=
$$\int x \exp(x) \sin(x)\, dx \;/\!/\; \mathbf{TraditionalForm}$$

Out[11]//TraditionalForm=
$$\frac{1}{2} e^x (x\sin(x) - x\cos(x) + \cos(x))$$

图 10-1　利用 Mathematica 计算积分

特别提醒：请不要直接使用该软件完成高数作业，考试的时候是不能使用计算机的。

在大学物理中，该软件可用于对物理问题的求解与可视化。例如，这里利用 Mathematica 模拟了四个点电荷的电场分布，如图 10-2 所示。

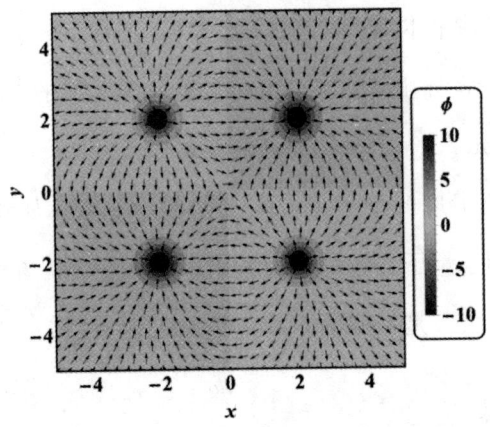

图 10-2 用 Mathematica 模拟四个点电荷的电场分布

(2) **MATLAB**

官方网站：https：www.mathworks.com/products/matlab.html

MATLAB 同样具有符号运算能力，例如计算不定积分（见图 10-3）。

Indefinite Integral of Univariate Expression

Define a univariate expression.

```
syms x
expr = -2*x/(1+x^2)^2;
```

Find the indefinite integral of the univariate expression.

```
F = int(expr)
```

F =

$$\frac{1}{x^2+1}$$

图 10-3 利用 MATLAB 计算不定积分

与 Mathematica 不同的是，MATLAB 中的符号运算需要提前定义符号变量，因此不如 Mathematica 方便。但是 MATLAB 在数值运算等方面更加强大，例如计算定积分（见图 10-4）。

从 0 到 1 计算积分

```
syms x
expr = x*log(1+x);
F = int(expr,[0 1])

F =

1
─
4
```

图 10-4 利用 MATLAB 计算定积分

注：第一行代码定义 x 为符号变量，第二行代码定义积分表达式，第三行代码计算定积分。

MATLAB 在工程实践中应用广泛，如信号处理、机器学习等领域。有兴趣深入学习 MATLAB 的同学，可以参看知乎专栏：https：zhuanlan.zhihu.com/p/317182721。

(3) **科学计算器**（见图 10-5）

其主要功能包括：加减乘除，复数运算，二进制、十六进制换算，数值微积分运算，牛顿法数值解方程等。

图 10-5 科学计算器

引领　竞逐　共进 —— "大川小思"大学有效学习攻略

大学物理考试是允许携带科学计算器的，同学们可以在平时就练习使用计算器进行数值运算，在考试中提高计算效率，减少失误。

科学计算器的使用方法可以参考知乎文章《CASIO fx-991CN X 中文版详细使用教程》(https：zhuanlan.zhihu.com/p/106357609)。

引领　竞逐　共进

横向拓展

科研竞赛篇

大学生竞赛不同于中小学生竞赛：第一是竞赛的层次多，国家级、省级、校级、院级……一些名称相近的比赛，级别却可能相差甚远；甚至对于同样一个比赛，不同的学校、不同的学院也可能会有完全不同的认可度。第二是竞赛的种类多，有学科竞赛、双创竞赛、综合素质类竞赛（如辩论赛、演讲）等。面对众多竞赛，我们该如何选择？什么时候参加？如何才能赢得竞赛？此外，大学生需要做科研吗？应该如何着手呢？

在本篇，"大川小思"科研竞赛组的学长学姐将带领大家在纷繁复杂的竞赛项目中明辨方向，并尽早练就一些科研本领，拓宽大学学习之路！

第 11 章 科研入门

一、何为科研

科研，即科学研究，是指为了探索自然现象、揭示自然规律、解决实际问题或生成新知识而进行的有目的、有计划、有组织的系统性的科学研究活动。科研通常包括理论研究、实验研究、应用研究和技术开发等方面，旨在拓展科学的边界，促进技术进步和社会发展。

1. 科研认知

（1）科研是锻炼自身综合能力的机会

其一，参加科研项目可以深入了解所学习专业领域的前沿动态和发展趋势，提高自身的学术素养和研究能力。其二，通常我们所做的科研项目都以解决特定问题为核心，这种问题导向不仅有助于激发我们的创新思维，而且能提高我们对问题的敏感性和解决问题的能力。其三，科研项目通常都需要多人组成的团队合作完成，因此参加科研项目也有助于提升沟通协作能力。

（2）科研是了解真实世界的一个窗口

其一，在参加科研项目的过程中，我们不仅有机会与在高校、企业、大型实验室及其他科研机构中工作的专家接触，还可以通过调研与基层组织、政府部门等接触，这些都是我们了解国情、社情、民情的窗口。其二，通过参与科研项目，我们能够直接接触学科前沿知识和实际问题，这不仅能增进我们对学科发展现状的了解，也能让我们体验到真实的科学研究。

（3）科研与学习可以相互促进

其一，从事科学研究需要不断地学习新知识、新理论、新方法，进而要求我们不断提升自主学习能力，而这种自主学习能力也能应用到日常课程学习之中。其二，我们所参与的科研项目一般都与所学专业有关，在科研过程中也可以加深对专业知识的理解，促进学习进步。

2. 科研心态

（1）不惧失败

在同学们刚开始接触科研时，导师往往会提醒大家：学会面对失败是从事科研工作的第一步，要牢记"失败是成功之母"。在科研工作中，失败是家常便饭。面对失败，我们要保持积极心态，要善于从失败中找到成功的机会。

（2）不要焦虑

科研是一个长期的过程，不一定谁开始得早谁就能做得更好。小思发现，不少同学会因为接触科研的时间晚于周围的同学而焦虑，这其实大可不必。大学生活丰富多彩，我们每个人都可以有自己的规划。记住，科研是一场马拉松，而不是短跑。另外，从长远的视角来看待科研，也有助于我们更好地应对科研过程中的起起伏伏。

（3）保持好奇

好奇心和探索欲不仅能够推动我们深入挖掘更深层次的知识，还能激励我们突破学科界限，探求多学科的交叉和创新。在课余时间，我们应该多了解各个行业的新兴事物，尝试结合自身所学专业知识，去理解和阐释一些新现象，相信大家会在这一过程中有新的收获。

二、科研选题

选题是科研的首要环节，选题是否严谨，是否具有可行性，直接决定了科研能否顺利进行。下面，小思将简要介绍科研选题的原则和方法，供大家参考。

1. 选题原则

选题是科学研究者根据社会需求或个人兴趣，在前人和自己既有研究成果的基础上，选择研究方向、确定研究课题的过程。选题的目的主要包括两个方面：一是明确研究方向，二是界定研究范围。科研主要包括基础研究、应用研究、开发研究三种类型。学科不同，研究者从事的科研活动也有所不同。

下面，小思以应用研究为例，向大家介绍选题时需遵循的基本原则。

(1) **需要性原则**

需要性原则是指选题要面向实际，着眼于社会需要，追求社会效益。需要性原则是选题时要遵循的首要和基本原则，体现了科学研究的目的性。这里的"需要"，主要包括两个方面：一是社会实践的需要，尤其是工农业生产的需要，这是它的社会意义；二是科学发展的需要，这是它的学术意义。

(2) **可行性原则**

可行性原则是指在选题时要考虑选题是否具备可以完成的主客观条件。科学研究是一种探索性、创造性的活动，总会受到一些客观条件的制约。一个科研课题的选择，既应当勇攀高峰，迎难而上，也必须从研究者的主客观条件出发，避免空谈、空想。

(3) **合理性原则**

合理性原则，也称科学原则，是指在选题时不仅要考虑该选题是否满足社会和科学发展的需要，是否有实用价值和可行性，而且要看课题本身是否合理。

(4) **效益性原则**

任何类型的科学研究都应该考虑效益，特别是应用研究的选题，可优先选择投资少、见效快、经济效益显著的选题，以便合理利用资源，做到节省原料和降低消耗。

(5) **创造性原则**

在一定意义上，科学研究就是开拓新领域，建立新理论，不断创造新技术，研制新产品、新工艺、新方法等。在选题时，要尽量选择那些尚未被开拓且需要深入探讨的课题作为研究对象，慎重选择那些很多人已经做过且已取得大量成果的研究课题。

2. 选题方法

(1) **文献调研法**

文献调研法主要是指在进行了较大范围文献调研后，对研究领域进行整体把握，并在最新学术成果中寻找研究热点。同学们可以先列出几个备选研究方向，逐一确定核心检索词，在相关数据库中检索论文，了解几个备选研究方向的研究现状，在综合比较的基础上最终确定选题。

(2) **实验探索法**

同学们初步确定科研选题后，可先围绕选题进行预实验，在实践中检验选题的科学性。首先，同学们可以通过文献报道研究，追踪相关学科的最新研究成果，分析他人的实验方案，总结他人实验中待改进的地方，有针对性地设计自己的预实验方案，并进行初步探索。然后，同学们可以通过评估预实验效果，调整自己的科研选题方案，使之不断完善。

三、文献检索

科学研究往往是站在巨人的肩膀上远眺，充分了解本领域的既有成果和前沿动态是科学研究不可或缺的一步，因此文献检索的重要性就不容小视。

1. 文献检索资源库

(1) 通用文献检索资源库

常用通用文献检索资源库如表 11-1 所示。

表 11-1 常用通用文献检索资源库

类型	资源库	说明
中文文献库	中国知网（CNKI）、万方、维普	知网、万方、维普都是以中文资料为主的数据库，是了解国内研究、收集国内数据最常用的权威信息源。这类平台均提供中文学术文献、学位论文、期刊报纸、统计年鉴等各类资料的统一检索、在线阅读、文献查重和下载服务
外文数据库	Web of Science、Scopus	Web of Science 和 Scopus 都是知名的高质量国际综合性学术平台，内容均涵盖了自然科学、社科人文、医学等各个领域。两者的区别在于 Web of Science 是全文数据库，可以下载整篇论文，旗下的 JCR 数据库提供各类期刊的影响因子查询；而 Scopus 是全球最大的文摘和引文数据库，收录广泛，但是不一定能获取全文
学术搜索引擎	百度学术	相比于数据库，学术搜索引擎不仅囊括了众多知识领域和来源的学术资源，还提供了挖掘学术关联的工具
预印本数据库	arXiv、bioRxiv、medRxiv	预印本数据库收录的不是已经发表的学术成果，而是尚未经过同行评议的草稿。学者在有了新的想法并完成论文后，为了证明工作的时效性，往往会在投稿或者论文被正式接收前以预印本的形式上传至预印本数据库，因此预印本数据库是最具时效性的科研前沿论文来源。但是由于缺乏同行评议，其中的文献质量良莠不齐，需要搜索者具有很强的甄别能力。arXiv 主要涵盖数学、物理学、计算机、量化金融以及统计学等领域，bioRxiv 仅针对生物学领域，medRxiv 仅针对医学领域

(2) **学科文献检索资源库**

常用学科文献检索资源库如表 11-2 所示。

表 11-2 常用学科文献检索资源库

类型	资源库	说明
理工科文献库	SCI（Science Citation Index）	SCI 是一部国际性索引，也是目前国际上公认的权威科技文献检索工具，主要侧重基础科学，涵盖数学、物理、化学、生物、医学、农业、技术和行为科学等学科
	EI（The Engineering Index）	EI 是供查阅工程技术领域文献的综合性情报检索数据库，涵盖动力、电工、电子、自动控制、矿冶、金属工艺、机械制造、管理、土建、水利、教育工程等学科
	IEEE Xplore	IEEE Xplore 主要提供计算机科学、电机工程学和电子学等相关领域文献的索引、摘要以及全文下载服务，基本涵盖了电气电子工程师学会（IEEE）和工程技术学会（IET）的文献资料
	arXiv	arXiv 是一个收集物理学、数学、计算机科学与生物学论文预印本的网站
文科文献库	中文社会科学引文检索（CSSCI）	CSSCI 精选学术性强、编辑规范的期刊作为来源期刊，文献质量较高
	人大复印报刊资料	人大复印报刊资料转载的文章均来源于优质刊物，文章学术价值高，囊括了人文社会科学领域的各个学科
	超星数字图书馆	超星数字图书馆是目前中国最大的网上数字图书馆，不仅可以下载图书全文，还可以直接在书中定位检索的关键词
	中国高校人文社会科学文献中心	其资源全部由高校学者实名荐购；学科集中，有相对完整的专题
	全国图书馆参考咨询联盟	该联盟是大规模的中文数字化资源库群，其主要优势在于免费的电子版图书传递服务

续表

类型	资源库	说明
医科文献库	PubMed	PubMed是互联网上使用最广泛的免费医学文献库，具有收录范围广、文献报道速度快、访问免费等优点。但它是摘要数据库，本身并不提供文献全文服务。对于非开源数据库中的文献，可以利用图书馆购买的全文数据库下载
	Clinical trials（美国临床试验数据库）	该数据库提供了网站临床试验注册辅导，登记了各种观察性研究和干预性研究，包括药物、器械和手术等干预方式。其注册和查询临床试验均为免费
	Ovid平台	该平台实现了多个数据库同时检索的功能，包括药物信息全文数据库、国际药学文摘数据库、荷兰医学文摘、临床对照试验书目数据库、方法学评价数据库、卫生技术评估数据库等
	Best Practice（BMJ）	该数据库为循证医学类数据库，整合了BMJ Clinical Evidence（临床证据数据库）中的全部治疗研究证据，增添了涉及个体疾病的诊断、预防、药物处方、国际临床指南和随访等重要内容。此外，还提供了大量的病症彩色图像和数据表格等资料
	Primal Pictures	该数据库为解剖学数据库，是以人体的MRI扫描数据为基础，全面汇集了超过6500个偏重于特定独立器官、身体部位或解剖系统的高精度三维动态互动式解剖模型

在校园网环境下，我们可以通过四川大学图书馆网站进入相关资源库获取文献。如果不在校园网环境下，学校也提供校外访问等方式来获取文献。此外，如果所需要的全文资源学校图书馆没有购买，可以通过馆际互借等方式来获得。

2. 文献检索进行时

（1）文献检索范围（见图11-1）

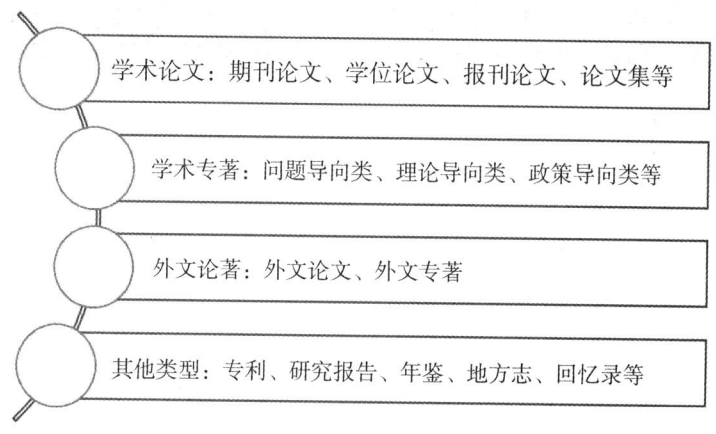

图11-1 文献检索范围

（2）文献检索的要求

①文章质量高：根据被引频次、下载量、作者、期刊、机构等判断。

②尽量穷尽：全面、系统、连贯地了解所研究的主题。

③针对性强：准确选取检索词，排除无关的文献。

④关注关联文献：注意上位概念、下位概念、同义词、近义词的检索（适用于文献较少的情况）。

（3）文献检索示例

各种文献检索工具的用法大同小异，这里小思以"行政公益诉讼履职认定"为例，利用中国知网进行检索。对于初学者，可以考虑知网的"傻瓜式检索"，即主页上的一框式检索，它类似于搜索引擎，会智能分析课题，并且给出一些候选文献。对于结果，可以按相关度（见图11-2）、被引量排序，选取高相关和高质量的文献，必要时还可以按发表时间排序，并结合期刊、作者所在单位等信息选取最新的高质量文献。注意，检索得到的某些文献可能相关度很低，需要阅读摘要、关键词等内容排除这类文献。

图 11-2 以"行政公益诉讼履职认定"为关键词进行检索，按相关度排序

当所检索到的文献数量不足时，可以参考已选优质文献的参考文献列表（见图 11-3），选取与自己的研究主题相关度高的文献。

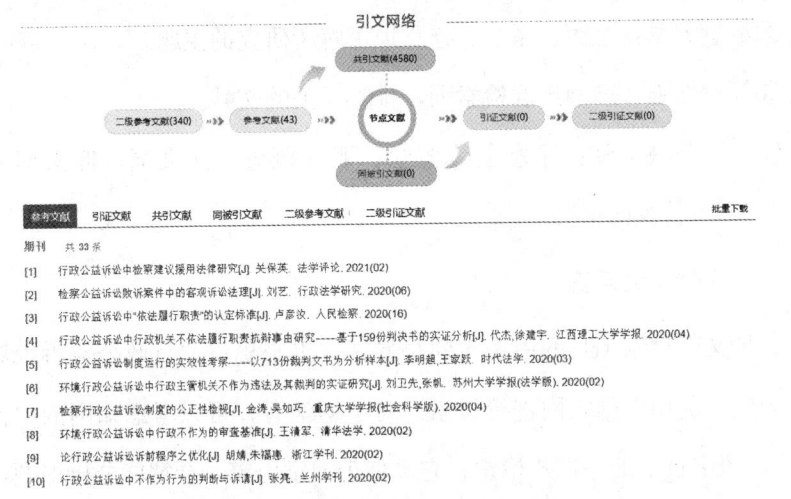

图 11-3 论文主页中的参考文献列表

利用"导出与分析—可视化分析—全部检索结果分析"功能，可查看所选关键词的研究趋势、主题分布等信息。文献可视化分析的操作指引、结果示例分别如图 11-4、11-5 所示。确定论文选题或撰写文献综述时，了解这些信息十分必要。

图 11-4　文献可视化分析操作指引

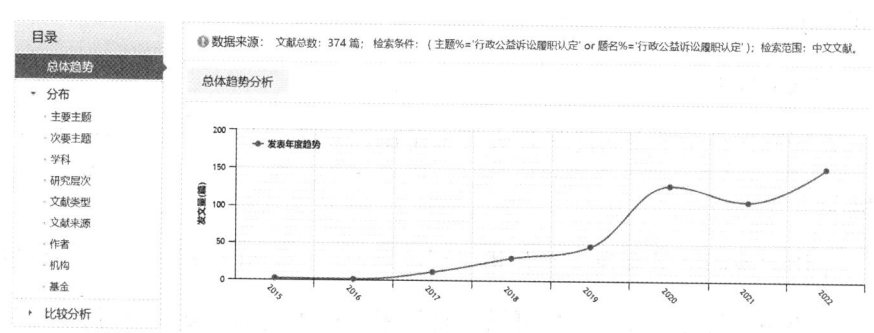

图 11-5　文献可视化分析结果示例

（4）**高级检索**（Advanced Search）

几乎所有文献库都提供高级检索功能。大家可以根据自己的需要，准确运用检索符，更迅速地找到想要的文献。

常用检索符包括连接检索符、截词检索符、限定检索符和特殊检索符四种。

①连接检索符。

连接检索符主要包括"AND""OR""NOT"三种。

"AND"表示逻辑"与",在文献检索网站中常用"+"","或空格来表示。"AND"常用于检索两个以上关键词的情况,以缩小搜索范围。检索结果与列出的每一个关键词都具有相关性。如"区块链 AND 知识产权"表示检索的结果既与"区块链"有关,又与"知识产权"有关。

"OR"表示逻辑"或",在文献检索网站中常用"|"(竖线)来表示。"OR"的检索结果不需要与列出来的每一个关键词都有关,只需要与其中一个有关即可。例如,我们在搜索与"隐身技术"(又称低可探测技术)相关的资料时,为了扩大搜索范围,避免遗漏,可以在搜索引擎中输入"隐身技术 | 低可探测技术"。

"NOT"表示逻辑"非",在文献检索网站中常用"一"或"!"来表示。使用"NOT"检索符可以过滤掉一些与关键词不相关的搜索结果,提高检索的准确度。

②截词检索符。

截词检索符的主要功能是扩大检索范围以避免漏检,以及减少多次输入的麻烦。

常用的截词检索符为"*"和"?",其中"*"可代表一个英文单词中的一个或多个英文字母,并且可以重复使用。运用截词检索符时可将其作为前截词、中截词、后截词,其使用方法如表 11-3 所示。

表 11-3 截词检索符的位置及其检索内容

位置	使用方法
前截词	又称左截词、后方一致,允许检索词的前端有若干变化形式。例如以"*itis"进行检索,可检索出 nasitis、rhinitis、pharyngitis 等词尾为 itis 的词汇相关文献

续表

位置	使用方法
中截词	允许检索词中间有若干变化形式。例如以"colo*r"进行检索，可检索出color和colour。中截词主要用于检索存在英美单词拼写差异的词汇相关文献
后截词	又称右截词、前方一致，允许检索词尾部有若干变化形式。例如以"child*"进行检索，可检索出chidren、childhood、child等开头为child的词汇相关文献

③限定检索符。

文献检索网站中常用的限定检索符为"[ ]""＝""in"，这些检索符常用于限制特定字段的出现位置。比如COPD［Abstract］，表示要检索的为摘要中包含COPD的内容。需要注意的是，不同数据库的限定检索符的写法存在差异，许多文献检索网站的高级检索选项中都单独罗列了限定检索的板块和内容，以方便检索者使用。

④特殊检索符。

文献检索网站中常用的特殊检索符为双引号，如果想检索的是一个词组，就需要在词组外添加双引号。例如，我们在Pubmed文献数据库检索词组"Chronic obstructive pulmonary disease"（慢性阻塞性肺病），如果未添加双引号，则该词组会被自动拆分成"Chronic"（慢性的）AND"Obstructive"（梗阻的）AND"Pulmonary"（与肺有关的）AND"Disease"（疾病）进行检索。

在实际应用中，大家可以根据自己的需要，利用关键词、连接词的逻辑组合进行检索。需要注意的是，不同文献检索网站的高级检索方法、检索符等可能存在差异，大家要灵活应用。

现以PubMed文献数据库的高级检索为例，查询以"四川大学"（Sichuan university）为署名单位，"Zhou Xuedong"为作者，且在"2000/01/01"日期之后发表的全部文章。如图11-6所示，输入关键词和连接词，即可得到图11-7所示的检索结果。

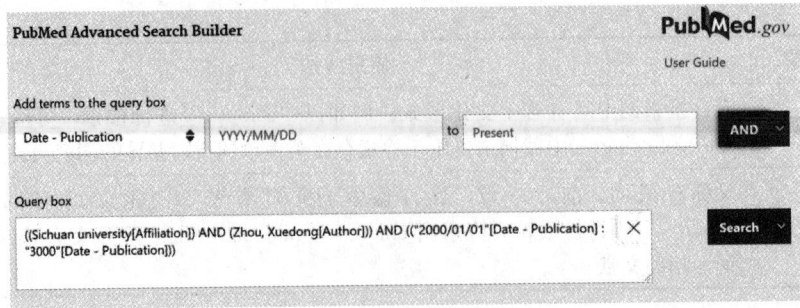

图 11-6　PubMed 文献数据库高级检索操作指引

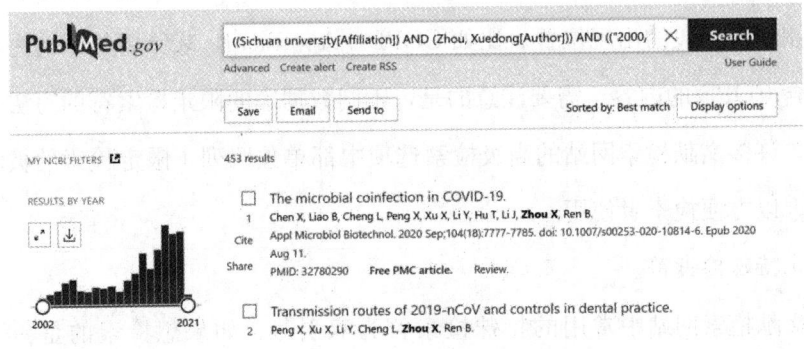

图 11-7　PubMed 文献数据库高级检索结果示例

（5）论文定期推送

现在的科学发展日新月异，我们要想知道自己研究领域的最新成果，定期获得最新论文信息，不妨试试文献检索网站的"论文定期推送"功能。在 PubMed、Web of Science、Elsevier、IEEE（I 库）、Wiley（W 库）等许多文献检索网站中都有此项功能。下面，小思将以 PubMed 文献数据库为例，为大家简要介绍"论文定期推送"功能的使用方法。

①登录 PubMed 文献数据库，进入"Create Alert"模式（见图 11-8）。

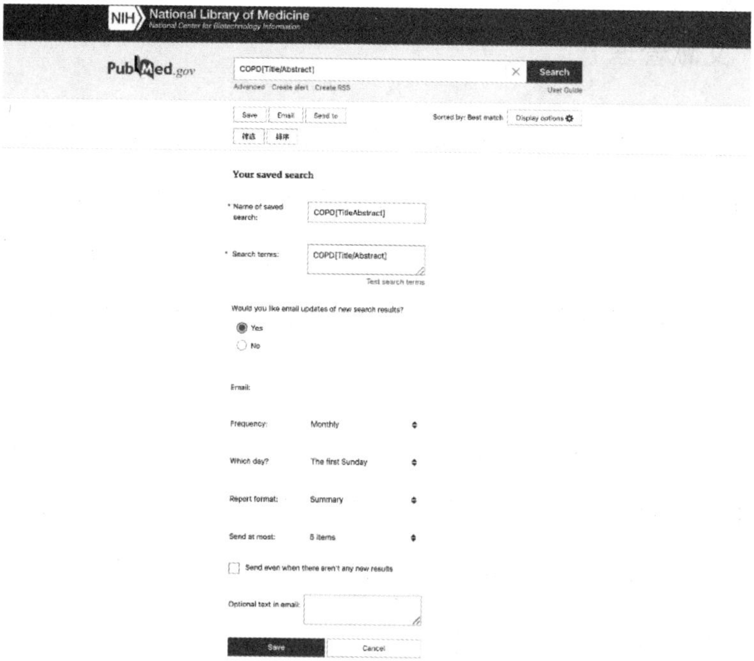

图 11-8　PubMed 文献数据库 "Create Alert" 模式界面

②在"定期提醒"(Search Alert)里可以设置论文推送频率、时间、形式以及数量。如果有特殊需求,可以在备注栏中说明(见图 11-9)。系统默认的邮箱为注册邮箱,建议大家在注册账号时填写科研常用邮箱地址。

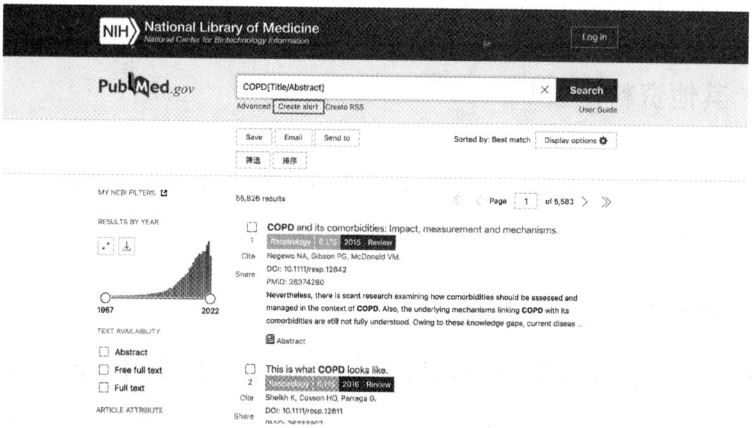

图 11-9　PubMed 文献数据库 "Search Alert" 界面

3. 文献管理

在文献检索过程中，如何分门别类地整理文献、有效组织文献阅读笔记以及导出规范的引用格式，都是需要重点关注的问题。借助 Endnote、NoteExpress、Zotero 等文献管理软件可以较好地解决这些问题。下面，小思给大家介绍 Endnote、NoteExpress 这两款经典的工具，帮助大家更好地整理文献。

（1）**Endnote**

Endnote 是 SCI（Thomson Scientific 公司）的官方软件，支持上千种参考文献格式，涵盖了各个领域的期刊，集成了在线搜索文献、建立文献库和图片库、定制文稿、引文编排等诸多强大的功能。

（2）**NoteExpress**

NoteExpress 是国内公司开发的文献管理软件，并针对中文文献管理进行了大量的优化，其核心功能是帮助读者在整个科研流程中高效利用电子资源：检索并管理得到的文献摘要、全文；在撰写学术论文、学位论文、专著或报告时，可在正文中的指定位置方便地添加注释，然后按照不同的期刊、学位论文格式要求自动生成参考文献索引。

4. 其他资料检索

除了文献外，大家平时可能还需要查阅其他资料，比如查询一个名词的含义、查数据等。小思在这里以法学专业为例，给大家介绍几个常用的途径。

（1）**国家机构官网**

如果想了解国家政策、机构设置、统计数据、法律规定、时事新闻等信息，可以进入国务院、国家统计局、最高人民法院、最高人民检察院、新华社、人民日报等机构的官网查询。

（2）微信公众号

大家在了解非常新的课题时，往往会遇到学术论文很少甚至没有的情形。而微信公众号的时效性非常强，极可能会有谈论该课题的推文，大家可以选取质量较高的推文阅读。

（3）北大法宝、威科先行、无讼等网站

通过北大法宝、威科先行、无讼等网站，可以检索法律法规、司法案例、法律文书模板。

四、文献阅读

提及文献阅读，常常会有同学问小思，要阅读什么样的文献？阅读文献的目的是什么？大部分情况下，同学们阅读文献，是要解决一个问题，或者了解一类知识。在这种情况下，相对于文献本身，更重要的是要解决的问题或要了解的知识。

1. 阅读方向

①读"人"：要更好地把握某科研领域的发展脉络，建议同学们对推动该领域发展的专家的相关文章进行系统性的阅读和梳理，也就是说，要从零散的文献阅读转向读"人"。

如何"读人"？中国知网等的作者个人页面提供了很好的途径。

②读"典"：经典的文章能让人明确相关领域的发展脉络，看到该领域的过去与未来。经典的文章可能介绍了一项经典的实验结果或者是一篇全面细致的综述。

何为"经典"？通常以引用率为评价标准，某领域引用率越高的文献，往往越经典。

③读"新"：即跟踪所关注领域的最新进展。

如何获"新"？以 Web of Science、PubMed 等网站为例，可以设置最新论文通知。也可利用相关期刊网站的订阅服务及时获取最新文献。

2. 阅读方法

在这里，小思向大家推荐渐进式阅读方法，并向大家展示如何在论文阅读中应用这种方法。

①第一遍：快速浏览，把握概要。

具体方法如下：仔细阅读标题、摘要和简介；忽略细节，读一读文章中的每个小标题；阅读文章结论；浏览参考文献。

一篇论文的摘要，往往说明了一项研究最基本也最重要的因素：本文研究了什么（为什么研究这个），采用了什么方法（为什么采用这个方法），得到了什么结果（结果有何价值）。阅读论文的摘要，实际上是为阅读论文所做的最重要的准备工作。

②第二遍：抓住重点，理清思路。

这一遍阅读应重点关注论文的框架，理解作者是如何一步一步论证的。

对于理工类论文，同学们可以暂时略过难度较大的数学推导部分，避免被数学公式绊住手脚，影响进度。如果推导过程对于理解文章比较重要，建议略读公式，至少弄明白各参数的含义；如果存在特殊符号，需要明确符号的定义。

图表是论文中的重要表述手段，能使论证显得简洁明了。正所谓"一图胜千言"，读懂一张图，往往胜过读懂一大段话。

③第三遍：重构论文，理解细节。

要想完全理解一篇论文，往往需要阅读三遍。这一遍，可以借用作者的思路，在脑海中重构论文，将重构的结果与论文本身进行比较，就容易看出论文的创新点。

细节决定成败！同学们应仔细阅读论文中的每一个图表，深入了解作者借助什么技术手段解决了什么问题；找出论文中的每一个假设，亲自挑战它，提出自己的思考。如此，同学们对于论文的内容和研究方法便会有更为深刻的理解。

小思认为，带着问题去阅读永远是最有效的阅读方式。面对一篇新论文，同学们应试着去回答这几个问题：这篇论文属于什么领域或方向？作者试图解决什么问题？为什么这个问题这么重要？其研究方法是什么？为什么用这个方法可以解决这个问题？其核心结论是什么？下一步还可以做什么？我能从这篇论文中学习到什么？其中的参考文献有哪些需要进一步阅读？

3. 阅读辅助工具

（1）文献翻译

①有道词典。有道词典是一款基于搜索引擎技术的翻译软件，完整收录《柯林斯高级英汉双解词典》《21世纪大英汉词典》等多部权威词典数据，词库大而全，查词快且准。其最强大的功能是支持全局的划词翻译。

②知云文献翻译。知云文献翻译软件既是一款翻译软件，也是一款功能非常强大的PDF阅读器。它内置百度翻译、谷歌翻译、生物医学专用翻译、有道翻译4种翻译引擎，可以和EndNote结合使用。其最强大的功能是选中一段话、一句话或一个单词，右侧就会给出翻译结果。

③CNKI翻译助手。CNKI翻译助手不同于一般的英汉互译工具，它以CNKI总库所有文献数据为依据，不仅提供英汉词语、短语的翻译检索，还提供句子的翻译检索。它不但会给出原文的准确翻译结果，还会给出大量与原文结构相似、内容相关的例句作为参考。

需要注意的是，使用文献翻译软件虽然可以在一定程度上提升阅读效率，但如果过分依赖文献翻译软件，会阻碍同学们英语阅读能力的提升，降低对专业英语词汇的敏感度，影响专业写作的句式累积。在这里，小思建议大家仅将文献翻译软件用于查询单词，在阅读长句子或段落时，尽量不使用文献翻译软件。

（2）文献订阅及分析

①Feedly。Feedly 是一款 RSS（Really Simple Syndication，简易信息聚合）阅读器，支持订阅多个领域的期刊，方便同学们及时追踪最新的科研信息。该软件支持手机端和电脑端同步。

②Histcite。HistCite 是一款引文分析工具，可以快速绘制出某个研究领域的发展脉络，快速锁定某个研究方向的重要文献和重要学者，还可以找到某些具有开创性成果的无指定关键词的论文。该软件可分析 Web of Science 数据库的文献。

③Researcher。Researcher 是一款免费的文献订阅软件，可利用关键词筛选研究领域和期刊，可进行"朋友圈"式的文献阅读。其中的话题广场可以帮助用户了解不同领域的研究进展和趋势，并且支持与 Mendeley（一款文献管理软件）的关联。

五、文献笔记

1. 文献笔记的价值

①记录要点，以防遗忘。

②明确主次，加深理解。

③便于引用。记好笔记后按主题分类管理，可以大大提高之后写作时的引用效率。

2. 文献笔记的几个误区

①文献笔记不是机械的抄写。做文献笔记不能简单地复制、粘贴，而应

在读懂文章的基础上用自己的话总结关键信息。这样才能够更好地理解、归纳文献。

②文献笔记不是文献综述。虽然记笔记的时候需要适当记录自己当时的想法，但记笔记的重点仍是记录文献本身，否则就变成写文献综述了。

3. 文献笔记的内容

①文章出处。

②所解决问题（所研究内容）。

③可能用到的研究方法。

④可能用到的核心结论。

⑤值得进一步阅读的参考文献。

4. 文献笔记的记录方式

①OneNote/MarginNotes。

在阅读单篇电子版文献的时候，可以用 OneNote、MarginNotes 等软件记笔记。同学们既可以用不同颜色的记号笔标记不同类别的重要内容，如作者的主要观点句、重要的实验结论、需要拓展阅读的参考文献等，也可以添加标签，以便需要时通过标签快速查找。在阅读电子文献的过程中，应注意随时批注，以便后续查阅。批注的内容既可以是文章脉络，也可以是自己获得的启发。MarginNotes 还可自动根据标记和批注生成思维导图，更清晰地展示文章的框架。图 11-10 所示即用 OneNote/MarginNotes 记文献笔记的示例。

②Excel/Word。

Excel/Word 比较适合对多篇文献进行整理，如图 11-11 所示。具体操作方法为：新建一个 Excel/Word 表格，在表头列出记录项，包括：年份、题目、作者、研究内容、实验方法、研究结论、不足之处、启示、重要图表等。每次读完文献之后，都应对上述项目进行总结和记录，并把这项工作当作检验自己是否读懂一篇文献的方法。

参考文献： *Mai, R., Symmank, C., & Seeberg-Elverfeldt, B. (2016). Light and pale colors in food packaging: When does this package cue signal superior healthiness or inferior tastiness?. Journal of Retailing, 92(4), 426-444.*

变量整理：

自变量：包装颜色【浅色 or 淡色】

因变量：健康感知 & 味觉感知

题目分析和灵感摘要：

食品包装中的浅色和淡色：这种包装线索何时预示着高级健康或低级美味？

我们的研究与消费者无条件地将浅色包装视为健康线索的传统观点相矛盾，浅色调是帮助还是伤害的问题进一步由动机因素（健康意识）、应用启发式处理的需要（品尝的可能）和其他诊断线索的存在决定，这些线索对这个包装线索的解释起着首要作用（产品类型、颜色）

使用的理论：

Cue：可能使用某种线索作为决策的输入（包装-视觉；品尝-味觉）

Positive Package Color Effect: Light Colors as a Health Cue

Negative Package Color Effect: Light Colors as a Signal to a Taste Decrease

halo effect：由于**光环效应**，消费者可能会在脑海中建立浅色的感知重量和健康之间的关联联系（即产品对胃的负担较轻）。因此，食品购物者可能容易推断出包装浅色的产品更健康。

long-term health considerations with the short-term goal of indulgence

● **主要研究假设：**

H1：包装颜色的强度会对食品评价产生相反的影响：浅颜色的产品更健康但更不好吃。（i）启发式味觉

图 11-10 OneNote/MarginNotes 文献笔记示例

Reference	Author (Year)	Investigation/research theme	Methodology	Logical	Findings	备注：
Murray, N. M., & Murray, S. B. (1996). Music and lyrics in commercials: A cross-cultural comparison between commercials run in the Dominican Republic and in the United States. Journal of advertising, 25(2), 51-63.	Murray, N. M., & Murray, S. B. (1996).	美国与多米尼加共和国在商业广告中使用的音乐与歌词所表现出的跨文化差异	内容分析法（材料搜集和分析的过程耗时很长）	首先，回顾了关于音乐在广告中的作用的现有理论观点，并补充了将音乐作为文化上的变量进行概念化的必要性。 其次，我们讨论了多米尼加电视媒体的结构、美国媒体文化对多米尼加的影响，以及多米尼加电视节目和商业广告。 然后，我们开发了一套关于跨文化差异的命题，我们通过对两个不同文化背景下的商业广告的内容分析来检验这些命题，这两个文化背景下的商业广告有不同的语言系统（西班牙语和英语）。 最后，我们讨论了我们的研究结果对广告中的音乐研究的影响。	音乐使用的频率有所不同； 歌词使用的频率及广泛性不同； 在多米尼加共和国经营的商业广告与在美国经营的商业广告不同，它们的指标是以产品为重点还是以服务为重点。	【对后续研究结论的解释很有帮助】这篇文章虽然不是slogan，但是讲述了品牌的跨文化研究
				首先预测了丹麦/美国的个人主义/集体主义是横向的还是纵向的； 然后介绍了本研究对文化价值观的衡量及定义，使用定性+定量的方向验证预测的美国人更偏向性纵向个人主	待文化内部和文化之间的成就，考察文化结构是很重要的【这句话可以用到我们分析文化价值观诉求里面】 发现个人主义和集体主义是可以划分开的【下载这篇Triandis, 1995a】，而且个人主义还可以进一步划	对个人主义的横向/纵向讨论提出丹麦人本来也是个人主义

核心文献 | 10年前的文献 | 近十年的文献

图 11-11 Excel 文献笔记示例

③Markdown。

在任意一个支持 Markdown 语法的平台都可以采用这种语言记笔记,其格式如下:

{Title}(文章标题)

{Year},{Authors},{Journal Name}

{引用格式}

Summary

概述文章的内容,以便日后查阅。这一项可最后填写。

Research Objective(s)

作者的研究目标是什么?

Background / Problem Statement

作者需要解决的问题是什么?

Method(s)

作者解决问题的方法/算法是什么?

Evaluation

作者如何评估自己的方法?实验设置是什么样的?

Conclusion

作者给出了哪些结论?

Notes

不在以上列表中,但需要特别记录的笔记。

References

列出相关性高的文献,以便之后可以继续跟进。

六、科研论文写作

1. 科研论文的主要构成

科研论文主要由摘要(Abstract)、关键词(Keywords)、内容简介(Introduction)、研究方法(Research Methods)、研究结果(Results)、讨论

(Discussion) 以及引文（Reference）等内容构成。下面，小思将以医科论文为例，介绍各部分内容的基本写作方法。

(1) 摘要及关键词

摘要的字数一般为 200~300 字，要求论文作者用简洁的语言高度概括论文的主要内容及创新贡献。尽管摘要一般放在论文的最开头，是读者首先阅读到的部分，但在实际写作中，往往要等到全文撰写完成后再撰写摘要。摘要的主要功能是展示论文的重点及亮点，吸引读者的阅读兴趣。

关键词即论文中关键的学术词，一般由 3~5 个词或词组组成，能反映出论文最重要的价值。选择关键词时可用"4W1H"概括法。"4W1H"概括法中，"4W"分别代表 What（研究内容是什么），Who（研究对象是谁），Why（研究的意义），When（研究的时间），而"1H"则代表 How（研究的方法）。需要说明的是，这种概括法并不适用于每一个学科，具体应用时还需同学们酌情处理。

(2) 内容简介

内容简介为论文正文起始部分，讲究从大到小、从宽泛到具体、从现象到本质的思路，一般与讨论部分相对应。

"提出问题—解答问题"是撰写内容简介的常用结构，其基本思路为"描述问题—提出解决方案—实施解决方案"。其中，"描述问题"的常见方法是使用数据作为支撑，因为数据能让人直观地认识到问题所在。

(3) 研究方法

研究方法的撰写相对简单，同学们只需要如实描述论文的实验过程与内容即可。写作前，建议同学们多多阅读其他同类文献的研究方法部分，熟悉某些特定的学科语言，学会运用相应的句式结构。另外，同学们要注意把握尺度，详略得当地描述实验过程，既要避免语焉不详，也要避免喋喋不休。

安排一段时间,回顾和总结本周所学内容,同时完成相关的习题。例如,在学习力学知识后,可以选择几道具有代表性的习题进行练习,以检验自己对知识的掌握程度。通过定期复习和练习,我们便能够加深对理论的理解,并熟练运用。

(4) **认真对待大学物理实验**

大学物理实验是将理论与实践相结合的重要环节。提前预习实验内容并了解实验原理能够帮助我们更好地完成实验任务。例如,在做光的干涉实验前,我们可以查阅资料,了解光的干涉现象的基本原理和实验步骤。在实验过程中,认真观察现象、记录数据并分析结果是非常重要的。通过对实验结果的深入分析和讨论,我们能够加深对理论知识的理解,并提升自己的实验技能。

(5) **充分利用各种学习资源**

除教材外,我们还可以利用参考书籍、学术论文和在线教程等多种学习资源来拓宽自己的知识面。例如,当教材对某个知识点的解释不够清楚时,我们可以查阅相关的参考书籍或在线教程来寻求更详细的解释和实例。此外,学校图书馆和在线学术数据库等资源还可以帮助我们了解物理学的前沿动态和最新研究成果。

2. 考前复习

(1) **制订详细的复习计划**

在考试前制订一份详细的复习计划是非常重要的。我们可以根据考试大纲来确定复习范围和重点,并合理安排复习时间。例如,我们可以将待复习内容分为基础知识、重难点知识和历年试题三个部分,并为每个部分分配相应的时间。通过制订详细的复习计划,我们便能够提高备考效率。

(2) **着重复习重要知识点**

复习备考的时间是有限的,因此有针对性地进行复习非常重要。我们可理解和记忆。

热学与量子力学并不是大学物理的重点板块,往往只做选择性介绍。

需要特别指出的是,大学物理的学习是以微积分为支撑的,这是大学物理与高中物理最本质的区别。建议同学们在学习大学物理之前先学习微积分,最好对微分、不定积分、定积分有所了解。一些高校的高等数学教材还会收录一些物理方面的习题,比如求解小球同时受重力和空气阻力作用时的运动方程,这正好与大学物理教材相互补充。

二、学习方法

1. 日常学习方法

(1) **制订每日学习计划**

在每学期刚开始时,我们应该结合教材和老师的教学大纲,为自己制订一份清晰的学习计划。例如,可以将每周的学习任务分解为每天的小目标,如"今天掌握第×章第×节的基本概念""周三完成第×章第×节习题的解答"。有了清晰的学习计划,我们便能有条不紊地推进学习进度,确保在规定时间内完成所有任务,避免临近考试时"临时抱佛脚"。

(2) **积极参与课堂活动**

在课堂上勇于提问,积极参与讨论,是拓展学习深度和广度的有效途径。例如,在老师讲到某个知识难点时,我们可以主动举手提问或分享自己的观点。此外,与同学组成小组进行讨论也是很好的课堂互动方式。通过积极参与课堂活动,我们不仅能够加深对知识点的理解,还能培养表达交流能力。

(3) **定期进行复习和练习**

定期复习和练习是巩固所学知识、提高应用能力的关键。我们可以每周

(4) 研究结果

该部分的撰写与"研究方法"相对应，基本思路是对"研究方法"中每个操作点的后续结果作分节说明。在展示不同操作点的结果时，要尽量做到层层递进。例如，可以按实验环节的时间先后或操作点的重要程度排序，在不做额外描述的基础上，自然地表现出各操作点之间的逻辑关联性。

(5) 讨论

讨论是全文最为精华的部分，是论文作者集中体现其结果分析能力、批判思考能力以及综合运用能力的部分，最能够展示作者的学术水平。讨论往往由四部分组成：阐释（Interpretation）、比较（Comparison）、优劣分析（Strength & Limitation）以及启示（Indication）。

①阐释。

阐释指的是对研究结果中的部分内容做出具体解释，旨在引导读者理解实验所得数据的价值和意义。

②比较。

比较指的是将本研究与既有相似研究进行比较，指出本研究的创新之处。

③优劣分析。

此部分承接上一部分，以客观公正的视角，描述此研究相较于其他研究的优势以及不足。

④启示。

启示是对整个讨论部分的总结以及对后续研究的展望。这部分内容的写作思路是：先从本研究解决的问题出发，发散至与之相关的一类问题，点明本研究的科学意义，再选取"比较"以及"优劣分析"中有研究价值的发现进行再次描述，以指导后续相关科学研究的开展。

由于本部分内容是整篇论文最为精华与关键的部分，小思强烈建议同学们在撰写前先拟定大纲，请指导老师过目后再动笔。

(6) 结论

结论是对研究结果中大量数据的简练概括，强调用一句话描述该研究的主要科学发现。结论部分在写作上无特殊技巧。

(7) 引文

引文部分是学术失范的重灾区之一，同学们务必高度重视和遵守学术规范，尊重他人学术成果，严谨引用，并正确标注文献出处。

引用的基本原则是：当作者在整合使用不属于本人的研究结果、科研数据以及其他信息时，均应以标准的引用形式加以标注。不管是直接引用、改写、总结他人研究成果，还是引用他人数据统计信息，都必须严格标注引用。只有当展示的材料为普遍共识、显而易见或为作者原创内容时，可以不标注引用。

此外，熟练使用文献管理软件可以在极大程度上方便作者标注引用文献。常见的文献管理软件有付费软件 EndNote、Citavi、NoteExpress 以及免费软件 Mendeley、Zotero 以及 JabRef 等，同学们可以根据自己的需要酌情选用。

2. 其他注意事项

(1) 写作顺序

论文的写作顺序与其结构顺序不尽相同，小思建议大家按照"研究方法→研究结果→讨论→内容简介→摘要"的顺序撰写论文。理由如下：研究方法部分的内容往往在实验真正开始实施前便已完成，描述起来相对简单，将其作为论文写作的第一步较易入手；研究结果则顺接研究方法，是某一具体方法及过程的后续报道，难度系数也不高，将其作为论文写作的第二步，可以起到一个过渡作用；讨论部分是对研究结果的阐发和总结，这两部分内容在逻辑上紧密相关，此时撰写会更加得心应手；完成前述内容的撰写后，由于文中会出现的信息均已明确，需要在"简介"中介绍的信息此时则会自然浮现；最后，按照已有文段进行总结，即可得到摘要。

（2）语言风格

简洁明了是学术论文用语的一大特点，也是学术论文写作的基本要求。同学们在撰写学术论文时务必注意不要使用太长的句子及太复杂的词汇，只需要简洁明了地表达出自己的观点即可。

（3）文献准备

开始写作之前，建议大家大量阅读相关文献，对其中可能引用到自己文章中的句段做好标注，做到边撰写边引用，以确保自己的推理基于客观证据。

（4）英文论文写作

有的专业要求学生用英文撰写学术论文，这必然涉及不少专业英语词汇，此时，适当地使用翻译软件可以显著提高论文撰写的速度。在这里，小思特别提醒大家，切忌使用翻译软件进行全文翻译，要尽量按照英文的行文思维撰写论文。

下面，小思为大家推荐一些撰写英文论文时可使用的网站以及参考书。

①网站：

- UEfAP（Using English for Academic Purposes）；
- Synonyms；
- Academic Phrasebank；
- The Purdue Writing Lab。

②参考书：《研究生学术写作：基本任务和技巧》（*Academic writing for graduate students：Essential tasks and skills*），John M. Swales 和 Christine B. Feak 主编，密歇根大学出版社（The University of Michigan Press）2012年版。

七、学术论文发表

撰写完学术论文后,同学们需要向合适的刊物投稿,按照刊物的要求对论文进行修改,将自己的研究成果公开发表。

1. 选择合适的刊物

在投稿前,大家可以先通过询问老师或学长学姐、上网查询等方式筛选出几种相对合适的刊物,再对这几种刊物进行评估,根据自身情况选择最合适的刊物。在评估刊物时,应重点评估以下几个因素:

①该刊物的收文方向;

②该刊物的级别、影响力;

③该刊物的出版周期;

④审稿费、版面费。

值得注意的是,目前存在部分"掠夺性期刊"(predatory journal)会取与知名期刊相似的刊名,制作相似的投稿网站来获取投稿,并借此收取高额的审稿费(或版面费)。在正式投稿前,同学们务必确认所投期刊的名称与目标期刊是否一致,并通过期刊官网明确审稿或出版对应的费用,谨防上当受骗。向"掠夺性期刊"投稿,作者在蒙受经济损失的同时,还会面临学术资料泄露的风险。

2. 投稿

确定好要投稿的刊物后,大家就可以正式开始投稿了。一般来说,投稿有以下几个步骤。

(1) 了解投稿要求

每个刊物官网上的"论文投稿"一栏中一般都会附上投稿要求(或投稿

须知），同学们在确定好投稿刊物后，需及时下载此文件，根据要求修改好论文，并准备好各类附件。

（2）**发送投稿文件**

按要求准备好投稿文件后，同学们需要将投稿文件发送至刊物指定的网站或邮箱，等待编辑的审核。发送投稿文件后，同学们需要定期登录网站或邮箱，关注刊物编辑的审稿情况，按照编辑的要求对论文进行修改，直至论文发表。

第 12 章
大学生创新创业训练计划

"大学生创新创业训练计划"（简称"大创"），是教育部自 2012 年起面向全国高校实施的大学生创新创业能力训练项目，旨在通过资助支持大学生参加创新训练和实践项目，增强高校学生的创新能力和在创新基础上的创业能力，培养适应创新型国家建设需要的高水平创新创业人才。

作为一项重要的科研创新训练活动，"大创"是同学们在大学本科阶段可以积极争取的重要的科研锻炼机会，能够帮助我们提升科研能力，丰富科研经历，奠定基本的科研基础。

自 2012 年以来，"大创"的形式、要求、规则等均在持续优化和完善。2022 年，根据《国家级大学生创新创业训练计划管理办法》（教高函〔2019〕13 号），为满足新时代创新创业人才培养的迫切需求，推动专创融合制度化、产创融合常态化，不断推动"国家级大学生创新创业训练计划"（以下简称"国创计划"，原"大创"）改革，在"交叉学科子计划"基础上，增设"2035 特区子计划"和"产业特区子计划"。下面将以小思所在四川大学 2023 年度"国创计划"项目申报情况为例，从基本知识、前期准备、立项申请、中期检查、结题评优、注意事项六个方面对"国创计划"进行全方位解析，希望可以助力同学们走好"国创计划"之旅。

一、基本知识

2023 年度的"国创计划"项目分为 2 种类型：创新类和创业类（见图

12-1)。创新类项目又根据项目属性分为 3 种,分别是面上项目、2035 特区子计划项目、交叉学科子计划项目。其中,面上项目和 2035 特区子计划项目均设科学探索类、工程技术类、人文艺术类、社会科学类 4 种申请类别,交叉学科子计划项目设软件信息与文创类、智能装备与医疗器械类、生物医药与新材料类 3 种申请类别。创业类项目又根据项目属性分为 2 种,分别是面上项目和产业特区子计划项目。申报创业类项目时,申报类别("创业训练"或"创业实践")不需要主动选择,而是由评审结果决定。

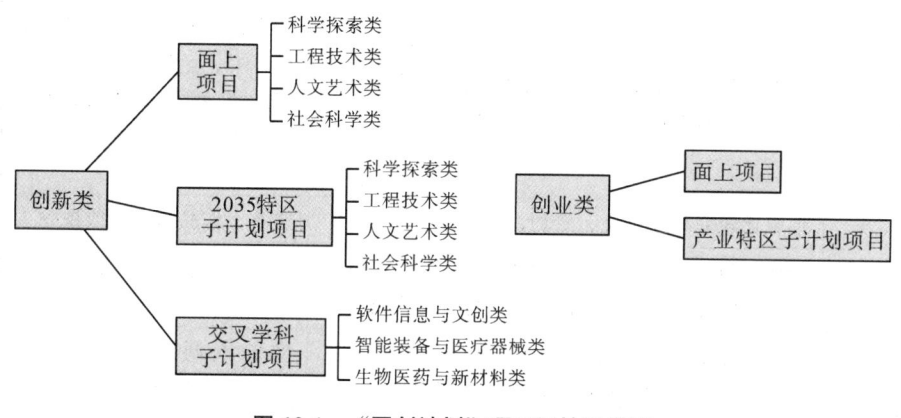

图 12-1 "国创计划"项目属性及类别

创新类项目要求本科生个人或团队,在导师指导下,自主完成创新性研究项目设计、研究条件准备和项目实施、研究报告撰写、成果(学术)交流等工作。创业类项目要求本科生团队在导师指导下,团队中每个学生在项目实施过程中扮演一个或多个具体角色,完成商业计划书编制、可行性研究、企业模拟运行、撰写创业报告、提出具有市场前景的创新性产品或服务等工作。

"国创计划"项目的 4 个等级分别为国家级、省级、校级、院级。通常在每年 11 月提交项目申报书,经审核后立项成功的项目都是校级项目。对于未成功立项的项目,申报人所在学院会再次评估,并将其中一定数量的项目定为院级项目。之后,学校、学院会在次年 4、5 月开展中期检查工作,从项目执行情况、团队投入度、约定成果达成度、资金使用进度、项目成熟度(见表 12-1 和

表12-2)等几方面评审考查,并推荐优秀的项目参评省级和国家级项目。

每年10月开展结题评优工作,对设备及经费等的使用情况进行验收,并根据立项目标达成度和标志性成果、项目成熟度(由项目组自行申报结题成熟度),对结题项目进行评价。评价结果分为"优秀""良好""合格"和"不通过"4个等级。

表12-1 创新类项目成熟度量表

成熟度	判断标准	支撑材料
9	产出论文、专利、竞赛获奖等标志性成果,产生了一定的影响力	论文投稿或接收函、专利受理证书、竞赛奖状、会议报告入选证明、论文被引用情况、查新报告、建议获批示情况等
8	形成比较完整的论文、专利、作品	文本、作品的照片或视频
7	形成了包括文献综述、解决方案和实验结果讨论在内的论文、专利等的初稿或作品原型样品	论文、专利初稿,样品照片
6	根据任务书,采用科学方法全面地比较分析了数据,获得创新成果,达到了预期效果	实验或调查结果分析报告,含数据图表
5	开展多次实验或调查,记录了一批数据,采用了科学方法,做了初步的数据整理和分析,并产生了进一步实验或调查的计划	实验或调查记录、数据图表、下一步计划
4	完成项目创新的初步实验、测试和数据调查,并记录了一些数据	实验或调查记录
3	选定研发路径,学生就项目开展所必需的平台、场地、仪器、设备、原料、经费等取得负责教师认可,做好开展实验的准备	照片、发票
2	已组建学生团队,获得教师有效指导,论证项目目标和可行性,明确分工,形成立项申报书	项目申报书
1	提出创新性想法,完成文献查阅	文献目录及综述

表 12-2 创业类项目成熟度量表

成熟度	判断标准	支撑材料
9	完成产权转让或完成第一次销售	专利授权协议、检索报告、相关合同/协议、银行流水
8	确认知识产权或签署一份重要合同	专利、出版物、合同
7	进行产品或成果多轮迭代改良、成立公司、获用户或第三方认可	产品及成果展示和特点说明、公司注册证明、用户或第三方鉴定结论
6	产品或服务主要功能可用,完成市场调查与反馈	产品或成果市场反馈分析报告
5	原型产品和服务/最小可执行产品(MVP)的关键功能已获初步验证,已取得比较优势	实验结果分析报告
4	原型产品和服务/最小可执行产品(MVP)研制成功	最小可执行产品(MVP)展示和研制过程说明
3	已完成关键资源筹备	可行性研究报告,包括项目执行环境和资源的分析报告
2	已组建项目团队并合理分工,提出比较完整的目标产品或成果设计方案,形成详细执行方案,明确最小可执行产品(MVP)雏形和关键功能	项目计划书
1	完成市场需求识别和项目初步可行性论证	市场调查报告和项目建议书

二、前期准备

"国创计划"的前期准备工作,主要分为选题、选导师、组建团队三个方面。以下主要介绍选题与组建团队两个方面。

1. 选题

根据《四川大学"大学生创新创业训练计划"项目管理办法》(川大教〔2013〕166号)的要求,"国创计划"项目应"具有学术价值或应用前景,并具有创新性,同时应进行可行性论证"。

不论是创新项目还是创业项目,其应用前景与可行性都至关重要。对于创新项目而言,需要重视学术价值,攻克技术难题,观照社会价值。第一,创新项目更注重选题的学理性,强调学术价值和创新性贡献。第二,创新项目侧重突破研究重难点,强调技术的应用落地。第三,创新项目需要观照社会价值,回应现实需求,为应用实践提供学理支撑。

对于创业项目而言,需要重视商业价值,解决市场痛点,回应现实诉求。第一,创业项目更注重选题的商业逻辑,强调商业模式和运营模式的科学、合理与创新。第二,创业项目需要根据市场现存痛点进行针对性设计,解决市场或行业存在的难题。第三,创业项目强调以国家政策、行业风向和人民生活的需求为导向,通过技术的应用来回应现实诉求。

此外,国家政策和学校、学院、学科专业的特色特点也会对项目产生很大影响,大家在选题是需要全面综合地思考。

2. 组建团队

团队的组成并不是人越多越好,而是越合适越好,需要结合项目具体情况考虑。如果把团队比作一只木桶,那么好的项目团队往往是"无短板"的,各方面的事情都有人能妥善处理。在一个项目中,一定要确保每项工作都有人接手,没有"黑洞"。此外,项目负责人一定要结合选题、团队已有成员等实际情况来组建团队,而不是盲目地去寻找"大佬",否则就算请来了"大佬","大佬"也会"水土不服",不能在团队需要的地方发光发热。

三、立项申请

就历年的情况来看,一个好的"国创计划"项目,往往是在某一方面或者某几方面有突出闪光点,同时又没有明显短板的项目。

立项申请书的写作,关键是要处理好三个方面的问题,分别为"选题"

"格式""内容"。其中,"格式"与"内容"的处理有相对确定的原则,即易懂、美观、高效传递信息。这里主要介绍如何"将选题讲明白"。

写立项申请书,切忌跳过过程直接说结论,一定要认真阐明下列问题:

(1)创新项目:项目的研究背景是什么、前人做过哪些相关研究、项目的创新点是什么、项目有什么理论(实践)价值以及应用价值等,要用文献或实验等来说话,体现项目的创新性、可行性以及学术价值;

(2)创业项目:同类型项目或产品的市场情况如何、项目有哪些创新点、项目的优势是什么、项目整体的商业逻辑是什么、项目目前做了什么、项目在市场中的前景等,要用事实说话、用实践说话,体现项目的创新性、可行性以及应用前景。

四、中期检查

自 2020 年度"国创计划"开始,推荐参评国家级、省级项目的时间被安排在了中期检查之后。也就是说,立项申请获得批准的项目如果想评上更高等级,还要再经过一段时间的考察。

在中期检查时,学院、学校会从项目执行情况、团队投入度、约定成果达成度、资金使用进度等几方面对各类项目进行评价和审查,学校也会再组织抽查。每年的考核形式都可能会发生变化,按照当年教务处的要求提交相关材料即可。

对于通过了中期检查的项目,校、院两级将择优推荐参评省级和国家级项目。

中期检查结果分为按期完成、限期整改、终止三类。正常情况下,项目一般都会获评按期完成,只有极少数完成情况实在不佳的项目会被要求限期整改,甚至终止。对于希望获评省级、国家级项目的同学而言,校内立项成功后还不能松懈,要为顺利地在中期检查中得到较高的评价并被推荐参评高等级项目而努力。

五、结题评优

在"国创计划"的结题评优环节,学校会要求项目组提交结题报告和相关成果书面材料,并进行结题答辩。结题结果分为优秀、良好、合格、不通过四类。

表12-3中列出了结题报告写作要点,供同学们参考。

表12-3 结题报告写作重点

评价项目	评价内容	重要程度
项目报告	项目总体情况介绍,科研训练过程描述的完整性	★★★★★★
项目完成情况	对照任务书检查完成情况,项目创新性(一般创新、集成创新、原始创新),工作量大小及其完成程度,项目组各成员完成工作量比例的合理性	★★★★★★
项目成效	对学生创新思维、自主学习能力、实践能力、团队合作能力和科研能力的培养,项目所取得的研究成果(论文、作品、专利等)	★★★★
文档规范性	研究报告、原始数据及资料的完整性,文字表述、成果描述的规范性	★★
项目经费	经费使用的合理性	★★

除了提交书面报告和材料,结题评审一般都会安排答辩环节。表12-4中列出了答辩时需要注意的一些问题,供同学们参考。

表12-4 结题答辩重点

评价项目	评价内容	重要程度
申请者	中/英文流畅度、准确度、逻辑性	★★
	团队组成	

续表

评价项目	评价内容	重要程度
研究项目	项目的立项依据	★★★
	研究内容与创新	
	研究方案可行性	
	对提高学生创新思维、学术能力的作用（侧重考量完成过程中学生的收获、贡献）	★★★
	项目进展安排和预期结果	
支撑条件	前期工作积累、实验条件	★★
	学科背景及导师支持程度	

六、注意事项

在完成"国创计划"项目的过程中，能正确处理困难是非常重要的，其关键在于明确以下四点：困难是什么？什么导致了困难？如何去解决困难？解决完困难后结果会怎么样？

比如，一个团队说自己"技术储备不够导致难以编写申报书"，这就是没有认识到"困难是什么"，需要想清楚到底是什么技术的储备不够。又如，明明一个团队需要 A 方面的人才，却盲目地请来了擅长 B 方面的"大佬"，这就是没有认清"是什么导致了困难"。

只有先明确前两点，才能开始考虑后两点。有的时候，在分析了解决困难的各种方式后发现没有一条路是通的，那也许就需要考虑绕行。

在执行过程中，有的"国创计划"项目会一帆风顺地走到头，也有一些项目会遇到意外。一般来说，项目可能会遭遇的意外情况有四种：项目异动（变更）、提前结题、项目延期、项目终止。

项目异动是指因为某些原因，需要对项目团队成员进行变更。很多时候，立项成功以后，项目团队可能会需要吸收新成员，或者项目团队中有同学因为个人原因要退出，这时就需要项目负责人和教务老师联系，在"国创计划"系统中提出申请，完成项目成员变更。项目异动并不是随时都能处理。一般来说，学校会在通知中期检查的同时通知项目异动事宜，项目负责人需要在规定时间内按照通知中的流程联系教务老师，在系统中完成申请，并在中期检查前完成异动变更。

提前结题往往是因为项目组成员需要推免加分。推免加分的材料落款日期一般要求在 8 月 31 日前，而"国创计划"项目正常结题往往是在 10 月，此时推免早就结束了。很多学院都要求未结题项目不得加分，或者只能加一半的分，因此不少项目组往往会申请提前结题。和项目异动一样，提前结题也不能随时申请。一般来说，学校也是在通知中期检查的同时通知提前结题事宜，项目负责人需要在规定时间内完成结题报告、完整的成果资料和其他支撑材料，并按照教务处通知中的流程联系教务老师，在系统中完成提前结题申请。

项目延期和项目终止都是比较少见的情况，一般是因为项目组成员的时间安排出现了问题，无法按时完成项目或者无法完成项目。出现这类问题时，可以向教务处提出延期申请或终止申请。项目延期一般只能申请一次，最长可以延期半年时间。此外，国家级项目原则上不得延期。

参与"国创计划"的过程十分漫长，从准备到结题需要将近一年时间。如果能提前想明白自己希望从"国创计划"中得到什么，就能有的放矢，在这一年时间内用 100% 的努力去追求自己的期待。其实，不管结果如何，能从"国创计划"中收获成长，就已经很有价值了。

第 13 章 大学生竞赛

一、双创竞赛

双创竞赛是造就"大众创业、万众创新"生力军的重要平台,也是当代大学生施展才华的舞台。由教育部主办的中国国际大学生创新大赛(简称"互联网+",详见官网 https://cy.ncss.cn)和由共青团中央主办的"挑战杯"中国大学生创业计划竞赛(简称"小挑",详见官网 https://www.chuangqingchun.net),是面向大学生的最高级别的两项双创竞赛。成为全球参赛人数最多的赛事之一。通过参加这样高水平的双创比赛,大家不仅能够丰富自己的课外生活,锻炼自己的创新创业能力、表达能力、团队协作能力等,还有机会获得高级别的认可。

上述两项双创竞赛在赛道划分、评审规则方面存在一些不同,但本质上都是在考察项目的"三大逻辑",即技术逻辑、商业逻辑和呈现逻辑。具体而言,双创竞赛的评价要点在于创新性、商业性、团队情况、社会效益等方面。

1. 什么是"好"的双创竞赛项目?

简单来说,好的双创竞赛项目具有"捅破天"和"能落地"两大特质。

"捅破天",是指项目要有足够的创新性,这是双创竞赛首先应考量的方面。创新主要分为技术创新和模式创新。限于市场经验,多数双创项目的模式创新难以落地,因此大赛中通常会鼓励技术创新。竞赛中的技术创新体现在很多方面，例如原理创新、生产过程中的工艺创新等。当然，每项创新都需足够的材料佐证，常见的有专利、论文、重大奖项等。在其他条件类似的情况下，技术创新性越强的项目，就越容易脱颖而出。已经具有一定技术创新基础的团队，需要打磨和突出项目的重大创新，体现项目各项技术的关系，建立合理可靠的技术逻辑，并有针对性地进行专利布局，建立技术壁垒。在校内评审阶段，技术逻辑往往是晋级的关键。

"能落地"，是指项目具有可行性，能在现实生活中实现盈利，而非不切实际的"空想"。要打磨好项目的商业逻辑，需要进行行业与市场分析和商业模式设计。行业与市场分析的目的是明确市场容量、市场结构、市场增速等"大环境"因素，从而评估项目是否有发展的空间，是否在一条前景乐观的赛道上。行业与市场的调研分析的目标是明确"做什么"，而商业模式设计的目标则是解决"怎么做"的问题。商业模式主要分为盈利模式、运营模式、生产模式、销售模式等方面。合理的商业模式是初创项目落地的关键。通常，技术创新型的初创企业采用轻资产的商业运营模式，牢牢把握技术研发环节，在生产和销售环节实行外包。无论如何，商业模式需要结合项目自身特点，综合考虑产品或服务的性质、公司发展规划等多个方面进行设计，体现商业逻辑。

在技术上"捅破天"、在商业上"能落地"，是一个优秀项目的"里子"，是其能够脱颖而出的关键前提。还需要强调的是，在双创竞赛中，项目需要在有限的时间内，直观清晰地呈现出自身优势，从而打动评委，因此连贯、自洽地呈现逻辑至关重要。这是一个项目的"面子"，往往能起到锦上添花的作用。呈现逻辑的打磨会贯穿校赛、省赛、国赛三个阶段，是在竞赛后期的重要工作内容。

2. 如何打造"好"的双创竞赛项目？

（1）选题

在双创竞赛中，能够解决行业难题、市场痛点的项目才是有价值的。价值是创业的内在驱动力，包括商业价值和社会价值。商业价值，涉及市场容量、市场结构、商业模式等。创业产品或服务都需要个人或企业为其买单。消费端的需求决定了市场容量的规模。例如，某疾病患者人数众多，但传统药物成本高、药效弱、副作用大，如果某一项目研制的创新型药物成本低、药效强，甚至连副作用也很小，则这一项目就极具价值。换言之，只有能够提供更有优势的产品或服务，才能赢得目标客户的青睐，赢得市场。此外，在具有商业价值的同时，项目的社会价值也很重要，比如能够带来多少就业机会，可不可以打破国外技术垄断（如制造芯片的核心技术），能不能解决当前人类所面临的难题等（如癌症、环境污染、能源危机等）。

（2）组队

从参赛的角度来说，团队成员当然是"斜杠青年"越多越好。团队成员应具备一些基础素质，如特别有热情、特别能合作、特别能实干……各成员的专业能力应合理匹配，理想的成员构成为：2~3个技术"大神"；至少3个"商业精英"，1个负责财务融资，1个负责商业市场，1个负责营销推广等其他工作；1个口才极佳的答辩人（最好是项目负责人）；1~2个美工，负责PPT、商业计划书、视频、标志（Logo）的制作与美化工作。还需要邀请导师或相关领域专家在技术、商业等方面担任顾问。

（3）呈现

双创竞赛的两份重要材料便是商业计划书和PPT。其内容主要包括市场痛点、技术难点、产品技术、行业与市场分析、商业模式、营销推广计划、专家团队、财务融资计划、发展规划等方面。每个板块均需逻辑清晰连贯、重点突出、材料充分。

二、科研竞赛

大学阶段的科研竞赛，即以科研项目为内容的比赛。此类竞赛中较具代表性的赛事为"'挑战杯'全国大学生课外学术科技作品竞赛"（以下简称"大挑"）和"全国大学生节能减排社会实践与科技竞赛"。下面将分别做简要介绍。

1."大挑"

（1）"大挑"简介

"大挑"是由共青团中央、教育部、中国科协、中国社会科学院和全国学联共同主办的全国性的大学生课外学术实践竞赛，每两年举办一届，原则上单数年份举办"大挑"省赛、国赛，双数年份举办"小挑"省赛、国赛。

"大挑"赛事目前可以概括为"1+3"，即1项主体赛事和近年来新增的"揭榜挂帅"专项、红色专项、"黑科技"专项3项专题赛事。主体赛一般分为三类，分别是：科技发明制作、自然科学类学术论文、哲学社会科学类社会调查报告与学术论文。其中，科技发明制作分为A、B两类：A类指科技含量较高、制作投入较大的作品；B类为投入较少、能为社会生产或生活带来便利的小发明、小制作等。自然科学类学术论文的作者仅限本科生、专科生。哲学社会科学类社会调查报告与学术论文主要集中在哲学、经济、社会、法律、教育、管理6个学科。

"大挑"的申报方式分为个人申报和集体申报。申报个人作品的，申报者必须承担申报作品60%以上的研究工作，作品鉴定证书、专利证书及发表的有关作品上的署名均应为第一作者，合作者必须是学生且不得超过2人。凡作者超过3人的项目，或者不超过3人但无法区分第一作者的项目，均须按集体作品申报。集体作品参与总人数不可超过8人，建议根据作品需求组建学科和年级交叉、知识和技能互补的团队参赛。每件作品可由不超过3名教师指导完成（具体规则每届可能会有变动，请同学们以主办方的最新通知为准）。

"大挑"分为三个重要的阶段，分别是校赛阶段、省赛阶段和国赛阶段。每个阶段都会有相应的要求，同学们需要重点关注各阶段的"文本提交""决赛答辩"和"孵化基金申请"等环节的时间点。

（2）**前期准备**

参加科研类竞赛，在前期准备阶段需要重点考虑的是：项目选题、团队组建与导师选择。

①项目选题。

项目选题是否优秀，在很大程度上决定了项目能否取得成功。同学们在确定选题时需要综合考虑以下几个方面：学术价值、应用前景、创新性、可行性。一般而言，选题时要遵循"胆大心细"的原则，敢于创新，积极与导师交流。

在选题时，对于社科类项目，小思建议同学们借鉴历届获奖项目的经验，学习获奖项目选题的思路，并结合当下的技术水平、学术热点与政策热点，构思出最优的项目选题。

对于科技类项目，小思建议同学们优先考虑自己能参与或能接触到的科研项目，从学科方向与自己的专业匹配度，相关技术的创新性、先进性、科学性等维度去衡量。

②团队组建。

在组建团队的过程中，最重要的是找到"靠谱"的队友。我们可以邀请一些综合素质高的同学，也可以关注周围有某项专长的同学。组队时要善于发挥每位成员的特长，如安排理论掌握程度高的成员负责写项目书，安排有管理才能的成员负责组织工作，安排口才好、应变能力强的成员负责答辩展示。

至于是否当队长，则需要慎重考虑。一方面，由于"大挑"的战线拉得非常长，从提交项目书（12月）到省赛（次年6月）再到国赛（次年11月），持续近1年，这一过程中队长的坚持和担当至关重要。一旦队长表现出信心不足，就会影响整个团队的"战斗力"。并且战线拉长后，团队成员难免会遇到突发状况，或者显露疲态，这就需要队长督促成员做好有关工作，甚至是自己把工作接过来做好。另一方面，队长能得到更多的展示机会，有助于培养自身组织管理、沟通协调的能力。因此，当不当队长，取决于你参与比赛的初心。

③导师选择。

选择指导老师时，建议寻找在选题相关领域科研经历丰富的老师。因为他们深耕这个研究领域，对这个领域有更多认识，能对我们做更多深入浅出、切实中肯的指导，帮助我们找准科研方向，选好研究方法，获得更规范的科研训练，从而让团队在立项上更有优势。

联系导师一般有三种途径。其一是联系专业课的任课老师。同学们在上课过程中与任课老师有较多的接触，相对来说了解较为深入，在课上课下与老师沟通也容易建立师生互信。其二是在学院的网站上查看老师的信息。每个学院的网站上都有本学院教师的简介，一般包括研究方向、研究成果、职称职务、联系方式等信息。如果感兴趣，大家还可以在百度学术、中国知网等平台上继续查找老师的论文发表情况与影响指数（如引用量、H指数等），从而全面地了解老师。其三是请学长学姐推荐。学长学姐有更长的在校学习时间，对导师及大学生竞赛的了解往往也更为深入，一般来说，学长学姐推荐的导师都值得信赖。

（3）参赛要领

①项目文本。

撰写项目文本，需要在选题、格式与内容三个方面下功夫。

在确定选题时，大家要仔细琢磨用语、语法等，确保选题名称能够展示出项目的核心亮点。就社科类项目而言，选题时要紧跟社会热点，尤其是国家的时政热点或社会需求等。表13-1列举了一些获得"大挑"社科类国赛金奖的项目，供大家参考。

表13-1 部分"大挑"社科类国赛金奖项目

项目名称	参赛大学
设计立县：基于福建松溪的设计扶贫实践与模式更新	华东理工大学
关于"塔西佗陷阱"的研究——政治史学视野下的文本追溯与古今之辩	重庆大学
产业驱动的乡村振兴之路3.0版——对浙江省9镇36村地方产业驱动乡村发展的典型模式研究	同济大学
脱贫长效机制研究——基于中部三省四县的调查	复旦大学
制造业中小企业创新的成功之路——"协同创新＋靶向服务"的江阴经验	南京大学
农房共享、融通城乡：农村闲置房屋盘活利用的可行模式探索——基于陕西高陵、湖南浏阳两地三案例的调查研究	江西师范大学
新旧动能转换背景下传统制造业"潮涌现象"的形成与演化机制研究	齐鲁工业大学（山东省科学院）
信息流广告的广告相关性如何提升广告转化率的机制研究——基于有调节的中介效应模型	南开大学
民营经济如何迎来大发展的春天？——各省民营经济政策与落实情况研究	浙江工业大学
乡村振兴战略背景下中国农民的农地情怀与政策期待——基于8432位农民对家庭联产承包责任制的感知	华南理工大学
印度主流媒体对"一带一路"倡议的认知情感变化及原因分析	南通大学
"追梦人"的逐梦路：探寻大学生创客群体的发展之道	南京工程学院

在格式方面，要尽可能让申报书"好看"。如果申报书排版混乱，让人阅

读起来会很困难。一般来说,最简单的排版技巧就是注重对比性和一致性,即不同类型的元素相互对比,相同类型的元素格式一致。例如,如果标题和正文之间没有格式上的差异,那就难以一眼分清内容层次;如果同为正文但每一段的格式都不一样,那就会造成阅读上的混乱。

在内容方面,要尽可能使相关文案"易懂"。在撰写过程中,除了满足语言简洁、逻辑清晰、论证充分等基本要求外,还要注重表达方式的得当与丰富,使文案更易被理解。例如,用表格或者统计图表示数据,以思维导图描述结构层次或流程,图表文结合,能更高效地传递信息。

②现场答辩。

现场答辩环节一般分为"项目陈述"与"项目答辩"两个部分。项目组先陈述自己的项目,时长一般为5～8分钟。陈述过后,评委老师会就项目组展示的内容,结合文本,向项目组提问,随后给项目打分。

要想在现场答辩时将项目的优势和特点充分展示出来,需要我们事先做足准备。下面,小思将从"PPT的制作""陈述稿的撰写"与"项目答辩准备"三方面提出建议。

A. PPT的制作。

在结构上,PPT至少要包含"研究价值""研究方法与过程"与"研究成果"三部分。"研究价值"着重探讨本项目的理论意义、实践意义。在阐述研究价值时,也一定要阐述清楚"创新点"与"独到之处"。"研究方法与过程"主要阐述本项目为了解决"痛点",使用了什么方法,经历了哪些过程才得到最终具有价值的成果。"研究成果"主要阐述本项目得到的结果是什么。

在内容上,PPT需要准确描述本项目的有关信息,但又不能使用过多页面和文字。为了保证PPT的逻辑性,小思在此建议:将一篇完整的演讲稿拆分为若干逻辑连贯的中心句,每页PPT展示一个中心句对应的内容。

B. 陈述稿的撰写。

陈述稿的撰写亦是一门"艺术",它能帮助答辩人在紧张的情况下用较短的时间传递出最重要的信息。一般而言,陈述稿的篇幅应控制在1300~1500字(演讲时长约8分钟),并且内容要契合PPT的放映。陈述稿对项目的描述一定要详略得当,突出项目的重点和亮点。

C. 项目答辩准备。

准备现场答辩时,项目团队一定要养成提前"构建题库"的习惯,即主动去思考答辩时会遇到哪些问题,应该如何回答。

尽管大家参与科研竞赛的目的各不相同,但这份挑战自我的勇气都值得尊重。小思希望每一位参赛的同学都能以一种"春游"的心态去享受比赛:比赛前,团队成员用心准备,精诚合作,乐在其中;比赛中,合理安排时间,努力锻炼自己的各项能力;比赛后,平静地接受属于自己的比赛结果,迎接更好的自己。

2. 全国大学生节能减排社会实践与科技竞赛

(1) 竞赛简介

全国大学生节能减排社会实践与科技竞赛(官网:https://www.jienengjianpai.org)是由教育部高等学校能源动力类专业教学指导委员会指导,全国大学生节能减排社会实践与科技竞赛委员会主办的学科竞赛。该竞赛充分体现了"节能减排、绿色能源"的主题,紧密围绕国家能源与环境政策,紧密结合国家重大需求,在教育部的直接领导和广大高校的积极协作下,起点高、规模大、精品多、覆盖面广,是一项具有导向性、示范性和群众性的全国大学生竞赛,得到了各高校的高度重视。本竞赛每年举办一次,分为校赛阶段(11月—次年5月)和国赛阶段(5—8月),全国总决赛一般在8月举行。

该竞赛的项目分为"科技类"和"社会实践类"两种。科技类项目包括实物制作（含模型）、软件开发、方案设计，聚焦于作品设计的目的和基本思路、创新点、关键技术和主要技术指标，以及是否具有通过新思想、新原理、新方法和新技术实现节能减排的实质性技术特点和显著效果。社会实践类项目通过社会调查研究，聚焦于调研方式、调研对象、调研资料的分析、调研的结论和心得体会，形成社会实践调研报告，提出节能减排的新思想和新方法。

该竞赛分为研究生组和本科生组，为团队赛制，每个团队不超过 7 人，可聘请指导教师 1~2 名。竞赛以高等学校为参赛单位，每所高校限报 15 项作品。参赛时，各参赛团队要提交申报书、说明书（科技类）或报告（社会实践类）以及项目介绍视频。参赛作品必须是比赛当年完成的作品。参赛者必须在规定时间内完成设计，并按要求准时上交参赛作品，未按时上交者视为自动放弃比赛。

（2）**备赛注意事项**

①项目选题。

项目选题需紧扣当年的竞赛主题，如"节能减排、绿色能源"，并且要有较强的创新性。常见的选题方法有以下几种：查询往年获奖作品，学习选题思路；从自己正在参与的研究项目（"大创"项目或指导老师的科研项目等）入手，确定选题；根据"节能减排"主题，对以前做过的项目进行大幅度创新；通过请教老师或学长学姐确定合适的选题；等等。

在这里，小思要特别提醒大家，无论以哪种方式参加比赛，都要提前了解比赛时间节点，严格按照比赛要求完成组队及项目的初步设计与制作，避免因为时间不足而导致参赛失败。

②撰写申报书。

申报书的主要内容为参赛作品的基本信息、作品摘要、作品的先进性与科学性、作品推广应用的可行性分析等。其中，作品摘要需要控制在 500 字以内，对作品的科学性与先进性的阐述也要控制在 500 字以内，作品推广应用的可行性分析要控制在 200 字以内。由于字数限制，大家在撰写申报书时要尽量使用简洁的语言，详细的内容可以在说明书中阐释。撰写时要注意语言的逻辑性，分点进行论述。

③撰写说明书。

撰写说明书的目的是全面且突出重点地展示自己的参赛作品，可参考大赛要求或评判标准进行撰写。以科技类参赛作品为例，可以参照论文写作的框架撰写说明书。首先，可介绍项目背景，如该项目在国内外的发展状况，从而引出自己的参赛作品。然后，可以围绕作品的技术创新性、科学性，项目可行性，社会效益和经济效益等进行全面的论述。在论述时要注意结合国内外最新研究成果进行对比分析。

说明书撰写完成后，团队成员需立足于专业性和规范性，逐字逐句地进行推敲，使之不断完善。在此过程中要注意语言的简洁凝练，避免使用"口水话"，做到"干货满满"。另外，还需要注意保持格式的规范，如图表的呈现方式是否科学，参考文献格式是否正确、统一等。

④介绍视频。

介绍视频就是对参赛作品进行介绍的一段视频。根据该竞赛的要求，介绍视频的时长为 3～5 分钟，文件大小不得超过 50MB。由于竞赛对文件大小有限制，小思建议大家在制作视频时设定合适的时长、清晰度等，控制好文件的大小。为了增强介绍视频的趣味性，建议通过精美的动画、生动的旁白或者实物模型的展示来介绍作品。此外，还可以利用 3D 建模、手绘动画等生动直观地展示已经制作出的实物模型，更清晰地展示作品的原理和功能。

三、数学类竞赛

1. 全国大学生数学竞赛

全国大学生数学竞赛（The Chinese Mathematics Competitions，CMC）

由中国数学会主办,每年由不同高校轮流承办,是一项旨在激励大学生数学学习兴趣,发现和选拔数学创新人才的全国性高水平学科竞赛。自2009年第一届全国大学生数学竞赛在国防科学技术大学成功举办以来,大赛已经成功举办了15届。随着参与人数的不断增加,该比赛越来越受到各高校的认可与重视。

(1) **比赛简介**

①参赛对象。

本科二年级及以上的在校大学生均可参赛。竞赛分为数学专业组(含数学与应用数学、信息与计算科学专业的学生)和非数学专业组。数学专业学生不得参加非数学专业组的竞赛,金融数学、统计学等专业学生不受此限制。

从第十二届全国大学生数学竞赛(2020年)开始,全国组委会在数学专业组分设了数学专业A类竞赛和数学专业B类竞赛,规定具有数学一级学科博士点高校或在第四轮学科评估中数学学科评级为B以上(含B—)高校的学生参加数学专业A类竞赛;其他高校的学生不受此限制。如果第五轮学科评估在报名前公布,则第五轮评估中数学学科评级为B以上(含B—)高校的学生也须参加数学专业A类竞赛。

②报名时间与方式。

报名时间:每年9—10月,一般比正式比赛时间提前一个月左右。

报名方式:以各学校教务处通知为准。

③比赛时间与方式。

比赛时间:以官方当年发布的通知为准,通常会于每年5—6月在全国大学生数学竞赛网站(https://www.cmathc.cn)上发布。从历届比赛的举办时间来看,初赛时间一般在10月中下旬,决赛时间一般在初赛次年的3月下旬。

比赛方式:线下闭卷考试。初赛考试时长为2.5小时,一般为上午9:00—11:30;决赛考试时长为3小时。

④竞赛组别与考查内容（见表 13-2）。

表 13-2　全国大学生数学竞赛的组别与考查内容

组别	非数学专业组	数学专业组
初赛	高等数学	数学分析、高等代数、解析几何（所占总分的比例分别为 50%、35% 及 15% 左右）
决赛	高等数学、线性代数（所占总分的比例分别为 80%、20% 左右）	大一及大二学生（低年级组）：在预赛所考内容的基础上增加常微分方程（所占总分的比例约为 15%）。大三及大四学生（高年级组）：在大二学生考试内容的基础上，增加实变函数、复变函数、抽象代数、数值分析、微分几何、概率论等内容，由考生选做其中三门课程的考题（增加的内容所占总分的比例不超过 50%）

（资料来源：全国大学生数学竞赛网站）

以上考题所涉及的各科内容，均不超出数学专业本科或理工科本科相应课程教学大纲规定的教学内容。非数学专业组的考试范围均为"高等数学（一）"所学的所有内容（包括级数等）。

⑤奖项设置。

初赛奖：按照数学专业（分 A 类和 B 类）与非数学专业分别评奖，每个赛区的获奖总名额不超过总参赛人数的 35%。其中获一等奖、二等奖、三等奖的人数分别不超过赛区总参赛人数的 8%、12%、15%。获奖者由组委会颁发"第××届全国大学生数学竞赛×等奖"证书。

决赛奖：全国统一评奖。参加全国决赛的总人数为 600 人（其中数学专业、非数学专业学生各 300 人），根据绝对分数评奖。决赛名额的具体分配办法由当年全国大学生数学竞赛工作组研究确定。为避免部分参赛者因故不能参加决赛而造成名额损失，每个赛区可同时上报递补参赛者名单；若每类递补参赛者多于 1 人，应根据初赛成绩排序。

（2）**备赛建议**

①巩固基础。

引领 竞逐 共进 —— "大川小思"大学有效学习攻略

无论是参加数学专业组还是参加非数学专业组的比赛，牢固地掌握基础知识都是十分必要的。因为非数学专业组的初赛考试范围为"高等数学（一）"所学内容，因此同学们需要熟练掌握课堂上讲到的所有公式、定理与推论，如清楚带皮亚诺余项的泰勒展开与拉格朗日余项的泰勒展开的两点区别（最后一项和定义域）。建议将课件、笔记、习题系统地复习一遍，夯实基础知识。做到这些基本可以完成初赛中的简单题目。参加数学专业组比赛的同学在平时学习时要注意拓展学习内容，强化对基本概念、基本定理的掌握。

②培训学习。

以四川大学为例，学校会针对数学竞赛组织相应的培训或提供相关的辅导。在培训中，老师往往能快速地将知识点及解题技巧讲好、讲透，省去同学们独自学习而花费的大量思考与总结的时间。所以，建议同学们积极争取和把握学校提供的培训机会，全程参与培训，充分吸收培训内容，认真完成培训作业。

③真题模拟。

往届的真题是备赛中最宝贵的资料，能真实地反映竞赛的出题难度与问题设置导向。大家应在考前 1~2 个月内，利用往届真题进行全真模拟考试，并认真总结。

模拟考试时，考试时间与考试环境都要贴近真实情境，这样更利于在考试时迅速进入状态；每次模拟考试后，都要对照答案认真思考，查漏补缺，针对自己的薄弱点制订提升计划；对能掌握的题型，要按照章节梳理基本概念、基本思想和基本方法，总结归纳经典题型的解法，并进行有针对性的练习。

④强化练习。

量变引起质变，在对题目的练习达到一定程度的时候，同学们对知识点的理解、对题目的直觉都会发生质的变化。

"刷题"过程中,需要注意三点:第一,勤于思考。与其无意义地重复练习一种题型,不如第一次就探索其背后的思想,理解底层的逻辑。第二,善于辨别。练习题的质量在很大程度上决定了数学能力提升的效果,建议同学们选择有质量保证的题目进行练习。第三,兼顾效率。对于比较简单的题目,建议同学们理顺解题思路即可;如果题目难度较大,思考10分钟后仍毫无头绪,不妨直接查看参考答案,归纳解题思路,切勿在一道题上花费过多时间。

大道至简,通过大量练习积累技巧,并时常复习、总结和归纳,是学好数学的不二法门。

(3) **资料推荐**

①可以参考第6章高等数学学习攻略部分的资料,打牢基础。

②历届全国大学生数学竞赛真题,包括各省份的初赛试题与全国总决赛试题。

③《全国大学生数学竞赛大纲》(数学专业类/非数学专业类)。

④《大学生数学竞赛习题精讲》,陈兆斗等编。

⑤《吉米多维奇数学分析习题集》,费定晖、周学圣编著。

⑥《大学生数学竞赛教程》,蒲和平著。

2. 数学建模竞赛

数学建模竞赛是一项要求在3~4天时间内通过建立数学模型和应用计算机技术解决实际问题的竞赛。该竞赛需要3名同学以团队形式展开合作,在3~6道具有实际背景的选题中任意选择一题,完成建模、求解并且以论文的形式展示解决问题的成果。

数学建模竞赛有很多,其中最具代表性的是全国大学生数学建模竞赛(CUMCM,简称"国赛",每年9月举行)和美国大学生数学建模竞赛

（MCM/ICM，简称"美赛"，每年1—2月举行）。除此之外，按照"国赛"的赛制及风格而举办的比赛主要有MathorCup高校数学建模挑战赛、"深圳杯"全国大学生数学建模挑战赛，按照"美赛"的赛制以及风格举办的比赛主要有"认证杯"数学中国数学建模网络挑战赛、亚太地区大学生数学建模竞赛（APMCM，简称"亚太杯"，每年12月举行）等。

(1)"国赛"与"美赛"的区别

"国赛"与"美赛"在比赛时间、可选题目数、比赛语言、题目设置、风格等多方面有较多区别（见表13-3）。在备赛过程中，同学们要根据两个比赛的不同特点有针对性地做准备。

表13-3 "国赛"与"美赛"的区别

赛事	"国赛"	"美赛"
比赛时间	每年中秋节前后举行，历时3天	每年春节前后举行，历时4天
可选题目数	3	6
比赛语言	中文	英文
题目设置	每个小问间的承续性较强，一般后续小问建立在前一小问的结果之上	每个小问间的承续性不强，可以独立求解
风格	有参考解答，更注重步骤与结果的准确性	没有参考解答，更注重解题思路和算法创新性

(2)"国赛"选题分析与建议

"国赛"总共有A、B、C三道题可选。虽然比赛举办方并没有明确说明这三道题的命题方向，但根据往年的经验，小思将这三道题的命题方向总结如下：

A题一般是物理机理建模类题目。第一小问一般是根据题目叙述的机理构建相应的方程，在建立方程之后一般会涉及多元微分方程的求解，同时可在知网查到一些论文作为机理建模的参考。第二小问一般为规划问题。第三小问和第四小问一般是在前面建模和规划的基础上进行单目标和多目标优化。建模方面常常会涉及大学物理的建模内容。A 题的重点是机理建模、多元微分方程求解、简单规划、单目标和多目标优化。

B 题一般是复杂的规划类问题，需要对规划类算法和解决方案特别熟悉，同时对编程能力要求较高。

C 题目前看来是偏向于经管、大数据一类的问题。"国赛"从 2019 年才开始设立 C 题，2019 年和 2020 年的 C 题主要涉及图论、运筹学、大数据分析（机器学习）、评价一类的问题和算法。

(3)"美赛"选题分析与建议

"美赛"有 6 道题可供选择，每道题的风格和所需要的知识储备都有一定的区别。小思建议大家在开始备赛前有针对性地选择 1~3 个方向进行准备，不要泛泛地准备所有类型的题目。可以把"美赛"题目分为 A、B 题（传统数模题），C、E 题（大数据），D 题（运筹/网络），F 题（政策）四类。

①A、B 题：分别对应连续型问题和离散型问题。这两类问题和"国赛"A、B 题很相似，建议对"国赛"A、B 题感兴趣的同学选择。

总的来说，A 题的内容多种多样，可能会有特别专业的工科问题（如无线电），可能会有一些特别新奇的问题（如养龙），也可能会有比较常规的大数据分析（如鱼群迁移）。在准备 A 题的过程中，需要重点关注传统算法，如规划、优化、评价、时间序列等，有余力时再去关注机器学习类算法。

根据近两年的 B 题分析，大家在准备离散型问题时，需要重点准备整数规划类算法。2020 年的沙堡题采用的元胞自动机算法是机理建模类算法，建议数学和计算机功底较好的同学学习准备。

②C、E 题：都是大数据类的题目，主要区别为 C 题的数据会以附件形式给出，题目的背景多种多样，而 E 题的数据需要参赛者自己去网上寻找，题目与环境相关。

大数据类的题目主要涉及三个方面：大数据分析（分类回归为主）、评价和预测（一般采用时间序列）。而 E 题除了以上三个方面还需要参赛者自己去网上寻找数据。建议对机器学习与大数据感兴趣的同学选择 C、E 题。

③D 题：运筹学问题或者网络科学问题。2019 年的题目（逃离卢浮宫）是典型的运筹学问题，2020 年的题目（踢足球的策略）是典型的网络科学类问题。

④F 题：政策类问题。2019 年的题目（通用、去中心化、数字货币可行吗？）和 2020 年的题目（海平面上升对国家人口的影响），均涉及经济学、管理学知识，对理工科同学来说，如果没有经管专业知识基础则很难出彩。

(4) **赛前准备**

①知识储备。

不同于以考试为主要形式的数学竞赛，数学建模竞赛对数学知识的考查更多元化，也更注重其在实际问题中的应用。参加数学建模竞赛需要先做好微分方程、差分方程、优化、插值、拟合等方面的知识学习。

A. 插值与拟合。

要在数学建模中分析离散数据，一般需要弄明白以下三个问题：数据之间的函数关系是什么？如何从已有模型中选出最合适的模型？如何用选择的模型进行预测？

插值与拟合都是建模过程中处理数据的基本手段。插值与拟合的区别在于，插值所建立的函数图象是一定会经过已知的数据点的，而拟合需要以某种方式定义拟合结果与已知数据的某种"误差"，并对规定的这种"误差"求最小值，从而得到拟合的函数表达式。

常用的插值方法有：线性插值、代数多项式插值、样条插值。插值的基本思想是用一些简单的函数为已知数据建立函数关系，常用线性插值和三次样条插值。在常用插值方法的基础上还衍生出了其他的插值方法，需要根据实际问题选用。

使用拟合的关键在于：如何定义已知数据与建立的函数之间的"误差"，对"误差"的不同定义产生了相对应的拟合方法。最小二乘法是最为经典的拟合方法，并且这一方法有许多推广变形。

B. 线性规划。

线性规划构成最优化数学模型的三要素是决策变量、约束条件和目标函数。其研究内容主要是线性的最优化问题。最优化方法一般包括传统最优化方法和现代最优化方法（智能化方法）。其中，现代最优化方法主要包括遗传算法、模拟退火算法、蚁群算法、粒子群算法、神经网络算法、禁忌搜索算法等。

C. 非线性规划。

非线性规划是与线性规划相对应的概念，其主要目的都是求解问题中某个量在一定限制条件下的最大（小）值。两者的不同之处在于，线性规划的约束条件必须全为线性的条件。但在实际情况中，多数约束条件并不是线性的。在某些情况下，我们可以对非线性的问题进行线性化处理。

对于一般的非线性规划问题，可采用梯度下降法、迭代算法（搜索算法）等。迭代算法中较为常用的是下降算法，对于不同的情况要选择不同的下降算法，如梯度下降法（也叫最速下降法）、共轭梯度法、牛顿法、拟牛顿法等。但无论哪种下降法，都有一个一般的原则：既要使它尽可能地指向极小值点，又不至于花费太大的计算代价。

尽管非线性规划问题也有相当丰富的求解方法，但这些方法远不如求解线性规划问题的方法那样高效、通用。一般来说，求解非线性规划问题要比求解线性规划问题困难得多。目前求解非线性规划问题时，还没有通用的方法，使用得比较多的方法是智能算法（如遗传算法、粒子群算法等），这种算法能在一定情况下得到全局最优解。

D. 图与网络优化方法。

小思建议大家了解图的概念，包括顶点、度、边、有向图、无向图的定义等，学有余力的同学还可以了解图论相关知识。基本的问题和算法包括：最短路径问题、最小生成树、最大流问题。在自学的过程中建议在 CSDN 上搜索例题及算法，通过例题了解每个算法所对应的模型。

E. 微分方程模型。

一般来说，在建模过程中，需要根据函数及其变化率的关系确定函数，根据建模目的和问题分析做出简化假设（简化假设通常有利于方程的求解），并按照内在规律和类比法建立方程。常见的微分方程模型包括：人口增长模型、阻滞增长模型（Logistic 模型）、传染病模型等。微分方程的求解过程通常比较复杂，数学理论告诉我们，绝大多数的微分方程是无法求出初等解的。数学建模竞赛中，绝大部分微分方程都是利用 MATLAB、Mathematica 等软件求解。

数学建模竞赛对课内数学知识的考查较少，更加注重的是对实际问题的分析与处理。同学们如果期望在数学建模竞赛中脱颖而出，就需要储备较为丰富的统计、优化等偏应用方向的数学知识。因此，我们一旦确定要参加数学建模竞赛，就要尽快为竞赛做准备，打下坚实的数学基础。无论竞赛的结果如何，参加数学建模竞赛这一过程都能帮助你站在更高层面审视和应用所学的数学知识，并直观感受到数学在处理生活中各种实际问题时的巨大作用。

②学习资料。

《数学模型》（姜启源等编）：该书是目前四川大学数学建模课程的教材，也是广受好评的数学建模的基础教材，可以作为数学建模入门教材使用。

《数学建模算法与应用》（司守奎等编著）：该书不仅涵盖了除机器学习外的所有主流算法，还详细地阐述了主流算法的思路以及对应的 MATLAB 代码。建议同学们选取自己所需要的算法认真学习。

《MATLAB 数学建模方法与实践》（卓金武等编著）、《MATLAB 数学建模》（李昕编著）、《MATLAB 智能算法》（温正等编著）：这些书均可作为学习 MATLAB 的参考资料。它们的内容有较多相似之处，建议同学们以一本书为核心，有选择性地阅读其他书籍。同时，关于 MATLAB 的学习也有很多网络资源，同学们不要仅局限于书本。

《正确写作美国大学生数学建模竞赛论文》（Jay Belanger 等著）：该书就"美赛"论文写作的结构、语法、符号、句式、LaTex、MathType 等做了说明，非常适合作为"美赛"写作参考。

《统计学习方法》（李航著）：该书是机器学习的基础教材，但比较深奥。书中只有相应算法的分析理论而没有算法代码。推荐准备"国赛"C 题和"美赛"C、E 题的同学在论文写作中阐述算法原理时把该书当作参考书籍使用。

《机器学习》（周志华著）、《机器学习实战》（哈林顿著）：这两本书都是关于机器学习的，适合准备"国赛"C 题和"美赛"C、E 题的同学有选择性地学习。

《运筹学》（胡运权主编）：运筹学是数学建模中一项重要内容，主要出现在"国赛"C 题和"美赛"D 题，建议选择这两道题目的同学系统地学习运筹学知识。

往年优秀论文：如全国大学生数学建模竞赛的优秀论文分享平台：http://dxs. moe. gov. cn/zx/qkt/sxjm/lw/qkt_sxjm_lw_lwzs. shtml。

CSDN 和哔哩哔哩网站：CSDN 是全球最大的中文 IT 社区，同学们需要的算法对应的算法思路和不同平台代码几乎都可以在 CSDN 上找到。在学习机器学习算法的时候，推荐大家可以去哔哩哔哩网站上查找 Python 的 sklearn 库的学习资源来进行入门学习。

③队伍分工。

数学建模团队一般由 3 名同学构成。团队成员的分工多种多样，常见的分工方式为：3 名同学分别负责建模、编程和论文写作。在这种分工方式下，小思认为，负责建模和编程工作的两位同学最好都兼具建模和编程的能力。

就"美赛"来说，各小问相对独立，可以独立开展各个小问的解题工作，并可以尝试团队里的每个人完整负责一个小问的建模、编程、写作工作。同时，负责写作的同学还要负责校对以及问题重述等内容的写作。

而对于"国赛"来说，每个小问之间有较强的承续性，如果严格按照建模、编程和论文写作来分工，可能会因等待前期工作完成而浪费时间。小思建议两名同学合作进行建模和编程，第三名同学主要负责写作，辅助建模和编程。建模和编程开始时，负责写作的同学可以先完成问题重述等内容的撰写和编排，然后再加入建模和编程的队伍中。

对于刚组队的队伍，建议大家在参加"美赛"和"国赛"前先参加"亚太杯""深圳杯"等比赛，完整地完成一次比赛，熟悉比赛节奏。

④软件及算法准备。

A. 常用软件：

MATLAB：MATLAB 是数学建模最重要的软件，几乎所有算法都可以用 MATLAB 实现。但因为 MATLAB 在机器学习领域的开源资源不如 Python 多，在统计分析方面的专业性和方便程度不如 SPSS、Stata 等软件，故建议重点学习 MATLAB，但不要只停留于 MATLAB。

Python：Python 是机器学习最好的平台，具有非常多的机器学习开源资源。对于"美赛"而言，Python 中的 sklearn 库完全满足"美赛"对机器学习类算法的所有需求。同时，如果同学们对 Python 非常熟悉，很多常规算法（如蚁群算法）也有很多开源资料，可以代替 MATLAB。

Origin：Origin 是十分便于作图以及插值与拟合的软件。相比于

MATLAB，Origin 的可视化及交互性非常强。

SPSS：统计学的重要软件，对于时间序列分析、主成分分析、因子分析等算法非常适用，软件交互性也非常好。

其他：LINGO，适用于规划类问题；Eviews，适用于时间序列相关分析；COMSOL 或 ANSYS，适用于多物理场分析；Mathematica，相比 MATLAB 在求解微分方程上更胜一筹。

B. 常用算法：

基础类：数据预处理、插值与拟合、微分方程求解、主成分分析和因子分析。这几类算法是数学建模中最基础的算法。数据预处理可以使用 MATLAB 或 Python 中的 pandas。插值与拟合可以用 MATLAB 中的 Curve Fitting 工具箱完成。微分方程主要是采用 MATLAB 中的 ODE45 或 Python 中的 SciPy 来求解。主成分分析和因子分析是统计学的重要分析方法，SPSS 在这方面更加专业。

规划类：主要有线性规划、整数规划、非线性规划、动态规划。规划类算法是"国赛"中最常出现的算法，而在"美赛"中整数规划主要出现在 B 题中。建议用 MATLAB 或 LINGO 解决规划类问题。

优化类：主要有遗传算法、模拟退火算法、蚁群算法、粒子群算法等，分为单目标优化和多目标优化。优化类问题在"国赛"中几乎必考，而在"美赛"中近年来出现频次较低。CSDN 上有较多的 MATLAB 开源代码，也有部分 Python 开源代码，可以用于赛前准备。

时间序列：分为指数平滑法、ARMA、ARIMA、VAR 等，是"美赛"中最常出现的算法，建议大家重点准备。建议采用 SPSS 或 Eviews 作为实现软件。

分类回归：是机器学习最重要的算法，建议"美赛"选题方向为 C、E 题，"国赛"选题方向为 C 题的同学重点准备。常规分类回归主要算法有决策树、随机森林、支持向量机、XGBoost 等。决策树算法偏简单，而支持向量机和神经网络等算法偏难，因此建议采用随机森林或者 XGBoost 算法。对比自然语言处理（NLP）的分类回归，LDA 算法是入门级算法，可以提前准备。机器学习中的无监督学习聚类算法主要有 k 均值聚类、系统聚类（层次聚类）、密度聚类（DBSCAN）等。建议采用 Python 作为实现平台。

评价类：主要有层次分析法、数据包络分析、TOPSIS 等。这类算法在"美赛"中经常出现，"国赛"中主要出现在 C 题。

⑤写作准备。

A. 写作软件：

参加"美赛"，推荐采用 LaTex 进行论文编排；参加"国赛"，可根据熟练程度采用 Word 或 LaTex 进行编排。

对于 LaTex，小思推荐将 VScode 和 Texlive 两个编辑器配合使用，利用 Mcmthesis "美赛"模板。在"美赛"Mcmthesis 模板的下载位置有详细的 LaTex 入门说明和模板使用说明，建议大家仔细阅读。

B. 论文结构。

题目：能体现团队的主要思路（例：基于×××方法的×××），不必照抄原始题目。

摘要：重点是说清楚模型的逻辑和结果。摘要单独占一页，但不能超过一页。摘要后面应该有关键词。一般建模竞赛都有多个小问，因此写作摘要时，宜先写一小段总体思路描述，然后针对每一小问写一段，即用什么方法得到什么结果。例如：针对问题一/二/三，我们基于×××（假设、思想），建立了×××模型，利用×××方法求解，得到了×××结论。

引入：问题背景、问题重述、模型假设、符号说明、问题分析。问题重述最好不要照抄原始题目，而要按照自己的理解简单写一下题目要求做什么事情。模型假设不要太多，条数以个位数为宜。假设一定不能有明显错误，否则可能会导致评委老师完全否定大家后面的论证工作。模型假设后一般还会有符号说明。符号说明不宜太多，文章中重要的符号要列清楚，偶尔用一次的符号可以不列。优秀的获奖论文一般在模型的建立之前还会有"问题分析"一节，意在把思路和想法介绍清楚，通常包含整体的建模思路和针对各小问的分析。

模型的建立：每一小问的模型建立与求解可以交错，也可以拆分为两个大的部分。在某些情况下，这个环节开头还要有一个"建模准备"，介绍建模需要用到的重要方法或者数据的预处理。这一部分应包括模型的建立过程，即怎么一步一步地根据假设做计算和推导，从而得到最后的模型。最重要的是，这一部分一定要有一个明确的模型并且清晰地写出来，其形式类似于"经过前面的分析，本文建立的模型如下：……"。如果不止一个模型，模型之间应该有递进关系（如适用范围不一样，难易程度不一样，或者对问题的简化程度不一样等），切忌简单罗列一堆模型。模型应该以问题为中心，要能够切实解决题目所提到的问题，而不能以自己熟悉的方法为中心。没有哪种方法适用于所有问题。

模型的求解与参数估计：需要写清楚求解使用的方法、求解过程和计算结果。对计算结果需要结合问题进行分析和解释。切忌以简单一句"根据××软件计算得……"这样的方式处理。

可靠性检验、灵敏度分析：需要对模型的计算结果进行分析和解释，并考虑当某些假设、简化条件不满足或者数据有误差时，模型的计算结果会有多大变化，应该怎么处理。

讨论：分析模型的优缺点、可以改进的地方，以及可以拓展到哪些应用领域。

结论：根据结果得出结论。

附录：参考文献、代码。在正文中引用或参考过的文献必须列在参考文献表中。参考文献最好是教科书或者正式发表的论文。计算用的代码、大量的数据或者图片则需要放入附录中。

四、商业类竞赛

商业类竞赛（以下简称"商赛"）是一种模拟商业运作的比赛。通过模拟商业运作，同学们可以学习商业知识、运用商业理论、理解市场规律、提高商业专业技能，并在与团队的合作中，学习有效的沟通方式，锻炼规划能力和执行力，培养商业思维，提高创新创业能力。

1. 赛事简介

商赛的主办方一般是政府、学校、企业或学术机构等。表13-4中列举了一些较有代表性的商赛，供大家了解这类比赛的基本情况（表中时间均为往届开展时间，每年具体举办时间会有变化）。

表13-4 部分有代表性的商业类竞赛

竞赛类型	竞赛名称	主办方/承办方	参赛人数	竞赛内容	时间安排
2023年全国普通高校大学生竞赛排行榜内商赛	全国大学生电子商务"创新、创意及创业"挑战赛	教育部高校电子商务类专业教学指导委员会主办	每个团队3~5人，不允许同时参加多个团队，允许跨校组队	提交与电子商务相关的商业计划书或完成一项与电子商务相关的市场服务计划。该竞赛强调社会效益与经济效益的统一，倾向于选择那些已经小有成效的项目	10月启动，3—4月举行校赛，5—6月举行省赛，7月举行总决赛
	中美青年创客大赛	教育部主办，教育部留学服务中心、清华大学、英特尔公司承办	每个团队不超过5人	要求作品关注社会与民生、社区、教育、环保、健康、能源、交通等主题，参赛者需要结合创新理念和前沿科技，提供可演示的产品原型	5月启动，6—7月举行选拔赛，7月举行作品优化，8月举行总决赛

续表

竞赛类型	竞赛名称	主办方/承办方	参赛人数	竞赛内容	时间安排
2023年全国普通高校大学生竞赛排行榜内商赛	大学生市场调查与分析大赛	中国商业统计学会主办	每个团队3~5人，不允许同时参加多个团队，允许跨校组队	选手通过个人知识赛后可参与组队，进行实践团体赛，即市场调研。比赛旨在提高学生的组织、策划、调查和数据处理与分析等专业实战能力	知识赛：每年11中旬至12月中旬；校级选拔赛：次年3月底前完成；分省选拔赛：次年4月底前完成；全国总决赛：次年5月底举行；海峡两岸大学生市场调查分析大赛总决赛：8月下旬在大陆和台湾地区依次举行
	全国高校商业精英挑战赛	中国国际贸易促进委员会商业行业委员会牵头，会同有关专业协会（学会）、事业单位联合主办	每个团队3~5人，不允许同时参加多个团队，允许跨校组队	设置有品牌策划、国际贸易、会计与商业管理案例、物流与供应链、创新创业、流通业经营模拟、营销模拟决策、跨境电商、会展创新创业实践、商务谈判、商务会奖旅游、酒店管理、国际经贸与商务专题等13项专业竞赛	12月报名，次年3月提交方案，4月宣布名单，5月举行总决赛

续表

竞赛类型	竞赛名称	主办方/承办方	参赛人数	竞赛内容	时间安排
2023年全国普通高校大学生竞赛排行榜内商赛	全国大学生广告艺术大赛	全国大学生广告艺术大赛组委会、中国传媒大学、大广赛文化传播（北京）有限公司共同举办	每个团队1～5人，不同赛道对团队的人数限制不同	每年根据品牌命题进行创作，有八大赛道，包括平面类、视频类、动画类、互动类、广播类、策划案类、文案类、公益类	1—3月命题，3—6月创作，7—8月评选，9月举行总决赛
	"学创杯"全国大学生创业综合模拟大赛	高等学校国家级实验教学示范中心联席会经济与管理学科组	每个团队3人	大赛主要有两个内容：创业综合模拟演训活动和创业营销演训活动。参赛者可选择一项参加。参赛者需模拟经营一家公司，从事研究、开发、生产、批发和零售等工作	3—5月举行校赛，6—9月举行省赛，10月举行国赛
2023年四川省本科高校大学生竞赛项目内商赛	四川省大学生人力资源管理技能竞赛	四川省教育厅	每个团队4～6人	人力资源方案设计	9—11月
	四川省大学生乡村振兴创意设计大赛	四川省教育厅	每个团队3～6人	乡村振兴项目策划	4—10月
	营销策划大赛	四川大学	每个团队4人	沙盘排位赛＋策划	6—7月
	财经素养大赛	四川大学	每个团队3～5人	知识赛＋案例分析	10—11月
	企业管理挑战赛	四川大学	每个团队3人	沙盘经营＋策划	9—11月
	广告艺术大赛	四川大学	每个团队5人	全国大学生广告艺术大赛选拔赛	3—7月

续表

竞赛类型	竞赛名称	主办方/承办方	参赛人数	竞赛内容	时间安排
2023年四川省本科高校大学生竞赛项目内商赛	智慧文旅作品创新创作大赛	四川旅游学院	每个团队3人	策划方案设计	5—10月
	会计技能大赛	四川农业大学	每个团队3人	理论考试＋案例分析	9—10月
	农业创意设计大赛	四川农业大学	每个团队5人	营销方案或产品设设	5—7月
	ERP数智化企业沙盘模拟经营大赛	西华大学	每个团队4人	沙盘模拟经营	5—7月
	知识产权竞赛	西华大学	每个团队3人	知识竞赛	4—6月
	经营管理决策模拟大赛	西华师范大学	每个团队3人	知识竞赛	9—11月
	电子商务"创新、创意及创业"挑战赛	西华师范大学	每个团队3~5人	知识竞赛	9—11月
	财税实务技能大赛	西南财经大学	每个团队4人	理论考试＋平台实操	3—8月
	金融科技建模大赛	西南财经大学	个人赛	利用计算机建模解决金融行业实际问题	9—11月
	市场调查与分析大赛	西南交通大学	每个团队3~5人	全国大学生市场调查与分析大赛选拔赛	9月—次年5月
	证券投资模拟大赛	西南交通大学	每个团队3人	模拟炒股	5—11月

续表

竞赛类型	竞赛名称	主办方/承办方	参赛人数	竞赛内容	时间安排
公司或者协会主办的商赛	"贝恩杯"咨询启航案例大赛	贝恩公司（Bain & Company）与北京大学咨询学会联合主办	每支队伍4人，队长和其中一位队员须来自十所邀请院校之一（清华大学、北京大学、中国人民大学、复旦大学、上海交通大学、浙江大学、南京大学、哥伦比亚大学、芝加哥大学和麻省理工学院）	对真实的商业案例进行全面的商业案例分析，提交可视化报告	4—5月
	Oliver Wyman Impact咨询案例大赛	Tier2咨询公司	每支队伍4人，无学校限制，可跨校组队	与"贝恩杯"赛类似	3—5月
	华为财务精英挑战赛	华为公司	通过简历筛选后才有组队资格。参赛团队由4～6人组成，团队中同校人数占比须大于60%。	比赛注重专业深度、企业实战、全球视野；"业财融合"理念从初赛到决赛贯穿始终；所有赛题都是实际案例，主要是围绕华为公司的业务展开，信息相对较少，要求参赛者有比较强的搜集、筛选、处理信息的能力，将财务知识与实际业务结合	3—5月

续表

竞赛类型	竞赛名称	主办方/承办方	参赛人数	竞赛内容	时间安排
公司或者协会主办的商赛	宝洁CEO挑战赛	宝洁公司	参赛者须为在校大学生,不限专业和年级,3~4人组建一个团队	根据选中品牌命题,参赛团队须完成创意策划。表现优秀的团队入围复赛,进一步完善策划方案并开展实践销售。复赛和决赛参与答辩展示	12月—次年4月
	IMA管理会计案例大赛	美国管理会计师协会	面向所有在校大学生,每支队伍由5位同学组成	商业实战模拟和案例分析,分七大赛区,包括校内选拔、初赛、复赛、区域决赛、全国总决赛等环节	10月—次年6月

2. 备赛思路

(1) 勇于尝试

对于没有商赛经验的同学,小思建议大家先跨出第一步,勇敢尝试,认真参赛,积累经验。从长远来看,大学是人生的重要阶段,是我们成长的关键时期。我们的成长速度取决于自身的学习能力,通过参赛,可以提高学习能力,在实践中更快地成长。即便没有学长学姐带队,同学们也可以自行组队,先尝试去做,主动请教老师和学长学姐。

(2) 明确方向

在报名参加商赛之前,同学们要先明确自己的参赛目的,弄清楚通过这次竞赛想要得到什么。如果同学们希望提升答辩能力,可参加一些凸显个人特质的商赛;如果希望提升解决问题的能力,则要关注咨询类比赛、营销策划类比赛等;如果想要锻炼自己的科研能力,建议参加"大创";如果想要创业,可以参加"互联网+"大学生创新创业大赛和"挑战杯"中国大学生创业计划大赛。

（3）跨学科组队

跨学科组队有助于团队成员发挥各自的专业优势，增强团队的竞争力。例如，商科专业的同学可以在团队中发挥核心作用，为团队提供商业资讯，帮助团队选择适合的商业模式。

五、竞赛小贴士

Q：有哪些竞赛容易"混"个奖，同时又能在综合测评中加分？

A：无。尽管目前面向大学生的竞赛多种多样，但含金量不高的比赛在综合素质测评时也不会被学校和学院认可。相比综合测评加分，大家更应该关注自己在参赛过程中的能力提升。奋斗路上没有捷径，小思建议大家还是努力提升自己，争取在含金量高的竞赛中取得好成绩。

Q：怎么提高算法设计能力？

A：针对不同的学习方法，小思推荐三类学习资源。

①针对算法理论学习，推荐北京大学的算法基础课和普林斯顿大学的算法课。

②针对题库实战操作，推荐每学一节理论课后就去 LeetCode（力扣，拥有 IT 技术题库的网站）上面找对应标签的题目来做，有效地巩固所学知识。

③针对专题突破提升：小思推荐哔哩哔哩网站中"大雪菜"的课程，其中有分专题的课，有 LeetCode "刷题"课，有面试课。

完成上述三项任务还想继续挑战的同学可以利用以下网站学习：

①Online Judge 系统（https://onlinejudge.org/）

②Top Coder 编程算法平台（https://www.topcoder.com/）

③Codeforces 算法竞赛网站（http://codeforces.com/）

Q：怎么才能想出双创项目选题？

A：(1) 首先要多看：看项目，看报告，看时政报道、行业观察。

看项目，要看自己关注领域的项目，从成熟的项目中寻找灵感，找到自己的切入点。可以到全国大学生创业服务网、创业邦、IT桔子等网站查看。

看报告，要从各个行业、领域的报告中，看整个产业现状及发展，从中深度认知行业，找到行业的"缺口"和"痛点"。可以关注艾瑞咨询、36氪等媒体。

看时政报道、行业观察，要关注政策的走向，关注行业深度的报道。可以关注相关公众号和网站。

（2）带着问题去想，例如：①新技术可以解决哪些行业的问题？满足哪些场景需求？②这个行业存在什么问题？有什么解决方案？③如何把一种新模式或新理念应用到某个领域中去？④这个市场中的用户是否还存在一些需求没被满足？

Q：联系导师时，该使用 QQ/微信还是邮件呢？

A：相比微信/QQ，邮件联系更合适（使用学校提供的学生邮箱更合适）。这样做既表达了同学们对学术的尊重，也不会对老师形成不必要的压力，而且不会被淹没在众多社交群聊消息中，可以给老师留下一个好印象。

至于邮件内容，首先要给出个人简历，让老师在短时间内了解自己；其次可说明自己对导师科研方向的认识和理解，表达自己认真求教的态度；最后就是礼貌地询问导师是否有空面谈，如果导师同意面谈，则要问清楚面谈时间、地点以及面谈之前需要做的准备工作。

引领 竞逐 共进 ——"大川小思"大学有效学习攻略

附：《2023全国普通高校大学生竞赛分析报告》竞赛目录（中国高等教育学会高校竞赛评估与管理体系研究专家工作组2024年3月发布）

序号	竞赛名称
1	中国国际"互联网+"大学生创新创业大赛
2	"挑战杯"全国大学生课外学术科技作品竞赛
3	"挑战杯"中国大学生创业计划大赛
4	ACM-ICPC国际大学生程序设计竞赛
5	全国大学生数学建模竞赛
6	全国大学生电子设计竞赛
7	中国大学生医学技术技能大赛
8	全国大学生机械创新设计大赛
9	全国大学生结构设计竞赛
10	全国大学生广告艺术大赛
11	全国大学生智能汽车竞赛
12	全国大学生电子商务"创新、创意及创业"挑战赛
13	中国大学生工程实践与创新能力大赛
14	全国大学生物流设计大赛
15	外研社全国大学生英语系列赛：英语演讲、英语辩论、英语写作、英语阅读
16	两岸新锐设计竞赛·华灿奖
17	全国大学生创新创业训练计划年会展示
18	全国大学生化工设计竞赛
19	全国大学生机器人大赛：RoboMaster、RoboCon
20	全国大学生市场调查与分析大赛
21	全国大学生先进成图技术与产品信息建模创新大赛
22	全国三维数字化创新设计大赛
23	"西门子杯"中国智能制造挑战赛
24	中国大学生服务外包创新创业大赛
25	中国大学生计算机设计大赛
26	中国高校计算机大赛：大数据挑战赛、团体程序设计天梯赛、移动应用创新赛、网络技术挑战赛、人工智能创意赛
27	蓝桥杯全国软件和信息技术专业人才大赛
28	米兰设计周——中国高校设计学科师生优秀作品展
29	全国大学生地质技能竞赛
30	全国大学生光电设计竞赛
31	全国大学生集成电路创新创业大赛

续表

序号	竞赛名称
32	全国大学生金相技能大赛
33	全国大学生信息安全竞赛
34	未来设计师·全国高校数字艺术设计大赛
35	全国周培源大学生力学竞赛
36	中国大学生机械工程创新创意大赛
37	中国机器人大赛暨RoboCup机器人世界杯中国赛
38	"中国软件杯"大学生软件设计大赛
39	中美青年创客大赛
40	睿抗机器人开发者大赛（RAICOM）
41	"大唐杯"全国大学生新一代信息通信技术大赛
42	华为ICT大赛
43	全国大学生嵌入式芯片与系统设计竞赛
44	全国大学生生命科学竞赛（CULSC）
45	全国大学生物理实验竞赛
46	全国高校BIM毕业设计创新大赛
47	全国高校商业精英挑战赛：品牌策划竞赛、会展专业创新创业实践竞赛、国际贸易竞赛、创新创业竞赛、会计与商业管理案例竞赛
48	"学创杯"全国大学生创业综合模拟大赛
49	中国高校智能机器人创意大赛
50	中国好创意暨全国数字艺术设计大赛
51	中国机器人及人工智能大赛
52	全国大学生节能减排社会实践与科技竞赛
53	"21世纪杯"全国英语演讲比赛
54	iCAN大学生创新创业大赛
55	"工行杯"全国大学生金融科技创新大赛
56	中华经典诵写讲大赛
57	"外教社杯"全国高校学生跨文化能力大赛
58	百度之星·程序设计大赛
59	全国大学生工业设计大赛
60	全国大学生水利创新设计大赛
61	全国大学生化工实验大赛
62	全国大学生化学实验创新设计大赛
63	全国大学生计算机系统能力大赛
64	全国大学生花园设计建造竞赛

续表

序号	竞赛名称
65	全国大学生物联网设计竞赛
66	全国大学生信息安全与对抗技术竞赛
67	全国大学生测绘学科创新创业智能大赛
68	全国大学生统计建模大赛
69	全国大学生能源经济学术创意大赛
70	全国大学生基础医学创新研究暨实验设计论坛（大赛）
71	全国大学生数字媒体科技作品及创意竞赛
72	全国本科院校税收风险管控案例大赛
73	全国企业竞争模拟大赛
74	全国高等院校数智化企业经营沙盘大赛
75	全国数字建筑创新应用大赛
76	全球校园人工智能算法精英大赛
77	国际大学生智能农业装备创新大赛
78	"科云杯"全国大学生财会职业能力大赛

注：①按照竞赛入榜年份、竞赛名称首字笔画排序；②系列赛入榜年份以第一个子赛入榜年份为准。

引领 竞逐 共进
未来深造

升学篇

大学毕业后,你是打算工作还是推免、考研或出国留学?也许初入大学的你会觉得考虑这些为时尚早,但学长学姐很想告诉你:明确的大学学习目标,犹如大海上的灯塔,指引着你前行的方向。越早确定未来的目标,你就能越早找到方向,离目标越来越近。

大学毕业之后,越来越多的同学选择继续深造。下面,小思就从推免、考研、出国留学几个深造方向,分别谈谈如何及早准备。

第 14 章 推 免

"推免",又称"保研",全称为"推荐优秀应届本科毕业生免试攻读研究生",是指被推荐者无须参加"全国硕士研究生统一招生考试",直接由就读学校推荐至接收学校攻读硕士研究生的研究生升学方式。学校每年的推免生名额由教育部下达。由于学科属性和实施细则的不同,各个学院的推免办法并不一样。下面仅根据四川大学的整体情况,先简单介绍推免政策,再跟大家谈谈如何准备推免。

一、推免简介

1. 推免的两个阶段

推免分为推荐和接收两个阶段。学生获得本校推免资格后,在全国推荐免试攻读研究生(免初试、转段)信息公开管理服务系统(简称"推免服务系统")填写报考志愿,接收并确认招生单位的复试及待录取通知。

2. 推免类型

推免分为普通推免和专项计划推免两种类型。

普通推免主要基于学生的综合成绩开展。推免的主要类型就是普通推免。教育部下达当年高校的推免生指标后,学校会综合考虑各院系应届本科毕业生的培养规模、学科专业特点、人才培养质量等因素，将名额分配至学院，学院根据本院情况再进行名额的二次分配。

专项计划推免有别于普通推免，需按照相关专项要求进行推免。推免生录取阶段，可报考各类专项计划。在报考专项计划时，需要仔细阅读相应招生简章，或咨询招生单位（院系所），了解计划分配情况、录取规则、培养方式、导师配置、毕业要求、升学限制、就业去向、是否允许退出等关键信息。常见专项计划有工程硕博士专项、国优计划专项、退役大学生士兵专项以及各招生单位自设专项等。

由于大多数人参加的推免都是普通推免，我们下文介绍的推免流程和推免攻略等内容也主要针对此种推免类型而言。

3. 推免流程

在前三学年（五年制为前四学年）成绩符合推免要求的基础上，大三（五年制为大四）下学期伊始，推免这场"升学战"从各高校、研究所夏令营发布招生简章时正式打响。其流程如图14-1所示。

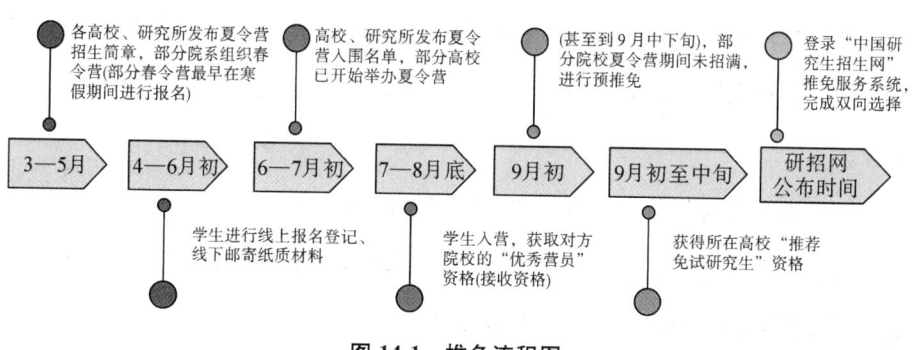

图14-1 推免流程图

各高校、研究所的招生简章，通常在所申请学校相应学院、研究所的官方网站中发布。每年的简章发布时间变化不大，可以参考往年简章的发布时间提前准备。部分论坛、公众号会收集夏令营信息（部分高校开设春令营）

并分类发布，这对没有明确目标院校的同学来说非常有帮助。

每年3月到5月，部分高校、研究所会根据学员在春令营的表现情况评选优秀营员，后者可在推免阶段获得优先接收资格。

每年4月到6月主要为个人申请材料的提交时间。收到申请的招生单位会对申请者进行筛选，也就是所谓的"表筛"。"表筛"完成后，招生单位会通过在官网公示"夏令营"入围名单、发送邮件等形式通知入围同学。

每年6月到8月，申请推免的同学需要"四处奔波"，参加夏令营。参加夏令营的意义有二：一是了解夏令营主办方相关学科的发展情况；二是参加夏令营考核，争取主办方的录取优惠政策，最常见的录取优惠政策就是获得"预推免资格"。"预推免资格"就是大家常说的"offer"，拿到"offer"就相当于得到了夏令营主办方的入学邀请函，不过漫长的推免历程至此才刚完成一半。

每年9月，推免生指标由教育部下发给各相关高校，再由学校下发给各学院。学院按照本院推免工作实施细则和综合排名方案择优确定拟推荐名单并公示，无异议后报学校审核，确定学生拟推免资格。

每年9月底，学生在获得本校推免指标和拟录取学校接收资格后，需要在"推免服务系统"完成学校与学生的双选确认，至此即完成了推免的全部流程。

以上为常规时间节点，具体以当年发布简章为准。

需要特别注意的是，获得了推免资格并不代表就可以松懈。获得推免生资格者如有下列情况之一，将取消其资格：

①研究生入学前未取得学士学位；

②取得推免生资格后受到处分；

③取得推免生资格后在毕业学年中所修必修课程（包括毕业实习、毕业设计及毕业论文）考核成绩低于满分的80%（或B+）；

④经查实在申请推免过程中弄虚作假，有论文抄袭、虚报获奖或科研成果等学术不端行为，或者有其他严重影响推免过程和结果公平公正行为。

4. 培养层次的选择

在参加目标院校的夏令营/预推免考核的过程中，一般会涉及培养层次的选择。不同的培养层次，往往对应着不同的考核要求和培养模式。一般而言，常见的培养层次包括学术型硕士（简称"学硕"）、专业型硕士（简称"专硕"）和直接攻博（简称"直博"）三种。

（1）学术型硕士

学术型硕士，一般是指拥有学术型硕士学位的人员，按学科设立，其以学术研究为导向，偏重理论和研究。学硕是相对传统的研究生类型，其学制一般为 3 年。近年来，随着国家政策的调整和国家对专业教育的重视，学硕在每年的研究生招生总数中所占的比例呈逐年下滑的态势。由于目前国家对科研型人才的培养有从由硕士层次向博士层次转移的趋势，学术型硕士在研究生招生中的比例可能会进一步降低。

在大部分高等院校中，由于较少的招生量和较高的报考率，学硕的考核难度在三种培养层次中最高。在夏令营或预推免考核的志愿填报中，许多高校往往会在报名阶段将学硕和专硕作为硕士组统一考察。部分报了学硕而考核成绩不佳的同学，可以申请调剂为专硕，以增加被录取的概率。此外，部分学校会在导师同意的情况下将填报了学硕的同学转为直博录取，或将无意向导师的直博生转为学硕录取。学硕也是三种培养层次中灵活度最高的。就读于学硕专业的同学如果在读研期间有志于毕业后继续从事学术科研，可以在此期间申请转为硕博连读生。硕博连读生取得博士学位的时间一般和直博生相当。

(2) 专业型硕士

专业型硕士的突出特点是学术性与职业性紧密结合。获得专业型硕士学位的人,主要从事的是具有明显职业背景的工作,而不是学术研究。2020年9月,国务院学业委员会、教育部印发《专业学位研究生教育发展方案(2020—2025)》,其中提出到2025年,将硕士专业学位研究生招生规模扩大到硕士研究生招生总规模的2/3左右,这标志着未来几年专硕招生规模将进一步扩大。在我国现阶段的教育体系下,学硕和专硕在培养模式、培养方案、毕业要求上基本相当,社会认可度也大致相当。但随着国家对专业教育的愈发重视,已有部分高校开始降低专硕在学术科研上的培养要求,转而通过与企业合作等方式来加强专硕在专业技能上的锻炼,如南京大学环境学院的"菁英计划"等。

(3) 直接攻博

直接攻博是博士招生的方式之一。直博学生只能从校内外推荐的免试攻读硕士学位的优秀应届本科毕业生中选拔,其招生学科一般为国家重点学科。直博是近年来逐渐兴起的一种招生方式,为一部分矢志于学术研究的同学提供了一个更快获得博士学位的途径。随着国家政策的调整,直博将在未来几年的推免中占据更大的比例。

相较于传统的升学模式(硕士3年+博士4年)而言,直博的就读时间更短。然而,由于博士的毕业要求较高,同学们需要付出更多的时间和精力。因此,只有在本科阶段具备一定的学术基础且本身具有强烈的科研意愿的同学才适合直博。总的来说,小思建议同学们在选择直博前进行谨慎的评估,切忌贸然选择直博。

由于直博生会占用导师的博士生名额,因此各大高校在推免时往往会将直博生与硕士生分开进行考察。在申请直博时,提前获得意向导师的认可非常重要。总体而言,虽然各大高校针对直博生的考核往往比针对硕士生的考核难度更大，且部分高校的直博生招生复试会和普通博士生的复试同步进行，但由于报名人数和录取人数等原因，直博的录取难度可能略低于学硕。

对于医学生而言，专硕为硕士攻读和规范化培训（简称"规培"）同时进行，毕业后无须再进行规培。学硕和直博同属于学术型研究生，未并轨规培，因此毕业后需完成规培才可从事临床工作。

二、推免攻略

本部分内容所针对的是大多数人选择的普通推免，并以小思所在的四川大学为例，仅供参考。同学们需要多关注所在学校和学院近年的推免政策和实施细则。

推免分为校内推免资格遴选和校内（外）接收考核两个阶段。简单说来，前者决定了能否推免，后者决定了推免去向。

1. 校内推免资格遴选

获取本校拟推免资格的要求并非一成不变。具体来说，根据教育部每年下发的指导性政策，各相关高校制定实施办法，各个学院制定相应的推免细则。这个细则每年都会有变化，要注意以当年的推免细则为准。

校内推免资格遴选是对学生在校期间学习情况的综合考量，是对其德智体美劳的全面衡量。优秀的道德品质、健全的人格素养是推免资格遴选的首要要求；学业评价以学习成绩和一贯表现为基础，并将符合学生全面发展价值导向的因素纳入遴选指标体系。所以同学们从进入大学起，就要认真努力学习，积极参加健康向上的综合素质教育活动，不断历练，提升自身的品行、素养和能力。

学习成绩是推免中最为重要的指标之一，无论是文科、理科、工科、商科还是医科的学生，学习成绩优秀是获得推免资格最基本的要求之一。推免生综合成绩一般由如下几部分组成：前六学期（五年制为前八学期）加权平均成绩、科研创新潜质及专业能力倾向、社会实践活动及思想品德考核。

（1）加权平均成绩

学习成绩优异是推免的前提条件。一般情况下，纳入加权平均成绩计算的课程成绩为必修课程的第一次修读成绩，也有学院会将本专业重要的选修课程成绩纳入计算。课程学分的高低，决定了本课程成绩在总成绩中所占权重大小。无论学科、不分领域，更高的首考"裸分"成绩，值得每一位有志于推免的同学为之不懈奋斗、拼搏。

（2）科研创新潜质和专业能力倾向认定

科研创新潜质及专业能力倾向通常由学院组织专家组进行认定。评价方式包括过程评价和成果评价，考察内容包括但不限于专业素养、科研潜力等方面。

（3）社会实践活动及思想品德考核

各学院会根据学科特点出台相应的考核细则。社会实践主要包含志愿服务活动、社会实践学习经历、海外交流经历等。此外，有些专业可能还会参考学生活动、学生工作等方面的内容。

下面，小思重点介绍科研创新能力的评价。

对大学生的科研创新能力，一般会从其参与各类研究项目的过程及阶段性成效、国内外学术交流会科研成果展示情况、论文发表情况、专利申请情况及其他科研课题参与情况等方面进行考察。本科阶段的科研训练能为未来研究生阶段的学习奠定坚实基础，需要投入很多的时间和精力，大家一定要尽早准备。

创新创业类奖项也是很重要的内容，包含"互联网＋""挑战杯""创青春"等系列竞赛奖项。这些竞赛获奖难度很大，因此具有很高的含金量。

少而精的学科类竞赛也是大家训练科研创新能力不可错过的机会，建议同学们结合专业要求，根据不同竞赛的难度与自身情况有选择性地参加。大部分专业的同学都可以参加的学科竞赛包括全国大学生英语竞赛，"外研社·国才杯"全国英语演讲、写作、阅读大赛，全国大学生数学竞赛，全国大学生数学建模大赛等，这些竞赛都具有很高的含金量。对于理工科专业的同学来说，还有微电子专业的全国大学生集成电路创新创业大赛，化工专业的化工设计大赛和化工原理实验大赛，电子电气专业的全国大学生电子设计竞赛，力学相关专业的大学生力学竞赛等，这些竞赛专业性强、难度高，要求参赛者必须具备一定的知识储备，且通常需要参赛者付出 6~12 个月的时间准备比赛或跟进项目。医学方面，本科期间可参加的学科竞赛较少，低年级同学通常可以参加基础医学的理论知识竞赛，四年级以上的同学可以参加临床技能竞赛。此外，也可以关注目标院校举办的相关专业学科竞赛，部分竞赛获奖者可以免"表筛"获得举办院校的夏令营面试资格。

通常来说，准备本校推免考核材料的时间（即从发布通知到正式上交材料的截止期）很短暂，同学们一定要早做准备。

2. 校（内）外接收考核

推免需要同时获得本校推免资格和目标院校录取资格，二者缺一不可。目前，除香港中文大学（深圳）外，推免到其他高校均须获得本科学校推免资格。

目标院校接收考核包括本校接收考核和外校接收考核。一般而言，同学们对本校接收考核过程和方式相对熟悉，所以以下主要就如何做好校外接收考核分享一些经验。

根据考核时间的不同，校外接收考核一般可以分为夏令营与 9 月推免两种方式。推免包括预推免和正式推免。

引领　竞逐　共进 ——"大川小思"大学有效学习攻略

正式的推免（俗称"九推"）是在 9 月份才开始，而大部分夏令营到 7 月底或 8 月中上旬就基本结束了，两者往往相隔一个多月的时间。在此期间，部分高校及院所会相继开展预推免招生活动，相当于简化版的夏令营——省略了夏令营中的讲座、各种特色活动等环节，直接进入笔试和面试。预推免的考核形式往往和夏令营大同小异，唯一需要注意的是，即便在预推免期间拿到了预录取资格，仍旧需要参加正式的"九推"。

严格来讲，"九推"才是真正意义上的推免招生。只有在推免服务系统中填报志愿并被学校录取，且完成本人确认后，才算是拿到了推免通知书。"九推"通常是利用 9—10 月中的 1~3 天时间举行，考核形式有笔试、面试以及实际操作技能考核等。①

(1) 时间规划

大部分高校和科研院所的夏令营入营申请都需要经过网申和表筛两个环节。除了注意时间节点，及时查询目标院校的开营信息，小思还建议大家整理好目标院校的报名网站、开始时间、截止时间、所需材料等信息，制作一份详细的进度计划表，合理安排时间，确保能兼顾好申请材料的递交和期末考试等多项事务。

(2) 文书准备

这里的文书包括个人简历、个人陈述、专家推荐信、各类证书复印件等，都需要在寒假提前准备。

①个人简历。

个人简历是对申请者本科阶段经历的整体介绍。虽然大部分高校不会要求学生在提交材料时提交个人简历，但是在联系导师的过程中个人简历是非

---

① 资料来源：《颠覆认知！保研的方法竟然多达 13 种?》，中国教育在线，https://kaoyan.eol.cn/nnews/202207/t20220718_2238350.shtml。

常重要的材料，它可以帮助导师快速地了解申请者。一份出色的个人简历往往会给导师留下深刻印象。在制作个人简历时，要秉承简洁大方、言简意赅的原则。简历内容需要包括个人基本信息、成绩排名、项目经历、荣誉奖项、其他能力等。

②个人陈述。

个人陈述是申请者对自己本科学习、生活情况的高度概括，对专业认知的阐述，以及对自我规划的独白。其精髓在于简洁精当、重点突出，需要包括个人基本信息、科研经历、研究兴趣等。相较之下，成绩虽然很重要，但更像是敲门砖。优秀的个人陈述不仅能让老师看到申请者的科研素质，而且能让老师看到申请者对所学学科的热情和对生活的热爱等。如果硬性条件未达门槛，这将是表筛阶段唯一一次展示自己特点的机会。

③专家推荐信。

一般情况下，只有在申请直博或硕博连读的时候，相关院校会要求学生提交两封由具有副高级及以上职称的专家所撰写的推荐信。有此类要求的夏令营，往往会在发布简章的时候一并发布推荐信的撰写格式。大家一定要提前联系好老师，如果申请人足够优秀，老师一般都不会拒绝学生的请求。

（3）夏令营考核和 9 月推免考核

各高校和科研院所的夏令营考核内容多样、形式各异，在此仅对共性情况作简要介绍。高校和科研院所开展暑期夏令营活动的目的在于遴选高层次人才并提前确定推免意向。大部分夏令营会在开营期间安排营员进行面试，部分夏令营也会设置笔试环节。对于一些专业，如计算机专业，笔试甚至起决定性作用，需要花大量时间准备。同时，也有部分院校的一些专业不设置笔试、面试环节，仅将夏令营作为学生了解主办方学术发展情况的契机。

①夏令营面试。

夏令营面试的考核内容主要包括：专业素养（专业知识掌握情况）、科研潜力、英语能力、个人素质（心理素质、面试礼仪、表达能力等）。面试一般分为群面和单面两种，以单面居多。

对基础知识的考察是面试中很重要的部分，面试中的问题也基本都与专业核心课程的内容有关。建议大家在准备期间尽力克服焦虑情绪，沉下心来复习基础知识，这将对面试大有裨益。同时，学长学姐的面试经验也具有一定参考价值。

需要特别指出的是，科研训练对有推免学术硕士、硕博连读及直博意向的学生来说尤为重要。科研训练的机会主要来自教师科研课题、大学生创新创业大赛、领域内认可度较高的学科比赛，甚至对专业实验课进行的深度探究也能成为施展科研能力的舞台。夏令营考核更加关注学生在本科期间的科研训练情况，通常会以科研训练内容为依据，进一步考察学生对专业课的掌握情况，所以有意向推免的同学不妨早做准备。目标是专业硕士的同学则需要积累高质量的专业实习经历，在实习中思考这份工作的意义和价值、自己是否愿意从事这份职业，做好个人职业规划。例如，在法院、检察院、律所的实习经验，以及模拟法庭、辩论赛等比赛经历都会给法学专业的推免生锦上添花。

此外，校外面试一般比较重视对学生的英语口语水平（英语自我介绍、英语问答）、英文文献阅读水平的考察。英语类专业和一些专业的国际类项目是全英文面试，其他专业则会单独设置考察英语的环节。大家在平时应注重英语口语的训练和文献阅读能力的提升。

在夏令营面试中，也有学校会考察申请者对时事政治的关注度，所以同学们在平时也应关注国家大事，形成自己的观察和思考。

②夏令营笔试。

就理工科而言，是否有笔试取决于专业要求，不同专业有较大差异。笔试的考核内容也各有差别，如有的围绕数学、英语、专业课三个模块展开，有的仅考核专业知识（如计算机专业以算法题为核心）。考查科目一般会在简章中给出。需要注意的是，有的夏令营仅将笔试成绩作为参考，不计入总成绩；有的夏令营笔试成绩不过线就不考虑录取；还有一部分夏令营则将笔试成绩以固定比例计入考核总成绩，其细则需要及时向主办方了解。

经管类专业的笔试通常考核数学和英语，有些比较传统的项目还会考核相关的专业课程，且各高校专业课程学习难度不同，所学课程难度更低的学生需提前学习，建议大家参考往年的经验准备。数学可以按照考研数学一或者数学三的难度来准备，英语可以做一些 GRE 的题。

由于各个专业、各个项目、不同类型硕士（专业硕士与学术硕士）的考核方式都不一样，因此同学们需要提前充分了解相关信息，然后有针对性地准备，做到有的放矢。

③9 月推免和夏令营的不同之处。

9 月推免和夏令营的基本流程是类似的，较大的不同是前者时间紧张，各个流程都会比较快，所以需要同学们更加耐心细致，沉着应对。

三、推免小贴士

Q：推免对学习公共课有什么要求呢？

A：公共课分为公共必修课和公共选修课。其中，必修课成绩是校内推免排名的主要指标，也是各校夏令营和 9 月推免资格初审的重要考察项。成绩永远是重中之重，始终保持对专业成绩的关注，投入充足的时间与精力，在成绩上取得尽可能靠前的排名，是推免的前提。

Q：推免对学习专业课有什么要求呢？

A：专业课与公共课相同，同样分为专业必修课和专业选修课。专业必修课成绩也是推免的考核指标之一。专业必修课成绩对推免影响巨大，因此每一门课都要尽可能获得高分。尤其是学分比较高的专业课，对加权平均分的影响非常大,所以需要同学们花费更多的精力。专业选修课成绩虽然一般不被纳入推免的考核指标,但其内容大都与未来个人研究领域息息相关,对于扎扎实实打好学术基础而言也是必需的。

Q:推免对学习英语有什么要求呢?

A:英语学习,没有最好,只有更好。通过六级考试是很多学校的要求,尽可能高的四六级和雅思、托福考试成绩也是英语能力强的直接体现。此外,很多学校的考核内容包含了英文面试,对英语的应用能力提出了较高的要求。英语的综合考查是一项基础测试,大家平时要注意进行口语练习,避免出现"哑巴"英语的情况。

Q:推免需要有什么样的科研经历?

A:本科阶段的科研是一件求质不求量的事情。同学们可有选择地参加专业相关的科研项目,放平心态。同学们需要清醒地认识到科研需要扎实的学科基础和创造力。

课题选题应具有一定的专业深度、研究价值以及前沿性。要通过科研训练,使自己具备正确的科研观;对自己参与的、完成的课题所涉及的专业问题、理论学说、研究方法、研究成果以及其价值意义,要做到全面、深入地理解和把握;要能够做出合理的科研规划,体现一定的科研素养。

另外,跨专业组队开展多学科交叉的科研训练,也是一件非常具有挑战性且锻炼能力的事。

当然,如果在本科期间就有一篇发表在 SCI、CSSCI 等核心期刊的文章,更是锦上添花的事情。

Q:如何缓解推免过程中的焦虑情绪?

A:推免是个很漫长的过程,对于绝大多数人来说,挫折在所难免。夏令营入营率低、入营后竞争激烈、考核表现不如预期、暂时没有收到心仪学校的预录取资格等,都是推免路上的常事,只有迅速从失败中走出来,开启下一段征程，才能赢得最后的胜利。

推免期集中的接收阶段笔试、面试会给同学们带来较大的心理压力。与同学、朋友、老师、家人多交流，通过运动、娱乐放松，都不失为缓解压力的有效方法。一旦发现自己有难以解决的心理困难，一定要主动寻求学校心理老师的帮助。

Q：择校时，对学校、专业方向排名、老师实力应该怎么考虑？

A：确定职业规划和未来发展方向很重要。是否选择推免，选择哪个学校的哪个专业，都必须服从于长远的规划，这就需要同学们在大学期间尽早确定自己的职业规划和未来发展方向。

科研资源决定了自己研究生阶段的发展上限，因此在报考意向学校时，同学们要综合导师的研究方向、学校平台及个人兴趣，做出最适于个人发展的选择。

Q：站在推免的角度，学生工作应该怎么选？

A：班委、团委、社团活动无疑对同学们的社交能力、表达能力等软实力的提升很有帮助，如优秀的学术型社团对大家学业水平的提升会起到非常大的作用。但是，如果学生工作过多，超出了自己的能力范围，则容易分散精力。因此，同学们需要量力而行。

Q：可以通过哪些渠道获取推免信息？

A：推免不仅是一场综合实力的较量，也是一场"信息战"。目标院校的招生偏好、招生政策、考核方式、考核内容、复习资料的获取途径、面试经验等信息，我们都需要进行了解。我们可以通过目标院校官网、在目标院校就读的学长学姐、相关论坛及公众号等渠道获取推免信息，尽量做好万全的准备。

Q：推免成功后是否就可以"高枕无忧"了？

A：在收到目标院校的待录取通知后，我们的推免就可以说是成功了。

但这并不代表我们就可以"高枕无忧",在推免成功以后,我们仍然需要关注相关事项,并做好大四学年的学习规划。

首先,我们要提前准备,确保通过推免资格复审。在本科毕业之前,目标院校会对拟录取的推免生进行资格复审,审查合格后,方才发放录取通知书。未通过资格复审者,将被取消研究生录取资格。为确保万无一失,同学们需提前梳理自己是否修完本科培养方案规定的所有课程及实践环节的学分,高质量完成本科毕业论文或设计。

其次,我们要以一名"准研究生"的状态,积极开展科研工作。对于实验性学科,如生物、化学、材料等,同学们需要在实验室投入较多的时间;对于文科类专业,同学们则需要开展文献调研、社会实践等工作。大四是提升科研能力的黄金时期,大家需要保持积极奋斗的状态与节奏。

第 15 章 考 研

除了推免,考研是国内升学的另一条重要路径。"考研"这两个字承载了太多的内容,其中最重要的一个,叫作梦想。但逐梦的道路并非一马平川,而是充满各种艰难险阻。在本章中,小思将为同学们提供一些与考研相关的信息以及备考建议,希望对有志于考研的同学有所帮助。

一、考研小知识

1. 考研的流程

考研是一场持久战,从准备初试到最终拿到录取通知书至少需要一年的时间。这一年之中又有许多关键的时间节点,只有确保在每个时间节点都不出纰漏,才有可能获得成功。因此,熟悉考研的流程是准备考研的第一步。考研的相关流程如图 15-1 所示。

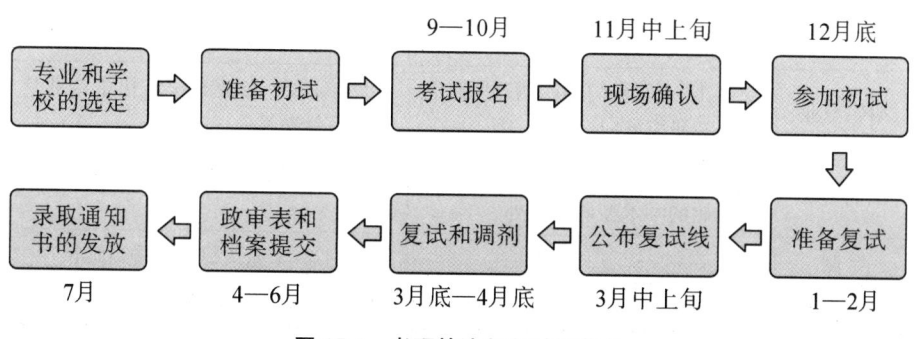

图 15-1 考研的流程和时间节点

2. 关于考研的几个术语

(1) 全日制和非全日制

按照培养类型划分，研究生分为全日制研究生和非全日制研究生。前者指符合国家研究生招生规定，通过研究生入学考试或者国家承认的其他入学方式，被具有实施研究生教育资格的高等学校或其他高等教育机构录取，在基本修业年限或者学校规定的修业年限内，全脱产在校学习的研究生。后者指在从事其他职业或社会实践的同时，采取多种方式和灵活时间安排进行非脱产学习的研究生。二者目前已经合并为全国统一考试，统一划线。一般而言，大家都会报考全日制研究生，部分全日制落榜考生可以申请调剂为非全日制研究生。

(2) 学术硕士和专业硕士

和推免一样，考研也需要明确培养层次。目前可报考的硕士研究生分为学术型和专业型两大类，它们的区别如表15-1所示。

表15-1 学术硕士与专业硕士的区别

类型	学术型硕士	专业型硕士
培养目标	学术研究人才	应用型专业人才
课程设置	侧重于加强基础理论的学习，重点培养学生从事科学研究创新工作的能力和素质	强调理论与实践相结合，侧重培养学生解决实际问题的能力，要求至少半年以上的实践环节
招生专业	分为13个学科门类，涵盖所有的专业和研究方向	共计40多个专业学位，招生专业比较具有针对性
调剂要求	可以调剂成专业硕士，部分医类专业的学术型硕士除外	考试科目符合要求即可调剂成学术型硕士
学制	多为3年	2~3年，非全日制一般适当延长
学费标准	基本是8000元/年	相当或略高于学术型硕士

续表

类型	学术型硕士	专业型硕士
导师制度	单导师制，校内导师全程指导	双导师制，校内导师教授知识，校外导师培养技能
学位论文	强调科学理论研究与实践创新，一般为学术论文	以应用为导向，形式多种多样
读博方式	可以直博或硕博连读，也能参加"申请－考核制"博士招生和考博	不能直博，可以参加"申请－考核制"博士招生，部分高校已开放硕博连读，未来可能开放直博

（3）初试和复试

考研初试一般在每年的 12 月底进行，全国统考，形式为笔试。思想政治理论和第一外国语（一般是英语）为必考科目，大部分理工类专业需要考数学，均为全国统一命题；专业课考试一般为各高校自主命题。初试的总分一般为 500 分，部分专业（如管理类联考）除外。

复试在每年的 3－4 月进行，由各招生单位自行组织，一般分为专业课笔试与专业面试以及第一外国语口试。

（4）复试分数线

复试分数线是同学们进入复试的门槛。复试分数线分为 34 所学校自划线以及国家线。国家线是教育部根据硕士生培养目标，结合年度招生计划、生源情况及总体初试成绩等确定的，划分为 A、B 两类，其中 B 区国家线一般比 A 区国家线低 5~10 分。各级分数线均含单科和总分分数线，单科和总分均满足要求才算过线。这要求考生必须严肃认真地对待每一门考试科目，否则可能会因为某一科的疏忽大意而名落孙山。34 所自划线高校的名单和国家线具体的分区情况同学们可自行上网查询。

（5）报录比和复试比

报录比即报名人数和录取人数之比，报录比越大，竞争越激烈；复试比则是招生单位发出的复试邀请人数与最终的录取人数之比，这两个数据均反映了考研竞争的激烈程度。考研同高考一样，不同高校有不同的分数线，不同专业也有不同的录取分数线。有些学校或者专业很热门，报考的人数很多，僧多粥少，竞争自然激烈。因此，提前了解报录比和复试比有助于同学们避开过热的学校和专业，提高自己的考研成功率。

3. 考研信息的来源渠道

考研也是一场"信息战"，谁能及时掌握准确的信息便能够占得先机，也可以少走很多弯路。

"中国研究生招生信息网（简称"研招网"）是考研招生信息的权威发布平台，也是同学们在考研过程中必须使用的一个平台。通过研招网可以查询招生院校和专业信息、历年的分数线；初试报名、准考证打印、调剂信息的填报、录取的确认等，也都须在研招网进行操作。

目标院校的研究生招生信息网是大家查找研究生招生简章，获取考研专业课参考书目，查询录取分数线、报录比及复试比的官方途径。

大家要及时关注研招网和招生院校的研究生招生信息网的动态，避免因错过重要信息而导致考研失败。

作为过来人，目标专业的在读学长学姐能为大家提供一些较有参考价值的考研信息，如有机会，大家应尽可能多地向目标专业的学长学姐请教。

此外，现在是信息时代，同学们还要学会在互联网上搜寻考研相关信息。考研 QQ 群、考研培训机构的官网、考研培训名师的微博或者微信公众号等都可能提供同学们需要的信息。对不同来源的信息，大家要注意鉴别，一般只有通过正规途径才能获得准确的信息。

二、考研初试攻略

1. 学校和专业的选择

学校和专业的选择因人而异，小思在这里只能给出一些参考建议。

在选专业的时候，同学们要先明确自己对这个专业的接受度。一般说来，研究生毕业后，大家所从事的工作多与研究生阶段所学专业相关。兴趣是最好的老师，只有喜欢这个专业才能把它学好，以后才不会有那么多苦恼。如果确实不喜欢自己本科所学专业，那么考研将是一个不错的转专业机会。不过大家千万不要盲目跟风去跨考，要客观地评估自己是否适合跨考专业、是否有足够的时间去准备考试、是否喜欢以后的工作环境。报考时，对学位类型也要慎重考虑。学术学位和专业学位的竞争激烈程度各不相同，一般来说，专业学位比学术学位的考取难度更低。同学们可以根据自己的实际情况，在报考时选择报考适合自己的学位类型。

在选学校的时候，大家要对自己的实力有一个客观的评估，不妄自菲薄，也不盲目自信。小思建议大家还是要给自己一些挑战，选择一些稍微超过自己能力的学校。人要有梦想，但是有梦想不等于瞎想。选学校的时候应该通过各种渠道去查询相关院校的招生人数、分数线、报录比、复试比等。要先充分地了解信息、对比信息，做到知己知彼，方能百战不殆。

此外，在选学校的时候，对目标院校所在的城市也需要着重考虑。离家的远近，以及城市的经济发展状况、气候、民风民俗、饮食习惯甚至方言都是同学们需要考虑的因素。

2. 考研复习资料的获取

公共课的考研参考资料可以是自己之前学过的课本，也可以从各大电商平台购买。在这里给大家讲讲专业课复习资料的获取渠道。

对于报考本校的同学来说，可以向所考专业的学长学姐了解，寻找往年的真题。想要报考外校的同学可以首先去报考院校的研究生招生信息网上查看招生简章，那里面一般都会列出参考书目；也可以查看往年的复试通知，其中一般也会提供相关的参考书目。了解到参考书目后便可以通过互联网或者实体书店购买。其次,请教已经考上目标院校的学长学姐和浏览考研论坛,将成为同学们备考前期的重要工作。

3. 公共课的复习

(1) 考研数学的复习

数学对于很多理工科的考研学子来说是一场艰难的战役。考研数学就是同学们大一学的高数吗?答案是否定的。考研数学不只考高数一科,而是会考大一学过的全部数学基础课程。考研数学分为数学一、数学二和数学三,同学们应该首先明确自己要考哪一类。三者的联系和区别如表15-2所示。

表15-2 考研中三类数学的联系与区别

对比项目	数学一	数学二	数学三
适合专业	部分理工科的学术硕士	工科类的专业硕士或对数学能力要求不高的学术硕士	经济类财务专业
考试内容与占比	高等数学(56%) 线性代数(22%) 概率统计(22%)	高等数学(78%) 线性代数(22%)	高等数学(56%) 线性代数(22%) 概率统计(22%)
难度	最难	高数占比大,较难	较数学一简单

明确了自己的考试内容后,便该选择复习资料了。此时,同学们有必要了解一下考研数学界的几位名师:李永乐、张宇、汤家凤。复习考研数学,一般跟着这三位老师中的任意一位学习即可。三位老师都是在考研数学界扎根多年且口碑不错的老师,他们的课程和书籍质量都受到广大考研学子的好评。李永乐老师的《考研数学复习全书》《线性代数辅导讲义》,张宇老师的《张宇高等数学18讲》等,都是不错的参考资料。在网上购买教材时一般都是全套购买,其中除了上面所说的辅导书籍外还有一些习题集。同学们

也可以根据自己的需求搭配购买。建议大家最好在购买其中任何一套资料之后，就立即开始复习。到了复习中期，自己已基本掌握各知识点之后，可以再增添一些额外的资料。前期无须购买太多书籍，不然会造成一种需要复习太多内容的错觉，切记贪多是嚼不烂的。

但是光有复习资料是不够的，还要将知识点内化于心才行。建议大家至少做到以下三点：

①打好基础最重要。首先，一定要掌握基本的概念，以及简单公式、定理的推导和证明，比如常用的数列和函数的极限定义，拉格朗日中值定理、洛必达法则、矩阵的秩的性质及证明。大家应该认识到，再难的题目也是简单概念的堆叠。其次，可以在每复习一段时间后，就合上书本或者翻到目录，对自己最近所学知识来一次复盘，回顾每章的重点以及学习过程中印象比较深刻的定理、习题，并重新学习、理解自己不太熟悉的内容。

②要有针对性地做题，学会举一反三。熟悉基本的概念、公式和定理后，就要开始通过做题来巩固复习的成果，及时地查漏补缺，并做到举一反三，学会一道题，掌握一类题。真题是同学们复习过程中宝贵的财富。近十年的真题一定要保证至少"刷"3遍，做到每道真题都会做。做完真题后可以找各大名师的模拟题来做。"三天不练手生"，一定要坚持每天做题，一直到考前的最后一晚。大家还要多总结，摸索出自己的思维过程和解题节奏。做题过程中一定要及时发现自己对哪些知识点的理解比较薄弱，对哪种习题不太会解，然后专门去找这种题目来做。有了这样一个自我发现、自我完善的过程，大家才能建构完整的知识体系。

③要重视计算，注意细节。通过研究近十年的真题，小思发现，数学难主要是难在计算上面，而计算往往是同学们比较薄弱的方面。大家在做题时，不要一想出解题思路就跳到下一题，而是要自己动手算出正确的答案。大家不光要会做题，还要把分拿满，最好是自己摸索出一些检验答案是否正

确的方法。考研数学总分150分，经常会成为最终的胜负手。希望同学们一定要足够重视数学，在考试中拿到一个理想的分数。

(2) **考研英语的复习**

考研英语主要分为英语一和英语二，二者题型类似，大家可以根据目标院校的具体要求来确定自己所考类别。

无论是考英语一还是英语二，复习的策略都是一样的。首先是重视单词的记忆，因为单词是基础。考研大纲给出的5500个单词大家一定要全部背诵下来。单词的记忆重在重复和联想，推荐大家使用"百词斩""扇贝"等背单词的APP。大家可以选一款自己喜欢的、习惯使用的APP，坚持背到考试结束。

其次就是重视阅读。考研英语中阅读一共有40分，能不能过单科线或者能不能上80分，阅读是关键。练习阅读的一大有效办法就是研究真题，而研究真题的首要任务就是弄清楚真题文章主要讲述了哪些方面的内容。近几年的真题文章主要关注经济形势、法律、科技等方面，因此同学们要有意识地关注相关主题的文章。做好阅读题，首先要熟悉特定专业词汇的中文释义。其次要将全文一字不漏地翻译成中文，对不理解的单词要查词典并做记录和背诵，要重点关注长难句。最后就是要弄清楚全文主旨以及行文逻辑，并通过对比完成选项选择。此外，还要思考出题意图，熟悉干扰选项的命制风格，以确保在考试的时候能够迅速排除干扰选项，选出正确答案。希望大家能把真题完整地做3遍以上，并且不断地提高阅读速度和正确率。

最后，要重视写作。考研英语一中写作占30分，英语二中写作占25分，写作得高分，总分才能得高分。推荐大家观看相关考研培训机构写作名师的视频，比如新东方的王江涛、文都的何凯文等老师的视频内容都不错。大家可以选择自己喜欢的老师，按照老师的讲解认真积累和练习。

(3) 考研政治的复习

考研政治的复习对大多数同学来说都相当于从头学习，而且想得高分也比较难。但同学们要对政治足够重视，并注重复习的"投入/产出比"。政治的复习资料，推荐"肖秀荣全套"。复习的时候可以边看《知识点精讲精练》边做《考研政治1000题》的客观题，对于出错的题要反复练习。掌握好选择题非常重要，一般来说，选择题能拿高分，政治就会成为优势。肖秀荣老师的《考研政治1000题》可以做2～3遍，以巩固对选择题知识点的掌握。要用好"四套卷"和"八套卷"，最后一段时间可认真背一背"四套卷"中的问答题答案。希望大家能够仔细阅读肖秀荣老师每本书的前言，其中有关于学习方法的详细介绍。大家还可以关注肖秀荣老师的微博，上面会不定期发布考研政治的消息，并且会有答疑的内容。建议大家把政治的得分目标定为65分以上，因为现在很多985高校的政治单科复试分数线就高达60分，如果因为政治没过线而落榜，那可就太遗憾了。

三、复试和调剂攻略

考研的复试分数线大概在每年3月中上旬公布。公布的分数线直接决定了考生是准备复试、联系调剂还是来年再战。考研失败的同学也不必过分遗憾，人生的选择还很多。如果能参与复试与调剂的话，同学们一定要继续绷紧神经，争取成功"上岸"。

1. 复试

考生所报考专业的复试分数线是随着复试名单一起公布的，在这个时候大家便要仔细研究复试的名单。一般来说，学校的复试名单会附上初试的分数以及排名，大要找到自己在名单中的位置，并根据招生计划人数和复试人数来判断复试比，从而明白竞争的激烈程度，做到心里有数。同学们要尽最大的努力去准备复试，但是也要做好最坏的打算。如果不幸在最后时刻被淘汰，先不要悲伤，部分学校还有校内调剂的机会。校内调剂的时间窗口非常窄，大家务必及时跟学校的研究生招生办公室或者学院的招生办公室沟通，获取校内调剂的信息，做好万全的准备，争取校内调剂成功。

那么复试要怎么准备呢？小思建议大家从考研的目的，报考目标院校目标专业的缘由等方面进行认真思考。前文讲到，复试是由专业课笔试、专业面试、第一外国语口试组成的。也就是说，在复试这一关，学校更加看重同学们的专业能力、表达能力、外语的应用能力。但是每个学校复试的具体形式又是不同的，大家需要多方了解复试的具体细节。同时，还要争分夺秒"啃书"，做好专业知识方面的准备。在这里还要再唠叨一下外语的口试，同学们一定要准备好一份精致的、客观的、情真意切的自我介绍，从而避免在复试时出现无话可说的尴尬局面。

2. 调剂

如果在目标院校的复试中不幸落榜，既不想再战又还想读研，那么调剂就是大家最后一搏的机会。

考研调剂的竞争甚至比第一志愿复试的竞争还要激烈，调剂信息的及时获取在此时显得尤为重要。如果同学们能先找到高校的调剂需求，并且提前联系，便能占据先机。调剂的信息可以从研招网、各大高校的研究生招生官网、新浪微博以及考研相关的微信公众号等渠道找到。如果同学们觉得自己进入第一志愿复试的机会很渺茫，那么从初试后就应该通过各种渠道搜集调剂信息，及时和相关院校或者相关老师联系，介绍自己的实际情况，待调剂系统开放后，便可登录调剂系统填写调剂志愿。

调剂系统开放后，希望大家不要"病急乱投医"，填的调剂学校或者专业应该是经对比斟酌后认为相对适合自己的。同学们一定要随时刷新研招网页面，关注调剂信息的变化，及时查询各高校的招生缺额；收到复试邀请后，要及时确认，并快速开始复试的准备。若在48小时内自己的调剂申请未被处理，那么就应该迅速转换策略，争取其他学校的复试机会。

复试的过程长达一个半月，大家有可能会面临很长一段时间都被拒的情况，得不到复试通知。希望大家不要气馁，要一遍一遍地刷新网页，不放弃希望。每年都有人在4月底靠"捡漏"成功"上岸"，所以同学们要相信"幸运女神"终会眷顾自己。即使最后失败了，但若已尽力争取，便也没有什么好遗憾的了。

四、考研小贴士

Q：考研从什么时间开始准备比较好呢？

A：这个因人而异，因为每个人所报考学校或专业的难度不同，每个人的学习基础和学习效率也不同。作为考研的过来人，小思在考研路上是一直觉得时间不够的，因为不到考试结束的那一刻，都会觉得自己准备得还不够充分。小思建议大家尽早准备，即使你基础很好，初试复习最迟也应在当年的3月开始。

Q：考研是否需要找研友一起奋斗呢？

A：凡事有利也有弊，这主要还是看每个人的性格。有的人喜欢找研友结伴复习，也有的人喜欢从头到尾独自奋战。找一个研友最大的好处，就是在气馁或失去动力的时候，大家能够相互鼓励、相互扶持，肩并肩走到最后。此外，研友之间频繁的交流能够促进考研一手消息的沟通。但是有时研友之间也会形成相互依赖，如果研友的状态不好，会或多或少地影响同伴的复习状态。所以在寻找研友时，一定要找一个踏实努力的同学，大家互相鼓励、相互鞭策，一起成长。

Q：准备考研期间周边的诱惑太多，应该怎样去回避这些诱惑呢？

A：考研的同学一定要有强烈的时间观念。大家不仅要制订一份复习时间安排表，更要严格地遵守和执行。如果制订了时间表而不去实施或者随意打破，那这个时间表也就没有什么意义了。考研是一个从量变到质变的过程。如果大家已经开始了考研的备考，那么就得赋予自己一个考研生的身份，严格遵守自己的复习时间安排，将自己与他人区分开来。这样就不会受到周边非考研生和环境因素的影响，能够真正地沉下心来进行复习。

Q：备考中应该怎么调整心态？

A：在备考过程中出现心态的起伏是很正常的。不间断的学习是枯燥乏味的，有时遇到一些暂时克服不了的困难，我们很容易心态"爆炸"，想甩手不干。但说实话，同学们遇到的这些问题都不是什么问题。当大家心情不好、复习效率低下、脑子嗡嗡作响的时候，不妨出去走走，呼吸一下新鲜空气。累了要懂得犒劳自己，吃顿"大餐"、看一场电影，都是很好的调节方式。考研需要大家集中精力，但是不需要集中压力。

Q：复试应该从什么时候开始准备？

A：初试结束就应该马上转入复试的复习当中。目前大多数院校最终的录取分数中，复试成绩占30%～50%。因此，初试考得不太好的同学也可以通过复试"逆袭"，考得好的同学也可能最终"翻车"。如果等到复试线出来才开始复习，时间可能就只有10天左右，非常紧张。因此，不管同学们初试如何，都应该在初试结束后就开始准备复试，充分利用好等待成绩公布的这段时间。初试考得不好的争取复试翻盘，考得好的也应该提高自己的入学成绩，争取拿到更高的奖学金。

Q：如果没过第一志愿复试线，要选择调剂吗？

A：如果想读研，又不想再考一次，那么调剂当然是大家唯一的选择。不要以为调剂就只能去很差的学校或者很差的专业，每年都有同学成功调剂到985、211高校。如果能做到前面讲到的调剂信息的搜集，明智地选择，扎实地准备复试，同学们也可能得到一个理想的调剂结果。总之，希望就在前方，不到最后一刻一定不要放弃。

Q：低年级的同学可以为考研做些什么准备？

A：①大一大二的同学，如果打算未来读研，那么应尽力争取推免。大家要努力努力再努力，使分数上升上升再上升，并全面地提升自己的综合能力，不蹉跎时光，为大四的推免竞争打下坚实的基础。即使到时候不能推免，自己扎实的基础摆在那里，考研不也更容易吗？

②大三的同学，如果觉得推免基本无望，那么就要提早着手准备考研事宜。如果是文科或医学类专业的同学，那么就早点开始复习专业课，建立一个完善的知识体系，做到脑中有"货"；如果是理工科专业的同学，那么就应该早点复习英语和数学，争取早点消灭这两只考研路上的"拦路虎"。

以梦为马，不负韶华，再怎么信誓旦旦，最终也还是要落实到具体行动上来。希望各位同学一旦选择了远方，就一定只顾风雨兼程。最后，祝愿大家金榜题名，梦想成真！

第 16 章 留 学

一、国（境）外研究生教育体系

在全球化背景下，我国一直是最大留学生源国。教育部统计数据显示，改革开放以来，我国内地（大陆）地区留学人员累计超过 800 万人，如加上港澳台地区的留学人员，我国的留学人员总数已超过 1000 万人。

如果同学们已经有留学的想法，不妨先了解海外各国的教育体系以及它们的大致区别，再根据自己的兴趣选择留学的地区和专业。一般来讲，国外主流的教育体系可以分为英联邦教育体系和北美教育体系，二者的研究生项目在学制、提供的学位上存在些许不同。下面，小思就带同学们了解一下这两个教育体系的主要区别，并简单介绍欧洲大陆和日本的教育体系。

1. 英联邦教育体系

英联邦教育体系主要是指英国、澳大利亚、新加坡等国家和地区的教育体系，其提供的研究生学位主要可以分成三大类：授课型硕士（Master）、研究型硕士（MPhil）以及博士（Ph.D.）。这三种学位的区别如表 16-1 所示。

表 16-1 英联邦教育体系中研究生学位的区别

学位类型	授课型硕士	研究型硕士	博士
学制	通常为1年（2个学期）	通常为2年	通常需要4~5年毕业
学费标准	不同国家的标准有较大差异。部分学校会给条件优秀的申请者发放部分奖学金。以英国为例，1年期硕士的学费为2.5~4.5万英镑，一般文科类项目的学费略低于理工医商科类项目	不同学校的政策不同，一些学校会给予研究型硕士全额奖学金，但大部分仍以自费为主，成绩特别优异者可以在硕士申请中获得优秀奖学金	英国的博士项目大部分需要自费，其他国家和地区的奖学金因专业及导师各不相同，或全额，或半额，或免学费等。自费的博士也可以申请中国国家留学基金委（CSC）项目以获得资助
项目定位	大部分以就业为导向，小部分学生也会在完成本阶段学业后选择申请博士项目	介于硕士与博士之间，主要为衔接博士的前期项目	以学术研究为导向
项目要求	授课制，修满要求的学分并达到相应分数要求即可毕业。不同的学校及项目对毕业有不同的要求，部分项目无论文要求	需要参与学术研究，并有大致的研究方向与前期研究计划，有论文要求	需要参与大量的学术研究，达到一定论文要求才可毕业
面向群体	更加适合毕业之后直接就业的同学	适合对学术有兴趣，但尚未确定目标的同学	适合有志于投身于学术研究的同学

2. 北美教育体系

北美教育体系主要是指美国和加拿大的教育体系。不同于英联邦教育体系，北美教育体系通常不提供研究型硕士项目，只提供授课型硕士和博士项目。这两种项目的区别如表 16-2 所示。

表 16-2 北美教育体系中研究生学位的区别

学位类型	硕士研究生	博士研究生
学制	通常为一年半（3个学期）至两年，部分学校也有一年的项目	修业年限的中位数为 5.8 年
学费标准	由于学校性质、地区以及项目的差异，不同学校的学费标准差别较大。美国大部分硕士项目的总学费在 4 万~9 万美元。部分学校会给条件优秀的申请者发放一定额度的奖学金	大多数学校会提供全额奖学金。奖学金的主要来源为导师的研究资金（RA）、学校/院系提供的奖学金（Fellowship）或担任助教（TA）
项目定位	大多数项目为就业导向，小部分项目为攻读博士的前期项目	完全以学术研究为导向
项目要求	授课制，修满要求的学分即可毕业。绝大多数项目无论文要求，部分文科专业毕业有实习的硬性要求，部分项目需要进行学术研究并通过学位论文答辩	需要参与大量的学术研究，并通过学校的预答辩（Preliminary Exam），需要完成学位论文（Dissertation），且达到一定要求才可毕业
面向群体	既适合毕业之后直接就业的同学，也适合计划在未来继续读博的同学	适合对专业有着浓厚兴趣，有志于投身于学术界的同学

3. 欧洲大陆和日本的教育体系

与英联邦和北美教育体系不同，欧洲大陆和日本的学校通常不接受学生直博，合格的博士申请者需要具备或即将获得受认可的硕士学位。这些地区的硕士一般都是两年毕业，其中欧洲大陆以授课为主，在日本攻读则可能需要投入更多时间和精力完成科研项目。此外，申请日本修士（硕士）也需要提前联系导师和实验室。花费相对较低是选择欧洲大陆和日本留学的一大优势。比如，德国的大学对于留学生大多是免学费的（2024 年起部分项目开始收取学费），日本允许留学生通过勤工俭学赚取生活补贴。但是，语言是在小语种国家留学的一大障碍，语言不通的留学生可以先选择语言学校就读。此外，越来越多的一流大学开设了英语项目，比如日本有面向国际学生的 SGU（Super Global University，超级国际化大学）项目，有意向的同学可以在学校官网查找相关信息。

在申请留学的过程中,同学们还可能遇到各种所谓"黑天鹅事件",比如国际关系的动荡等,这些都会影响同学们的申请和入学。因此,小思提醒有志于出国留学的同学一定要及时了解有关信息,多与身边也在申请留学或已在留学的朋友交流,才可以做到从容不迫。

二、留学中介的选择

在为留学做准备的过程中,从选校、定校到材料准备以及投递,甚至后续的签证办理及租房,都需要大家充分获取信息并做出决定。而在这一过程中,"留学中介"作为一种提供相关服务的产业应运而生。

由于信息不对称,不少有意留学的同学会倾向于花钱买服务,请中介为自己提供更全面的信息,代理完成文书润色、申请投递等工作。本节将围绕留学中介的选择来进行阐述。

1. 留学中介是什么?

留学中介是为准备出国(境)深造的同学提供中介服务的机构,能够提供必要的留学信息,帮助准备材料、递交申请,以节省申请者的时间和精力。此外,部分大型中介还可以为申请者提供和学校招生官"一对一"面试的机会。

总的来说,留学中介包括"全包型"中介和"半包型"中介。"全包型"中介为申请者提供从背景规划到出国申请递交乃至到达国(境)外后的生活安排等一系列服务。这类中介一般需要申请者在大二或大一阶段和其联系,以便尽早针对学生的目标国家及院校做出规划,并确认学生应当在硬背景(平均学分绩点、标准化考试成绩)和软背景(科研、实践、实习经历)两方面所需取得的成绩。一些中介会为学生提供付费的实习项目(包括科研项目、短期实习或项目实习），以协助找不到合适项目的申请者完成背景提升。在背景规划之外，这类机构还会为申请者提供目标院校及专业的相关信息，处理申请者出国留学所需要的一系列材料（包括个人陈述、简历等），并在申请开放后为申请者投递申请、处理邮件。对于涉及笔试和面试的申请，中介可能会为申请人提供相关资料和培训。在确定入读院校后，这一类中介还会带申请者完成签证申请的相关工作。

而"半包型"中介则只帮助学生完成一部分工作，具体内容视不同的机构而定：文书写作工作室会帮学生完成文书的写作和修改，投递类机构会在学生确定目标院校后帮忙完成申请递交等工作……

值得注意的是，上述服务内容都只是中介机构在广告宣传中声称他们能提供的服务，实际的服务履行情况将取决于不同的中介机构，甚至同一中介机构中不同的服务者的负责程度。事实上，中介机构提供的大部分服务，申请者都能通过自身深入了解来完成。因此，是否选择"全包型"中介可在对出国过程进行较为全面的了解后再做决定，不必因为一时的信息不对称感到焦虑，把一切都交给中介了事。

2. 有没有必要找中介？什么时候找中介？

"全包型"中介在一定程度上可以帮助同学们节省时间和精力，但也可能因为中介本身的专业不对口而出现问题。比如在选学校和选专业的过程中，中介可能直接根据同学们所选专业的关键词来搜索和确定项目，而漏掉一些同样对口的项目，也可能对专业的理解产生偏差。不宜把与专业相关的事完全交给中介，自己也要主动搜索信息并持续跟进。

文书服务对大部分同学而言是必要的，因此"半包型"中介是一项性价比较高的选择。一份高质量的文书可以帮助大家从同等级的申请者中脱颖而出。理工科特别是有科研项目经历的申请者需特别注意，由于中介的文书服务侧重于外在形式，且大部分文书撰写者并非理工科出身，所以他们可能并不了解你的专业，因此写出来的文书质量不一定高，甚至可能出错。在学术方面，同学们还是要自己主导构思。

总而言之，要不要选中介、选哪类中介，取决于大家的时间、精力和经济实力。对大多数人而言，性价比最高的选择是只购买文书服务。

至于找中介的时间，如前所述，对于需要提升自身背景的申请者来说，确定"全包型"中介的最佳时间应当是大二左右；对于只需要文书服务的同学而言，在材料准备截止日期前半年左右（一般在大三下学期开学前）确定中介即可。

3. 中介怎么选？

在选择中介机构时，一定要注意以下几点：

①要根据自己的目标国家、专业方向以及学位，选择在相关领域实力雄厚、经验丰富的中介。

②要再三确认中介能够提供的服务，不能仅看中介的广告宣传。例如，可以通过文书的修改是否由外籍教师来完成、在指定专业方向有没有成功的案例来判断中介的服务水平。

③要了解中介服务的具体流程，选择适合自己的服务模式。

④在签约前要仔细阅读服务合同，尤其要对退款条款、投诉渠道、能否更换导师、文书的具体写作方式等做深入了解，防止中介在合同中玩"文字游戏"。

⑤要参考中介既往的成功案例，尤其要参考和自身状况相似的案例。

⑥要了解中介的风评，尤其是已经体验过其服务的学长学姐的评价。

⑦不要做"甩手掌柜"。切记申请留学永远是自己的事情，中介只是申请路上的辅助者，切勿盲目依赖中介，一定要自己掌握主动权。

需要提醒同学们的是，选择中介时务必仔细甄别，多方面对比不同中介的服务内容后慎重决定。

三、申请材料准备

留学申请需要过硬的材料作为支撑。虽然不同学科、不同学校对申请材料的要求是不一样的，但总体而言，这些材料大致包括：课业成绩、标准化考试成绩、科研经历、实习经历、社会实践经历、推荐信、个人陈述、简历及其他证明材料。

1. 课业成绩（GPA）

对于留学而言，不论申请哪所学校，也不论申请哪个项目，课业成绩都是最重要的申请材料之一。相信同学们对于课业成绩的重要性已经有深刻的理解，因为它同样是推免的重要依据。但这里需要着重指出的是：推免只关注必修课成绩，而留学申请则会考察所有课程成绩（包括选修课），并重点考察与申请项目相关的课程成绩。

2. 标准化考试成绩

为了向留学申请院校证明自己具备足够的能力前去求学，大家应当提供标准化考试证明材料。这些材料通常包括下列考试成绩中的一个或几个：

- 雅思（IELTS）；
- 托福（TOEFL）；
- 美国研究生入学考试（GRE）；
- 经企管理研究生入学考试（GMAT）。

托福和雅思成绩是非英语母语者必需的语言能力证明，对申请各类项目而言都非常重要。大部分学校都要求学生在申请时递交语言考试成绩，否则即使拿到了录取通知，学校也会要求学生及时提交合格的语言考试成绩。考雅思还是考托福，需要根据目标院校的要求来选择。但是，不同地区的院校对二者的认可度存在差异，同样一份成绩在英国和美国所能申请到的学校很可能并非同一档次的。一般而言，雅思更适用于英国、澳大利亚等地，而托福则是留学美国的首选。

GRE 是美国理工科、文科类研究生申请中的一个标准化考试。受疫情影响，在 2021—2023 年的申请中，很多美国高校取消了对 GRE 的要求，现在也仍有约三分之一的学校不需要递交 GRE 成绩。在未来，GRE 成绩应该会恢复为必需项。理工科项目往往要求数学（Quantitative）取得高分，而文科类项目会更侧重词汇（Verbal）、写作（Analytical Writing），甚至为写作单设线。

GMAT 的全称为 Graduate Management Admission Test，中文名称为经企管理研究生入学考试。美、英、澳等国家的许多高校都采用该考试成绩来评估申请者是否适合在商业、经济和管理等专业的研究生阶段学习，以决定是否录取。该考试成绩的有效期为 5 年。

此外，还需补充说明两点：一是除以上主要的标准化考试外，一些学校的项目还接受 PTE、朗思、多邻国等成绩证明，只要符合具体项目的要求即可；二是如果是前往小语种国家（如德国、法国）留学，有时需要小语种语言证明，如通过德福（TestDaF）考试等。

3. 科研经历

科研经历是申请研究型项目（研究型硕士和博士）的重要支撑材料，也是申请授课型项目（授课型硕士）的重要加分项。同学们在大学期间应尽可能丰富自己的科研经历，如申请做老师的研究助理，参加"大创""大挑""小挑"及学科竞赛等。

4. 实习经历

实习经历对于申请授课型项目非常重要,这一点在经管、商科、传媒、计算机等学科的留学申请中尤为突出。在大多数强调整体评价(Holistic View)的国外招生委员会眼里,一段或几段实习经历可以凸显个人竞争力以及与项目的匹配程度。

5. 社会实践经历

社会实践经历主要包括志愿活动、实践类比赛(如商业挑战赛、辩论赛等)、学生工作等。丰富的社会实践经历能够证明申请者有全面发展的潜力,同样能够为申请者加分。

6. 推荐信

推荐信一般包括学术类推荐信和实践类推荐信,可以由学校的导师或实习单位出具。不同的学校对推荐信的数量有不同要求,一般来说需要2~3封。对于应届生来说,可以只有学术类推荐信。

如果能够拿到在相关领域具有极高知名度的老师的推荐信,无疑对大家的申请有很大的帮助。但在没有特别大差异的情况下,更建议大家选择对自己更为了解的老师为自己出具推荐信,不盲目追求老师的头衔。推荐信的内容一般包括老师的信息、与学生的联系以及对学生相关情况的了解等。

不同的学校对提供推荐信的要求也有差异。例如,一些学校可能会要求申请者在系统中上传文件或由老师直接发邮件到指定邮箱,还有些学校会给老师的邮箱(由申请者提供)发送链接,请老师提交推荐信文本和对学生的量化评价。总之,同学们应当先了解清楚目标院校关于推荐信的要求,并提前和老师联系沟通,以避免意外情况的发生。

7. 个人陈述

个人陈述是较为重要的申请文书材料，能够展现申请者在硬性指标以外的个人特色，加强申请者在招生老师心目中的印象。个人陈述通常是一篇有字数要求的"英语作文"，需要在规定的字数内，阐明自己对专业的兴趣、与专业相关的能力（包括前文所述的各类经历），并针对特定的院校解释自己为什么要申请留学、所申请项目对自己的吸引力在哪里。

在个人陈述中扣题是很关键的一点。在开始写作之前，一定要明确所申请项目对个人陈述的要求。有些项目会直接问比较具体的问题，此时需要逐一回答。此外，为了完成一篇优质的个人陈述，同学们可能需要用到前文提及的文书润色服务。

8. 简历

留学申请的简历类似于求职简历，应包含申请者大学阶段的成绩以及相关经历的概述。简历往往决定了材料审核者对申请者的第一印象，且信息量较大，因此是非常重要的。大家可以通过网络学习如何写简历，如国（境）外很多大学的官方网站会提供教程。简历的版面要简洁、严肃，慎用色彩（艺术类专业除外））。推荐使用 LaTex 软件及简单的模板进行排版。

9. 其他证明材料

根据不同院校的申请要求，留学申请材料一般还包括中英文版本的申请者在读证明（如非应届生，则应为毕业证等材料）、中英文版本的申请者成绩单以及学校的评分标准（Grading System）等。

四、留学申请规划

1. 目标学校选定

通常,在选择学校时应将目标学校分为三档:冲刺校、主申校、保底校。同学们需根据自己的课业成绩、标准化考试成绩、科研经历、实习经历等进行综合评估。

选择学校需考虑的主要因素有:

①排名,包括专业排名、学院排名、学校排名。

②相关教授在学术界的水平及地位。

③学校的声誉及学术氛围。

④学校所在地域。

⑤国内对该学校的认可度。

2. 做好时间规划

①明确不同地区、不同院校的留学申请截止时间。通常应预留出至少1年的准备时间。

②在确定出国意向后的前3个月内,大致确定目标院校,了解目标院校的各项申请要求,选择自己心仪的专业。

③根据心仪专业的录取要求,用大约7个月时间准备和完善各类申请材料,如推荐信、标准化考试成绩、科研经历、社会实践经历等。

④用大约2个月时间准备申请文书,如个人陈述、简历等。

以上只是一种建议的时间安排,大家应根据自身情况灵活调整自己的时间安排。

五、留学小贴士

Q：跨专业申请留学需要准备什么？

A：由于国内外高校专业设置的差异，或者受自身兴趣与职业规划的影响，一些同学在申请留学时会选择跨专业。但不论如何，这都需要三思而后行。跨专业需要谨慎考虑以下问题并做好相应的准备。

①自己对所选择的新专业是否足够了解？一部分同学选择跨专业完全是因为一时冲动，在热情消散后便会陷入后悔中。因此，在跨专业申请留学前，大家应充分了解新专业的就业前景、学科发展等信息。

②专业跨度是否太大？如果申请的新专业与当前专业相去甚远甚至是毫无交集，招生官很可能会认为申请者的背景知识或基础能力不足而选择拒绝。因此在跨专业申请留学前，大家应当通过学校官网查看学校的招生要求，尤其是对于专业背景的要求。

③自身是否具备学习新专业的基础知识或能力？为了从容应对新专业的课程，大家应当提前阅读相关书籍与文献，掌握相关基础知识，提前开展学习和研究。

此外，跨专业申请留学还需要准备申请新专业所需的证书、入学考试等。

Q：一年制硕士的含金量高吗？有什么优点和缺点？

A：一年制硕士往往被认为是含金量更低的选择，这主要是因为其学制短，一般实际授课时间在10个月以内。但实际上，不管是国外的两年制硕士研究生还是国内的两年和三年制硕士研究生，实际授课时间也都在一年左右，其余时间一般是跟着导师进行学术训练，或积累实习经验。因此，就在课程中学习到的内容而言，一年制硕士的含金量并不比其他学制的低。

当然，需要承认的是，对于不管是要找工作还是要继续攻读博士学位的同学来说，一年制硕士在一定程度上压缩了"缓冲"和"适应"的时间。因此，同学们在选择是否就读一年制硕士时，应当考虑到时间的压缩带来的压力问题。

Q：应该从什么时候开始准备语言考试？

A：以申请硕士研究生为例，大四上学期为申请提交截止时间，因此至少应在大三下学期刚开学时进行第一次考试。根据自己的情况，可以报考多次。同时应注意，雅思、托福考试的成绩有效期为两年，所以大家不应早于大二下学期考取正式成绩，否则成绩会失效。

Q：如何计算留学一年的花费？

A：留学的花费主要包括三个方面：学费、住宿费以及日常生活花销。由于不同地区、不同专业的留学费用差异巨大，这里仅提供一个供参考的计算方法。

学费方面，一般是商科的最高，理工科的次之，人文社科类的最低。每一年的学费从 15 万元到 30 万元人民币不等，可以通过学校官网查到。住宿费用可以参考学校给出的标准。一些学校会提供宿舍（比如英国的大部分学校），但宿舍的费用和租房相比并不一定更便宜。还有一些学校不会提供宿舍，这一点会在其报名系统或项目网页中说明。这些地区的住宿费会因地区、房型、舍友数量不同而有较大的差异。日常生活花销因人而异，可参考相关公众号的信息。

总的来说，对于学费较低的文科专业来说，一年的花销最少可以控制在 25 万元左右。

Q：不同的高校排行榜的排名有什么区别？各有什么侧重？

A：常见的高校排行榜主要分为学校综合实力排行榜（比如留学美国的同学常参考的 US News 排名和留学其他国家的同学常参考的 QS 排名）和面向某个特定领域或专业的排行榜（比如计算机专业的 CS 排名，金融工程专业的 QuantNet 排名，或者 QS/USNews 排名中的专业排名）。

综合实力排名会考虑各方面的因素，如 QS 排名就会考虑国际师生占比、师生比例、教员平均引用率、学术声誉和雇主声誉等各方面因素。而专业领域内的排名通常更为简单，只就某一个方面进行排名，比如 CS 排名，只依据学校发表的顶级论文数量进行排名，而 QuantNet 排名则主要依据学生的就业率数据进行排名。

对于有不同职业规划的同学而言，需要参考的排名也有所不同。毕业后想在当地就业的同学，应主要参考专业排名，因为其直接反映出学校特定专业的竞争力和被认可度。不少在国内并不知名的大学就因为在当地有较高的就业率而有较高的专业排名。而对于毕业后想回国发展的同学，学校的综合实力排名则是更为重要的考虑因素，其在一定程度上决定了学校在国内的知名度。甚至，不少公司在招聘时会明确表示学校 QS 排名在 100 或 50 名以内的候选人优先。

而对于申请攻读博士学位的同学来说，教师及学校的专业水平和在学术界的被认可度应该是考虑的首要因素。此时，像 CS 排名这种偏向于学术的排行榜可以提供很好的参考。

参考文献

高秋菊. 关于从中学数学到大学数学学习方法转变的策略[J]. 赤峰学院学报(自然科学版), 2010(8): 205-206.

郭磊, 脱秋菊. 面向自主学习能力提升的大学数学多媒体教学资源建设研究[J]. 教育现代化, 2019(13): 100-102.

缪建伟. 谈谈怎样记笔记[J]. 外语教学, 1981(3): 78-81, 77.

史蒂芬·柯维, 罗杰·梅里尔, 丽贝卡·梅里尔. 要事第一[M]. 刘宗亚, 译. 北京: 中国青年出版社, 2006.

孙继民. 记笔记研究的理论模式与实践[J]. 外国教育研究, 2004, 31(8): 26-29.

姚树桥, 杨艳杰. 医学心理学[M]. 7版. 北京: 人民卫生出版社, 2018.

DI VESTA, FRANCIS J, GRAY G S. Listening and note taking[J]. Journal of Educational Psychology, 1972, 63(1): 8, 14.

ZIMMERMAN B J, SCHUNK D H. Models of self-regulated learning and academic achievement[M]. New York: Springer-Verlag, 2001.

关于"大川小思"

"大川小思"是四川大学党委学生工作部"思学"工作室朋辈学业导师团队的简称,于2019年11月成立,由在全校招募选拔的品学兼优、乐于分享的同学组成。团队设置学习效能组、数学组、英语组、科研竞赛组、升学组等五个朋辈学业辅导组,在主任团、宣推组、运营组等职能组的助力下,以"朋辈携手,共赢成长"为宗旨,通过QQ群即时答疑、一对一咨询、周末"学长微课"、学院团体辅导、学习分享推文等形式,多方位为川大学子提供公益朋辈学业辅导,帮助同学们解决学业问题,引领同伴进步和成长。

"SCU思学"微信公众号

学习效能组

学习效能组汇聚了来自文、理、工、医、经管等多个学科擅长学习效能管理的朋辈学业导师。他们纵观全局,以学习为核心,提供学业规划、时间管理、沟通表达等方面的支持；他们精益求精，从专业课学习、课堂笔记、实习考证等具体领域为同学助力。本组成员专业基础扎实、辅导经验丰富，竭力为同学们提供"过来人"的有效学习经验，"授人以渔"，激发同学们自主解决问题的潜力。

数学组

数学组朋辈学业导师来自数学学院及其他理工科学院，他们有的在公共数学课程学习中游刃有余，有的在数学竞赛与数学建模竞赛舞台上屡获国家级、省级殊荣，更不乏将数学学习与专业学习巧妙融合，在专业科研竞赛中大放异彩的同学。本组专注于提供理工科、经济学、商学等学科公共数学课程学习咨询，涵盖微积分、线性代数、概率统计乃至工程数学（包括复变函数与数学物理方法）等。咨询服务主要包括各类数学课程的学习及备考方法、数学竞赛和数学建模竞赛的针对性辅导。

英语组

英语组汇集了在四六级、雅思、托福、GRE 考试或英语竞赛中取得优异成绩的同学，以及英语专业成绩突出的同学。该组朋辈学业导师们对英语学习有着独到的方法和体悟，希望能用自己的知识和经验，帮助学弟学妹们提升英语能力，"视"通中西，成为"英语小能手"！本组的辅导内容涵盖日常英语学习、四六级考试备考、大学英语竞赛备赛、雅思/托福/GRE 备考、CATTI 备考、全英课程学习等多个方面。

科研竞赛组

科研竞赛组汇集了文、理、工、医不同学科在科研竞赛中表现优异的同学。其中既有大学生创新创业训练计划国家级项目负责人、国际学术会议论文第一作者、中科院一区期刊论文第一作者、国家发明专利第一发明人、国家/省/市级科研项目参与人等，又有"互联网+"、"挑战杯"、数学竞赛、英语竞赛、CMAU全国大学生市场研究与商业策划大赛等竞赛的全国金奖、特等奖获得者。本组的主要咨询方向为科研和竞赛。其中，科研方向的辅导内容包括科研入门、科研训练、学术写作等，竞赛方向的辅导内容包括数学类竞赛、物理类竞赛、创新创业类竞赛、学术科技类竞赛等。科研竞赛组致力于为各位科研竞赛探索者提供力所能及的帮助，共同探索科研的乐趣。

升学组

升学组集合了来自多个学院毕业年级的优秀学生。他们中有四年专业成绩排名第一的"学习高手"，有行走的"名校offer收割机"，有集各类科研与竞赛奖项于一身的"大佬"，有来自多个领域的"风云人物"，更不乏国家奖学金获得者。本组的辅导内容涵盖推免、考研、留学三个方向，包括前期准备工作（基本流程、申请资料、择校、自我定位），相关升学信息，以及面试、笔试经验等，为有志于继续深造的学弟学妹保驾护航。

引领 竟逐 共进 ——"大川小思"大学有效学习攻略

2020年版后记

学业指导源于西方,在欧美大学教育中已推进了超过一个世纪,属专职且专业的大学教育领域。

我国高校开展专业化学业指导工作的历史仅10年左右,尚处于专职化起步阶段。近几年,在国家加快世界一流大学和一流学科建设的推动下,高校学业指导工作蓬勃发展。越来越多的高校成立了学业辅导机构,并配备专兼职的咨询师,开展学业指导工作,为学生的学习及发展提供多样化、个性化的指导与服务,助力高校人才培养质量的提升。

作为"双一流"建设高校,我们有幸参加了多次全国性学业指导工作研讨会,如2017、2019年清华大学主办的高校学业辅导工作研讨会,2019年5月北京航空航天大学组织的新时代高校优良学风建设研讨会暨"大学生学习力"国际论坛等。我们发现,在工作经验的分享中,各高校都不约而同地提到了朋辈辅导在学业指导中具有明显优势,这为我们如何着力开展我校学业指导工作带来了有益的启发。

2019年6月,我校学工部组建了以探索开展学业指导工作为核心任务的"思学工作室"。率先组建好以辅导员为主体的导师指导队伍后,工作室依托导师团队,将重点放在了打造一支精品朋辈导师队伍上来。为此,我们将团队定位为公益性学生社团组织,采用公开招募形式,不设定招募人数,以吸引真正有担当、有情怀的品学兼优的"学习高手"参加。通过优中选优，我们遴选出首批约30名"思学朋辈学业指导导师"。他们不仅基本有国奖加身，还个个身怀"独门绝技"：他们中有推免C9名校的大四学生、考研成绩排名专业第一的"大牛"、网络签约作家、英语六级670＋的英语达人、大赛国奖获得者……

小导师们不仅自身星光熠熠，在全新的朋辈学业指导工作中更是热情十足。2020年初，一场突如其来的新冠肺炎疫情袭击全国。面对同学们不寻常的宅家生活，2019—2020秋季学期末刚组建的朋辈导师队伍立刻行动起来，迅速确定团队名称、设计团队logo、制订工作规划、创建线上平台等；2月3日起，便以"大川小思"为名，将原计划新学期开展的学业分享内容调整完善，推出"大川小思抗疫闭关秘籍"系列学业指导微信推文。同时，在5个主题学习交流QQ群，以问卷答疑、日常咨询、团体辅导、一对一咨询服务等多种形式，为在学习及学业发展方面有问题的同学释疑解惑，进行线上学业咨询指导服务。短短一个月时间，"大川小思"的线上学业分享资料被下载1200余次，公众号阅读量达3400余次。疫情防控特殊时期，"大川小思"朋辈学业导师们及时送上的"云端"学业关心与帮助，为宅家抗疫的川大学子注入了知识和智慧的力量，为探索我校学生学业指导工作开启了一个良好的开端。

当前，国内疫情基本得到控制，全国人民的学习工作生活日趋正常。为充分发挥"大川小思"在大学生学习成长中的引领示范作用，亦为彰显他们在特殊时期对我校学业指导工作做出的特殊贡献，思学工作室结集出版了这本朋辈学业指南。指南内容主要以首批30名小导师自身的学习成长经历为基础，结合同学们的共性经验和在日常学业指导工作实践中凝练的案例特点，从学习心态、综合素质培养等方面分享了适应大学学习生活的建议，并就数学、英语基础课程学习方法，时间管理、与导师沟通、记笔记等学习交

引领　竞逐　共进 ——"大川小思"大学有效学习攻略

流技巧，以及推免、考研、竞赛等学业提升及发展重点，给出了切实有效的思路和方法，干货满满，非常适合初入大学的新生及有不同学业发展需求的高年级本科生阅读。

本书是在学工部陈森部长、卢莉副部长的指导下，在"大川小思"指导教师朱晓萍老师、温慧婷老师、白宝芬老师的组织下编写的。第一章由潘琪、王若曦、赵一凡、石心怡、白钊远编写，第二章由胡川、杨秋瑜、刘佳琳编写，第三章由于世博、张彤、刘莫辰编写，第四章由徐嘉、郭怡琳编写，第五章由李晚秋、姜雨孜编写，第六章由黎家伟、唐彬鹏、林润基、张凯凡、王兆基编写，第七章由刘洪铭、张鹏飞、庄晓怡、徐婷编写，第八章由袁炸、梁锐、李伟宇、沈海波、董映显编写。此外，刘洪铭、石心怡、姜雨孜、李晚秋参与了全书统筹工作，宣推小组的罗睿、史晨参与了全书统筹、审校及"关于'大川小思'""青春留言板"两部分内容的编写工作，易思思、容东霞、许鸿仪、黄心悦、曾喆妮参与了全书的校对工作，许鸿仪参与了封面设计工作。

成书过程中，编者还得到了"大川小思"专业指导教师方云军老师、胡泽春老师、赵成清老师、翟硕老师的大力支持。教务处及谢维雁老师、张世全老师、袁昊老师、梁勇飞老师、周俊老师、何蕾老师、刘维佳老师、苏婷老师对稿件进行了仔细审阅。陈鹏翔、傅晓轩、谢仁阿依·买合苏提、马啸、彭凯、郭遇尔、邢阳等同学丰富了稿件的内容。上述老师和同学为本书的完善提供了重要帮助，在此向他们的辛勤付出致以诚挚的谢意！

本书是我校学业指导工作的第一次尝试，篇章设计及内容组织定有考虑不周不当之处，书中内容也主要针对我校学生学习情况而言，所有这些局限，恳请读者批评指正。

四川大学党委学生工作部（处）　思学工作室
2020 年 5 月

2021 年修订再版补记

本书是在 2020 年 10 月四川大学出版社出版的《引领·竞逐·共进——"大川小思"朋辈有效学习攻略》的基础上修订完善而成。

本次修订再版时，对整体结构进行了调整：取消了"青春留言板"版块；将"学习效能篇"和"基础课学习篇"的顺序进行了调换，以通常令新生困惑的学习适应方法开篇；将"学业提升篇"拆分为"横向拓展·科研竞赛篇"和"未来深造·升学篇"。在内容上，进行了修订和补充：有关学习效能的部分增加了"日常学习方法"；有关英语学习的部分增加了"从高中到大学英语学习的过渡"；有关数学学习的部分增加了"学习资料推荐"；有关科研竞赛的部分增加了"科研训练基础"，包括文献检索、文献阅读、文献笔记三部分内容；有关升学的部分增补了关于留学的内容。

"进入大学·学习效能篇"由任佳鸣、刘莫辰、袁雪纯、姜雨孜、龙欣怡、郭遇尔、万睿琳、徐嘉、夏岷镁、于世博、郭怡琳、李世坤编写，并由程泽生（华西药学院）、徐嫣然（数学学院）、郑孟雨（商学院）、罗梦琳（外国语学院）等同学提供笔记展示；"课程突破·基础课学习篇"的"英语学习"一章由许泓一、赵一凡、王双成、石心怡、潘琪、高天航编写，"数学学习"一章由刘磊、王宗俊、武晓楠、肖竹书、张世新、李凯、梁涵玉、罗岩泓、赵梓合、甘佳源、董明辉、杜忠璟、邱涵茜、邹倩、陈奕铭、张进凯、

引领 竞逐 共进 ——"大川小思"大学有效学习攻略

夏宏鲲编写;"横向拓展·科研竞赛篇"由庄奕航、刘新霆、唐彬鹏、王兆基、袁雪纯、夏岷镁、林润基、刘童、白昊霖编写;"未来深造·升学篇"由张奕凡、唐为、张凯凡、徐嘉、赵一凡、杨晓冬、李殷韬、庄晓怡、袁炸、梁锐、李伟宇、沈海波、董映显、李子璐、张文钊、陈隽可、刘东亮、郭遇尔、韩啸、王婧坤、周逸鸣、孙宇强、沈昳岑、张之栋、张彤编写,且杨淞月(华西临床医学院)、罗杨帆(数学学院)分别参与了医学类、理学类专业推免经验的编写。此外,赵一凡、石心怡、徐嘉、张凯凡参与了全书统筹工作;运营组的高华益、刘颜辰、林楠、濮依萍参与了审校及各章前言的编写工作;宣推组的杨倩、罗睿、阙发琳、张真语参与了审校及修改工作。

此次修订是在学工部陈森部长、卢莉副部长的指导下,在"大川小思"指导教师朱晓萍、白宝芬、温慧婷的组织下完成的。三位指导教师还完成了全书的审校工作,同时朱晓萍负责前言、2020版后记及修订再版补记的撰写。修订过程中,教务处及冉桂琼、吴迪、蒋明霞老师,图书馆及杜小军、张雅晴、胡琳老师,四川大学匹兹堡学院及陈薇、杨帆老师对稿件相关内容进行了仔细审阅。四川大学出版社的编辑团队对此书进行了认真的审校和把关。在此,向以上单位及老师的支持和帮助表示真诚的感谢!

本书虽然在2020年版的基础上对篇章设计及内容组织有一定的补充和完善,但我们对学业指导工作的探索仍然处于起步阶段,书中内容也主要针对我校学生学习情况而言,所有这些局限及内容不周不当之处,恳请读者批评指正。我们更希望借此书抛砖引玉,希望看到更多有关学业指导的优秀经验能付梓面世,共同推动我国高校学业指导工作的开展,助力高校人才培养质量提升。

四川大学党委学生工作部(处) 思学工作室
2021年7月

2022 年修订再版补记

本书是在四川大学出版社 2020 年 10 月出版的《引领·竞逐·共进——"大川小思"朋辈有效学习攻略》及 2021 年 10 月出版的《引领·竞逐·共进——"大川小思"大学有效学习攻略》的基础上修订、补充而成。

本次修订再版时所做主要调整如下：在第 4 章"综合能力提升"中增加了"常用等级证书和教师资格证的考取"一节，在第 5 章"英语学习"中增加了"大学英语类竞赛"一节，在第 9 章"大学生竞赛"中增加了"全国大学生节能减排社会实践与科技竞赛"以及"商业类竞赛"等相关内容。

"进入大学·学习效能篇"由安淇、陈明远、冯湘婷、刘莫辰、李吉利、廖欣、任佳鸣、王昊霖、万睿琳、徐嘉、熊晨燚、屈展、杨巧如、袁雪纯、张彤、赵婧彤、张世新、张祺珲、周宜可编写，并由程泽生、徐嫣然、郑孟雨、罗梦琳等同学提供笔记展示。"课程突破·基础课学习篇"的"英语学习"一章由高放、高华益、李为琳、彭蕾锡、石心怡、魏翼飞、许泓一、赵一凡、高天航、李奕飞编写，"数学学习"一章由陈奕铭、董明辉、杜忠璟、刘泓昕、罗岩泓、邱涵茜、童瑶、魏晨希、武晓楠、夏宏鲲、解唯、邢阳、于源鸿、张博闻、赵梓合、邹文荣编写。"横向拓展·科研竞赛篇"由白昊霖、李萌、林润基、刘童、刘新霆、龙洋阳、罗欣瑶、唐彬鹏、包婉莹、万丁源、王沛然、王兆基、于佳鑫、张宇健、张卓、庄奕航、吴思娴编写。"未来深造·升学篇"由张奕凡、唐为、张凯凡、徐嘉、赵一凡、杨晓冬、李殷

引领 竞逐 共进 ——"大川小思"大学有效学习攻略

韬、庄晓怡、袁炸、梁锐、李伟宇、沈海波、董映显、李子璐、张文钊、陈隽可、刘东亮、郭遇尔、韩啸、王婧坤、周逸鸣、孙宇强、沈昳岑、张之栋、张彤、李东、李世坤、田博文、杨赏娟、夏岷镁、陈行健编写,杨淞月、罗杨帆参与了推免经验的分享。此外,赵一凡、刘童、罗欣瑶先后负责全书统筹工作;运营组的高华益、刘颜辰、林楠、濮依萍参与了审校及各篇前言编写工作;宣推组的杨倩、罗睿、阙发琳、张真语参与了审校及修改工作。

此次修订是在学工部刘晓虎部长、卢莉副部长的指导下,在"大川小思"指导教师朱晓萍、白宝芬、温慧婷的组织下完成的。三位指导老师共同负责全书的审校工作,朱晓萍老师同时负责前言、后记及修订再版补记的撰写工作。修订过程中,四川大学教务处、图书馆、匹兹堡学院、研究生院、科学技术发展研究院、社会科学研究处等单位及冉桂琼、吴迪、蒋明霞、杜小军、张雅晴、杨玉华、胡琳、陈薇、杨帆等老师对本书内容进行了仔细审阅。在此,向以上单位和老师的支持和帮助表示真诚的感谢!

本书虽然在2020年及2021年版的基础上对篇章设计及内容组织有一定的补充和完善,但我们对学业指导工作的探索仍然处于起步阶段,书中内容也主要针对我校学生学习情况而言,所有这些局限及内容不周不当之处,恳请读者批评指正。我们更希望借此书抛砖引玉,希望看到更多有关学业指导的优秀经验能结集成册、付梓面世,共同推动我国高校学业指导工作的开展,助力高校人才培养质量提升。

四川大学党委学生工作部(处) 思学工作室
2022年7月

2024 年修订再版补记

本书是在四川大学出版社 2020 年出版的《引领·竞逐·共进——"大川小思"朋辈有效学习攻略》及 2021、2022 年出版的《引领·竞逐·共进——"大川小思"大学有效学习攻略》的基础上，由"大川小思"2023—2024 学年的在校成员修订、补充而成。

相较于第 2 版，本次修订再版主要增补了以下内容：

第一，新增了"初识大学·课程与专业认知篇"，并将其设为全书的第一篇章，对大学学习的两大核心——课程及专业进行简要介绍，让初入大学的新生对大学学习生活有初步认知。本篇包含两章：第 1 章为"学科学习图景"，旨在为新入学的学弟学妹呈现文理工医各学科的整体面貌，以更生动、更多元的视角引领同学们初识大学专业学习；第 2 章意在带领同学们了解大学的课程体系，帮助同学们正确认知、理性选择适合自己的专业。

第二，在原"进入大学·学习效能篇"新增"自我管理"一章。"大川小思"朋辈学业导师从自身成长经历及日常学业辅导工作中，感受到新生从高中步入大学后，思想、心理的正确调适非常重要，故从自控自律、目标规划与情绪管理三个方面为学弟学妹提供更加有效的自我管理方法。

第三，为帮助理工科同学攻克公共基础课"大学物理"学习难关，我们在"课程突破·基础课学习篇"特别新增了物理学习指导；在"横向拓展·

引领　竞逐　共进 ——"大川小思"大学有效学习攻略

科研竞赛篇"的"科研入门"一章，新增"何为科研"小节，以帮助同学们在学习过程中有意识地培养自己的科研志趣。

此次修订再版，"进入大学·学习效能篇"由孟远凌、任佳鸣、甘佳源、谢静萱、贾赟祺、谢雨桓、陆涵逸、解唯、王佳琪、白津城、严晨星、谭玲、黄秋豪、张祺珲、火嘉辰等同学修订；"课程突破·基础课学习篇"的"英语学习"部分由韦雅琳、蒋悦、吴雨薇、张皓越、张欣怡等同学修订，"数学学习"部分由范礼玮、沈震宇、胡瑞、邢阳、李娜和李鸣翔等同学修订，新增的"物理学习"部分由沈震宇、房业齐、周妍含、李浩然、李雨恒、王韵涵等同学新撰；"横向拓展·科研竞赛篇"由刘家威、刘锐、王子睿、房业齐、刘唯智等同学修订；"未来深造·升学篇"由李川、尹玉洁、雷燚、沈志琦、欧桐彤、任倩、夏凡、左良姝和王晓琪等同学修订。韦雅琳、郭睿明、童毅、沈震宇、王晓琪、刘家威、解唯等同学负责全书修订的统筹工作。

本次修订再版，由学工部熊伟部长、黄菲娅副部长全面审定，教务处冉桂琼副处长审定了相关内容。"大川小思"指导老师朱晓萍会同学工部学生发展辅导中心何蕾、杨琴、郭睿忻三位老师共同完成了全书的校改工作。修订过程中，得到四川大学教务处教学研究科的大力支持。同时，本书是在历年各版本的基础上对篇章结构及内容进行不断完善而成，凝聚了一届又一届"大川小思"成员及相关老师的智慧与心力，还有四川大学出版社编辑团队的辛勤付出，在此，一并对他们的指导、支持与奉献深致谢意！

还要说明的是，该书内容主要针对我校学生学习情况而言，其局限和不周不当之处，恳请读者批评指正。

四川大学党委学生工作部（处）　思学工作室
2024 年 8 月